ケアマネジメントにおける多職種連携実践事例集

公益社団法人青森県介護支援専門員協会＝監修
木村隆次・工藤英明＝編集

中央法規

はじめに

介護保険制度施行から18年を経て、制度の成熟とともに持続性の課題が事あるごとに取り上げられます。介護保険法第一条の理念にも示される通り、介護保険制度においては、利用者の尊厳の保持を旨とした自立支援を実現していくことが重要であり、その実現を担うには介護支援専門員による適切なケアマネジメントが必要不可欠とされています。

しかしながら、「介護支援専門員の資質向上と今後のあり方に関する検討会における議論の中間的な整理（厚生労働省；2013.1）」では、介護支援専門員の担うケアマネジメントに対しての課題が指摘されました。

他方、保険者である市町村は、保険者機能の強化等による自立支援・重度化防止に向けた取り組みの推進と、介護予防をはじめとする自立支援への取り組みや地域における多職種連携をより促進することが求められています。

公益社団法人青森県介護支援専門員協会は、設立以来、職能団体として介護支援専門員の研修事業等さまざまな形で介護支援専門員の資質向上に取り組んできました。今般、これまでの本協会の取り組みから得られた課題や知見を基に、介護支援専門員実務者と多職種連携を促進しなければならない各保険者の参考に資するべく本事例集を作成するに至りました。

本事例集は、①介護支援専門員の法定研修の副読本として、また②主任介護支援専門員が現任の介護支援専門員を指導する際の多職種連携視点の参考として、③各保険者が担うケアプラン点検のひとつの参考方法として活用されることを意識し、本協会所属の介護支援専門員、青森県内の保健・医療・福祉関係専門職の協力を得て作成しました。

本書は３章構成となっており、第１章では、昨今の介護保険制度や介護支援専門員を取り巻く制度の動向、多職種連携によるチームアプローチのあり方、青森市モデルの紹介、第２章では、保健・医療・福祉各専門職との連携ポイントや視点、第３章では、法定研修で取り上げられるテーマに沿った模擬事例を用い、多職種連携の視点が得られるようにまとめています。

本書を手に取った皆様の日々の実践の参考に、ぜひともご活用いただければ幸いです。

最後に、多忙の折、本書のご執筆にご協力いただきました皆様に感謝申し上げます。

平成30年９月

公益社団法人青森県介護支援専門員協会

会長　齊藤　勝

目次

第1章 多職種連携のための基礎知識

1 介護支援専門員と地域包括ケアシステム ……… 2
2 介護支援専門員に求められるチームマネジメント ……… 14

第2章 多職種連携のための関係職種・サービスの知識

1 介護職との連携 ……… 30
2 リハビリテーション専門職との連携 ……… 34
3 医療職との連携 ……… 38
4 看護職との連携 ……… 42
5 薬剤とアセスメントのポイント ……… 46
6 インフォーマルサービスなどの活用 ……… 52
7 栄養アセスメントのポイント ……… 57
8 口腔ケアアセスメントのポイント ……… 62

第3章 多職種連携によるケアマネジメント実践事例

1 脳血管疾患に関する事例 …… 71
2 認知症に関する事例 …… 83
3 筋骨格系疾患と廃用症候群に関する事例 …… 94
4 内臓の機能不全に関する事例 …… 104
5 看取りに関する事例 …… 116
6 リハビリテーションおよび福祉用具に関する事例 …… 128
7 入退院時等における医療との連携に関する事例 …… 137
8 家族への支援の視点が必要な事例 …… 148
9 社会資源の活用に向けた関係機関との連携に関する事例 …… 160
10 状態に応じた多様なサービスの活用に関する事例 …… 171

第1章

多職種連携のための基礎知識

1 介護支援専門員と地域包括ケアシステム

1 地域包括ケアシステムが求められるようになった背景

日本は、諸外国に例をみないスピードで高齢化が進行しています。65歳以上の人口は、現在約3,400万人を超えており（国民の約4人に1人）、2042年の約3,900万人でピークを迎え、その後も、75歳以上の人口割合は増加し続けることが予想されています（表1）。

このような状況の中、団塊の世代（昭和22年から24年生まれの約800万人）が75歳以上となる2025年以降は、国民の医療や介護の需要がさらに増加することが見込まれています。

このため、厚生労働省は2025年を目途に、高齢者の尊厳の保持と自立生活の支援を目的とし、可能な限り住み慣れた地域で、自分らしい暮らしを人生の最期まで続けることができるよう、住まい・医療・介護・予防・生活支援が一体的に提供される地域包括ケアシステムの構築を推進しています。

地域包括ケアシステムは、おおむね30分以内に必要なサービスが提供される日常生活圏域（具体的には中学校区、横浜市など人口密度の高い自治体は小学校区）を単位として想定しています。

また、今後、認知症高齢者の増加が見込まれることから、認知症高齢者の地域での生活を支えるためにも、地域包括ケアシステムの構築が重要となっています。

人口が横ばいで75歳以上人口が急増する大都市部、75歳以上人口の増加は緩やかですが人口は減少する町村部等、高齢化の進展状況には大きな地域差が生じています（表2）。

そのため、地域包括ケアシステムは、介護保険の保険者である市町村や都道府県が、地域の自主性や主体性に基づき、地域の特性に応じて作り上げていくことが必要です。

また高齢化の進展により、2025年には介護保険料が現在の5,000円程度から8,200円程度に上昇することが見込まれており、地域包括ケアシステムの構築を図る一方、介護保険制度の持続可能性の確保のための重点化・効率化も必要となっています（図1）。

表1　高齢者の全人口に占める割合

	2012年8月	2015年	2025年	2055年
65歳以上高齢者人口（割合）	3,058万人 (24.0%)	3,395万人 (26.8%)	3,657万人 (30.3%)	3,626万人 (39.4%)
75歳以上高齢者人口（割合）	1,511万人 (11.8%)	1,646万人 (13.0%)	2,179万人 (18.1%)	2,401万人 (26.1%)

65歳以上の高齢者数は、2025年には3,657万人となり、2042年にはピークを迎える予測（3,878万人）。
また、75歳以上高齢者の全人口に占める割合は増加していき、2055年には、25%を超える見込み。
出典：厚生労働省 社会保障審議会 介護保険部会（第74回）資料1、平成30年7月26日

表 2　75 歳以上人口の 2010 年と 2025 年の比較

	埼玉県	千葉県	神奈川県	大阪府	愛知県	東京都	～
2010 年 ＜＞は割合	58.9万人 ＜8.2%＞	56.3万人 ＜9.1%＞	79.4万人 ＜8.8%＞	84.3万人 ＜9.5%＞	66.0万人 ＜8.9%＞	123.4万人 ＜9.4%＞	
2025 年 ＜＞は割合 （ ）は倍率	117.7万人 ＜16.8%＞ （2.00倍）	108.2万人 ＜18.1%＞ （1.92倍）	148.5万人 ＜16.5%＞ （1.87倍）	152.8万人 ＜18.2%＞ （1.81倍）	116.6万人 ＜15.9%＞ （1.77倍）	197.7万人 ＜15.0%＞ （1.60倍）	

	鹿児島県	島根県	山形県	全国
2010 年 ＜＞は割合	25.4万人 ＜14.9%＞	11.9万人 ＜16.6%＞	18.1万人 ＜15.5%＞	1419.4万人 ＜11.1%＞
2025 年 ＜＞は割合 （ ）は倍率	29.5万人 ＜19.4%＞ （1.16倍）	13.7万人 ＜22.1%＞ （1.15倍）	20.7万人 ＜20.6%＞ （1.15倍）	2178.6万人 ＜18.1%＞ （1.53倍）

75 歳以上人口は、都市部では急速に増加し、もともと高齢者人口の多い地方でも緩やかに増加する。各地域の高齢化の状況は異なるため、各地域の特性に応じた対応が必要。

出典：厚生労働省 社会保障審議会 介護保険部会（第 74 回）資料 1、平成 30 年 7 月 26 日

図 1　介護給付と保険料の推移

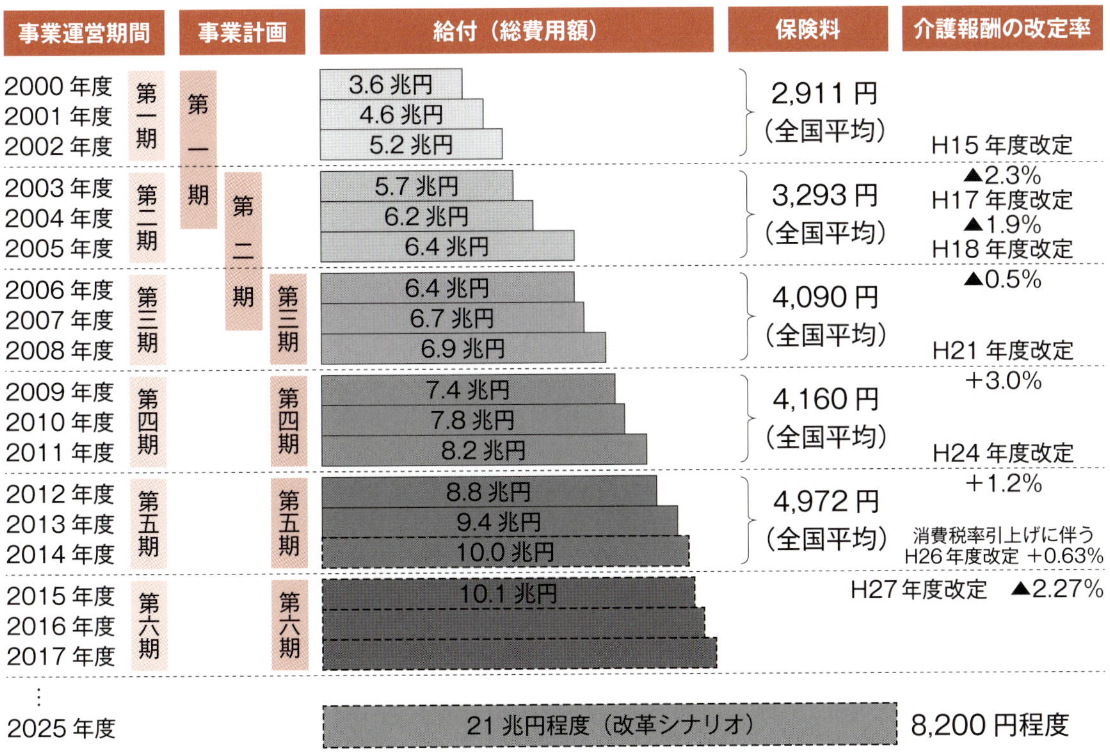

※2012 年度までは実績であり、2013 ～ 2014 年は当初予算であり、2015 年は当初予算（案）である。
※2025 年度は社会保障に係る費用の将来推計について（平成 24 年 3 月）

※2012 年度の賃金水準に換算した値

出典：厚生労働省 地域包括ケアシステム 地域包括ケアシステムの実現へ向けて「介護保険制度を取り巻く状況」

2 地域包括ケアシステムの構築

1 地域包括ケアシステムとは

市町村、特別区は、前述のように2025年を目途に高齢者が住み慣れた地域で安心して暮らし続けるために日常生活圏域（中学校区）ごとに「地域包括ケアシステム」の構築を進めています。

「地域包括ケアシステム」に係る理念や努力義務は、介護保険法第5条第3項で明確にされ、2014年6月に可決、成立された「地域における医療及び介護の総合的な確保の促進に関する法律」第2条に「この法律において『地域包括ケアシステム』とは、地域の実情に応じて、高齢者が、可能な限り、住み慣れた地域でその有する能力に応じ自立した日常生活を営むことができるよう、医療、介護、介護予防（要介護状態若しくは要支援状態となることの予防又は要介護状態若しくは要支援状態の軽減若しくは悪化の防止をいう。）、住まい及び自立した日常生活の支援が包括的に確保される体制をいう。」と定義されました。

①対象者

当初は、高齢者を対象としていましたが、「地域共生社会」（骨太方針2016）を実現するため、障がい者・子ども・引きこもりの方・障がいのある困窮者・若年認知症の方・難病患者・がん患者など、対象を拡大しています。

②地域包括ケアシステム構築のプロセス

地域包括ケアシステムは、医療や介護、福祉といった垣根を越えた連携で実現されるものです。「地域の実情に応じて」ということで、「日常生活圏域」、平たく言えば「地域包括支援センターが管轄しているエリア」ごとに整備していきます。

この体制を構築するため、2014年介護保険法改正で地域支援事業が充実されました（図2）。併せて介護予防給付の見直しもされ、要支援1・2および虚弱高齢者は、介護予防・生活支援サービス事業（訪問型サービス、通所型サービス、生活支援サービス（配食等）、介護予防支援事業（ケアマネジメント））と一般介護予防事業を市町村、特別区が地域の実情に合わせてアレンジできる「新しい介護予防・日常生活支援総合事業」によって支えられることになりました。この事業は2017年4月に全市町村、特別区で始まりましたが、十分に機能していないのが現状です。

また、地域支援事業のうち、実施が義務化されている「包括的支援事業」は、「地域ケア会議の充実」「在宅医療・介護連携の推進」「認知症施策の推進」「生活支援サービスの体制整備」の大きく4つあり、「地域ケア会議」は、2015年4月、他事業は、2018年4月から完全実施されています。

③地域ケア会議とは

地域包括ケアシステム構築のプロセスは、地域の課題の把握と社会資源の発掘、地域の関係者による対応策の検討、対応策の決定・実行のS（Survey）PDCAサイクルです。

この中で重要なのが「地域ケア会議」（図3）です。この会議は、地域（日常生活圏域）での多職種協働のカンファレンスのことです。主な構成員は、医療・介護の専門職種（介護支援専門員、医師、歯科医師、薬剤師、看護師、保健師、理学療法士、作業療法士、介護福祉士、社会福祉士な

図２　介護予防・日常生活支援総合事業（新しい総合事業）の構成

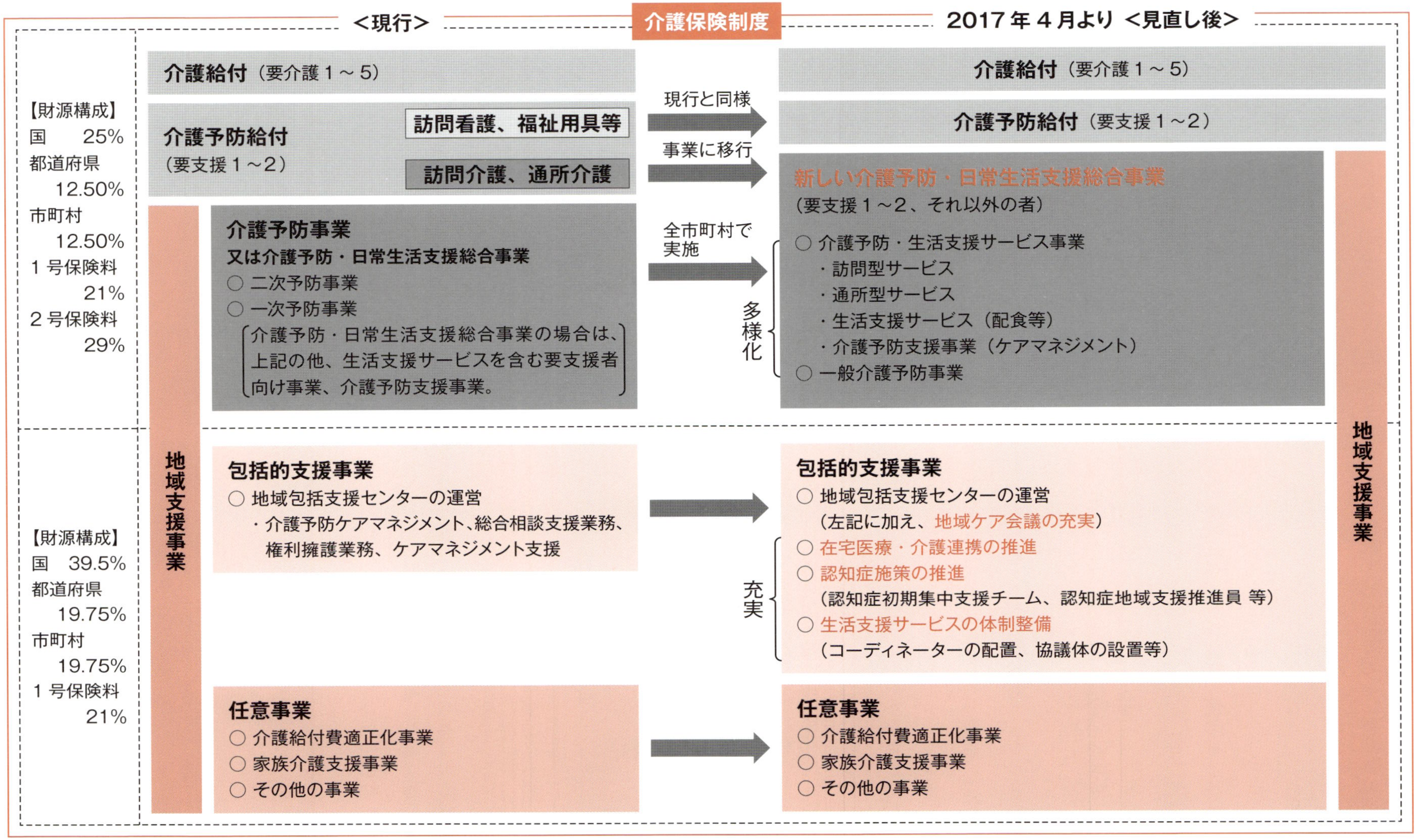
＜現行＞
介護保険制度
2017 年 4 月より ＜見直し後＞
【財源構成】
国　25%
都道府県
12.50%
市町村
12.50%
1 号保険料
21%
2 号保険料
29%
介護給付（要介護 1 ～ 5）
介護予防給付
（要支援 1 ～2）
訪問看護、福祉用具等
訪問介護、通所介護
介護予防事業
又は介護予防・日常生活支援総合事業
○ 二次予防事業
○ 一次予防事業
介護予防・日常生活支援総合事業の場合は、上記の他、生活支援サービスを含む要支援者向け事業、介護予防支援事業。
現行と同様
事業に移行
全市町村で実施
多様化
介護給付（要介護 1 ～ 5）
介護予防給付（要支援 1 ～2）
新しい介護予防・日常生活支援総合事業
（要支援 1 ～2、それ以外の者）
○ 介護予防・生活支援サービス事業
・訪問型サービス
・通所型サービス
・生活支援サービス（配食等）
・介護予防支援事業（ケアマネジメント）
○ 一般介護予防事業
地域支援事業
【財源構成】
国　39.5%
都道府県
19.75%
市町村
19.75%
1 号保険料
21%
地域支援事業
包括的支援事業
○ 地域包括支援センターの運営
・介護予防ケアマネジメント、総合相談支援業務、権利擁護業務、ケアマネジメント支援
充実
包括的支援事業
○ 地域包括支援センターの運営
（左記に加え、地域ケア会議の充実）
○ 在宅医療・介護連携の推進
○ 認知症施策の推進
（認知症初期集中支援チーム、認知症地域支援推進員 等）
○ 生活支援サービスの体制整備
（コーディネーターの配置、協議体の設置等）
任意事業
○ 介護給付費適正化事業
○ 家族介護支援事業
○ その他の事業
任意事業
○ 介護給付費適正化事業
○ 家族介護支援事業
○ その他の事業

出典：厚生労働省 老健局振興課「介護予防・日常生活支援総合事業ガイドライン（概要）」

ど)、地域の支援者(自治会、民生委員、ボランティア、NPOなど)です。幅広い視点から、事例を捉えるために、直接サービス提供に当たらない郡市医師会、歯科医師会、地区薬剤師会などの各専門職能団体の代表も参加します。

個別ケースの支援内容を通じて、①地域支援ネットワークの構築、②高齢者の自立支援に資するケアマネジメント支援、③地域課題の把握などを行います。

地域ケア会議で検討される対象事例は、介護予防の必要な事例から課題解決が困難な事例など多種多様です。

地域ケア会議は、「地域ケア個別会議」と「地域ケア推進会議」の2つがあります。前者は地域包括支援センター(市町村・特別区委託含む)が主催する事例検討会議であり、例えば「Aさんは85歳の男性で、認知症による徘徊がしばしば見られるが、どう支援すればいいか」といった、ケアマネジャー等から提供される事例が話し合われます。つまりは、支援に困っている、軽度だが専門的アドバイスが必要なケースについて多職種が知恵を出し合う“ケアマネ支援会議”の意味を持ちます。

この「地域ケア個別会議」には、市町村・特別区職員も同席し、地域でどんな課題があるかを抽出していきます。そして、複数の圏域から上がってくる共通の課題は「市町村レベルの課題」とし、政策形成会議である市町村・特別区主催の「地域ケア推進会議」で検討していくことになります。

地域ケア会議の設置は、2014年の法改正で目的が明記されました。この会議で高齢者個人に対する支援の充実と、それを支える社会基盤の整備とを同時にすすめることが重要であるとうたわれています。地域課題が発見・把握され、地域づくり・資源開発の検討がされ、市区町村責任において政策形成されるため、地域ケア会議が開催されるごとに地域包括ケアシステムの構築が推進されます。

このように地域包括ケアシステムは、地域の具体的な課題を抽出し対策を講じていく中で、構築されていくものであり、地域を挙げて問題解決を図っていくという点で「まちづくり」そのものといえるでしょう。まさに地域ケア会議は、「まちづくり」のエンジンです。

結果として全国各地域の実情に応じた自助・互助・共助・公助を組み合わせた地域の包括ケア体制を整備できるのです。

図3 地域ケア会議の推進

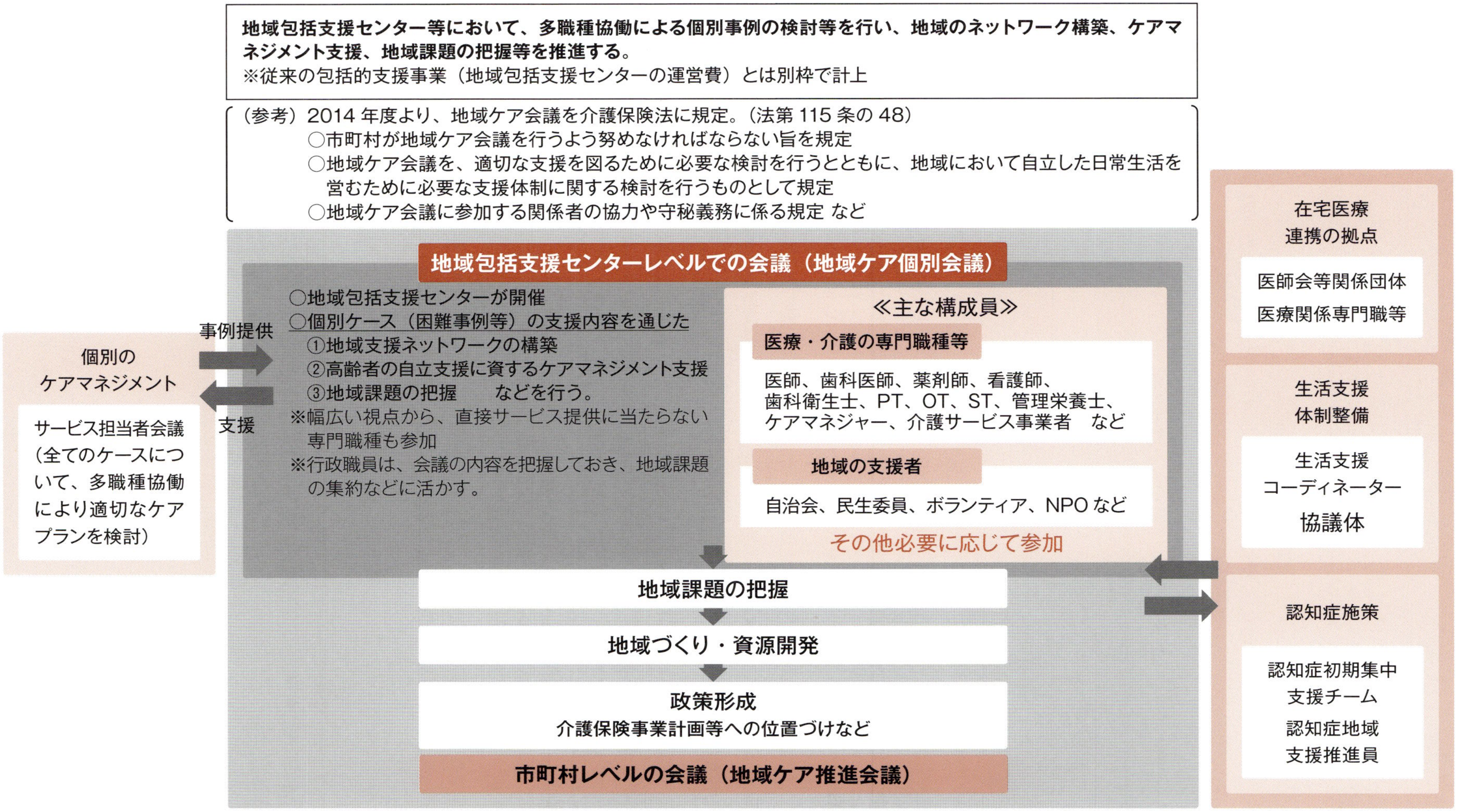

出典：厚生労働省 老健局振興課「生活支援体制整備事業と地域ケア会議に求められている機能と役割について」

3 地域包括ケアの目指すもの

1 地域生活を継続するために必要なこと

地域包括ケアが目指しているのは、誰もが「地域生活を継続」できるようにすることです。他者の援助が必要になった人でも、できるだけ同じ地域でそれまでどおりの生活を続けていけるように現状を整えることです。

そのためには、次のことが必要です。

①日常生活圏域で必要なサービスが完結する

②各制度やサービス類型の枠を超えた包括的・継続的支援が行える

③多職種の協働・連携による「チームアプローチ」の仕組みがある

④１人ひとりの状態変化に対応した長期継続する伴走型支援ができる

＝地域における「制度横断的なサービスマネジメント体制の再構築」

地域ケア個別会議を運営する市町村職員・司会者、参加する専門職は、上記の項目を念頭において進めていく必要があります。以下、例示をしながら解説を進めます。

①日常生活圏域で必要なサービスが完結する

地域ケア個別会議の企画段階で「わが町には資源がないから」と町職員が最初からあきらめてしまうことがあります。しかし、「介護予防・生活支援サービス事業」（訪問型サービス、通所型サービス、生活支援サービス（配食等））は、やる気とアイディアによっては資源開発することも可能と考えられます。また、専門職にかかわる事業やサービスも、代替になるサービスがあるかもしれません。例えば、「町内に理学療法士、作業療法士などのリハビリテーション専門職がいないから、通所リハビリテーション、訪問リハビリテーションを用意するのは難しい」というものです。本当にそうなのでしょうか。一、二度、訪問介護員および通所介護サービス職員に専門職から実地指導・プログラムを伝授すれば、利用者の自立に向けた事業・サービスの提供は可能と思います。

②各制度やサービス類型の枠を超えた包括的・継続的支援が行える

以下に事例を示します。

85歳男性。独居。精神通院医療受療。血糖値高い。低栄養状態。ケアマネジャーとは人間関係が良好でしたが、訪問介護員とは折り合いがつかずサービス利用拒否。訪問看護師との関係も良好でしたが、介護保険制度での毎日の訪問看護の利用は利用料負担が大きく、区分支給限度額により十分なサービス提供が困難になっていました。

この方への地域ケア個別会議では、自立支援医療（精神通院医療）による、医療費の自己負担軽減の仕組みで、週４日以上の訪問看護が利用できることがわかりました。このように、介護保険法にとどまらない制度を超えた検討や、制度のサービス類型の枠組みにしばられない柔軟な検討が求められます。

③多職種の協働・連携による「チームアプローチ」の仕組みがある

地域ケア個別会議そのものが「チームアプローチ」の仕組みになります。そこで決定されたことを、それぞれの専門職が個別援助計画のケアマネジメントプロセスどおり実行して、モニタリング・評価することが大切です。

④１人ひとりの状態変化に対応した長期継続する伴走型支援ができる

Ａさん、87歳女性。ケアプランには、訪問介護事業所ＢとＣの２カ所が記載されています。訪問介護事業所Ｂは生活支援、身体介護サービスを提供しており、訪問介護事業所Ｃは通院介助のみサービス提供しています。

通院介助へのケアマネジャーの依頼事項は、「外来で血圧の値と医師の指示事項を聞く、近くの薬局で薬をもらう」でした。また、外来受診時、本人と通院介助に同行した訪問介護員から医師への情報提供はありません。

訪問介護事業所Ｂのヘルパーによると、実はＡさんは、最近、足のこむら返りが多くなっていました。このような療養中の心身の変化、訴えがあった場合、ケアマネジャーは主治医などに伝える必要があります。この事例の場合、ケアマネジャーが療養中の状態を訪問介護事業者Ｂに確認し、ケアマネジャーから直接医師に伝える、または訪問介護事業者Ｃに伝え、通院介助時にその情報を医師に伝えることが求められるのです。

利用者の療養の状況が医療職種と共有できるように、2018年４月に運営基準の改正がありました（指定居宅介護支援等の事業の人員及び運営に関する基準第13条第13号の２参照）。

> 第13条第13号の２
> 介護支援専門員は、指定居宅サービス事業者等から利用者に係る情報の提供を受けたときその他必要と認めるときは、利用者の服薬状況、口腔機能その他の利用者の心身又は生活の状況に係る情報のうち必要と認めるものを、利用者の同意を得て主治の医師若しくは歯科医師又は薬剤師に提供するものとする。

高齢者が健康、虚弱、要支援、要介護いずれの状態像でも継続的にケアマネジメントを受けることができるように、次のことに留意する必要があります。

平成29年度より全ての市町村・特別区において「新しい介護予防・日常生活支援総合事業」が始まりました。介護予防ケアマネジメント（総合事業のみを利用する者に対するケアマネジメント）と介護予防支援（予防給付のサービスを利用する者に対するケアマネジメント）との間で、また、介護予防支援と居宅介護支援（介護給付のサービスを利用する者に対するケアマネジメント）との間で円滑な実施がされるよう、制度的な工夫が必要です。

また、「我が事・丸ごと」地域共生社会実現に向けて、これまで障害福祉サービスを利用してきた障がい者が介護保険サービスを利用する場合や、障害福祉サービスと介護保険サービスを併給する場合等において、相談支援専門員と介護支援専門員が利用者の状態やサービスの利用状況等について情報共有を図るなど、密な連携を行うことが必要です。相談支援専門員と介護支援専門員の連携を推進するため、両者の連携が相談支援事業および居宅介護支援事業が行うべき業務に含まれる旨を明確にするべきです。

介護支援専門員の資質の向上も含め、適切なケアマネジメントを推進していくためには、市町村や地域包括支援センターによる支援の充実が重要です。その具体例が「地域ケア個別会議」「地域ケア推進会議」などの地域ケア会議なのです。

①～④のことを市町村･特別区、専門職などですすめていくと、地域における「制度横断的なサービスマネジメント体制の再構築」がされるのです。

さらにこれらを進めるための地域支援事業のうち、実施が義務化されている包括的支援事業は、「地域ケア会議」「在宅医療･介護連携の推進」「認知症施策の推進」「生活支援サービスの体制整備」（前述）です。以下ポイントのみ説明します。

2 在宅医療・介護連携の推進

上記で述べたとおり個別ケースの支援で大事なことは、医療と介護の連携です。なぜならば医療サービス提供の指揮者は医師であり、介護サービス提供の指揮者はケアマネジャーだからです。

医療提供体制の再構築は、都道府県の地域医療構想に基づき二次医療圏ごとに、人口減少を考慮し標準的な医療提供を担保しつつ､圏域内のベッドを適切な数へと圧縮する方向に向かっています。そして、そのためには介護との連携により在宅医療を充実させようという構想です。成功に導くには、図４にある（ア）～（ク）の８つの要素を市町村・特別区がきちんとマネジメントする必要があります。

（ア）～（ク）それぞれの詳細説明はここではできませんが、（エ）の「在宅医療・介護関係者の情報の共有支援」について補足しておきたいと思います。二次医療圏域において医療機関と居宅介護支援事業所間での入退院時のルール、情報共有のための様式の作成などが進んでいます。例として、「青森県作成の様式」（図５）を参照してください。医療機関に入院した人が退院後に円滑に在宅生活に移行するためには、入退院時に介護支援専門員が関与し、医療機関と連携を図ることが重要です。これには、地域包括支援センターも積極的に役割を果たしていくことが求められます。そのため、地域包括支援センターの業務として、例えば、介護支援専門員が決まっていない患者に対する介護支援専門員の選定の支援や、予防給付等の利用が見込まれる患者に対する退院に向けたサービスの調整等を位置づける必要があります。

3 生活支援サービスの体制整備

包括的支援事業の４つめの柱は、「生活支援サービスの体制整備」です。高齢者が増えているとはいえ、その約８割は、自立した元気な方々です。しかし元気な状態を維持するには、意識的な社会参加やフレイル予防が必要です。市区町村はもとより民間団体や地域住民、ボランティアなどさ

図 4　在宅医療・介護連携推進事業

事業項目と事業の進め方のイメージ

①地域の医療介護連携の実態把握、課題の検討、課題に応じた施策立案

（ア）地域の医療・介護の資源の把握

■地域の医療機関、介護事業所の機能等を情報収集
■情報を整理しリストやマップ等必要な媒体を選択して共有・活用

（イ）在宅医療・介護連携の課題の抽出と対応策の検討

■地域の医療・介護関係者等が参画する会議を開催し、在宅医療・介護連携の現状を把握・共有し、課題の抽出、対応策を検討

②地域の関係者との関係構築・人材育成

（カ）医療・介護関係者の研修

■地域の医療・介護関係者がグループワーク等を通じ、多職種連携の実際を習得
■介護職を対象とした医療関連の研修会を開催　等

＊地域の実情に応じて②と③を同時並行で実施する場合もある。

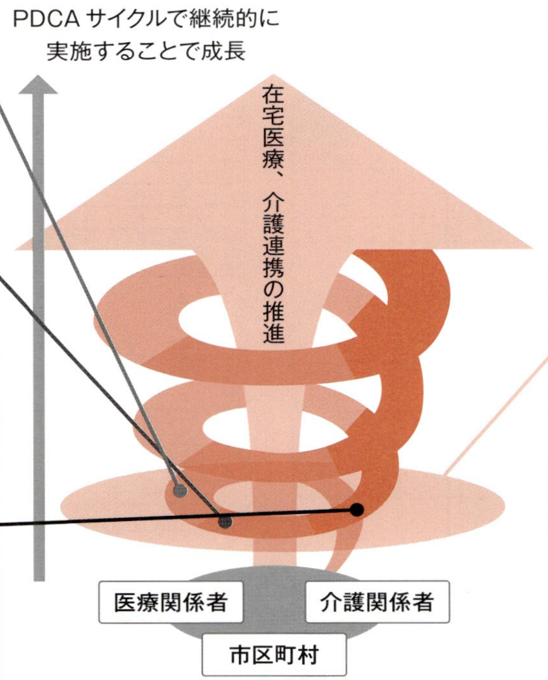

③（ア）（イ）に基づいた取組の実施

（ウ）切れ目のない在宅医療と在宅介護の提供体制の構築

■地域の医療・介護関係者の協力を得て、在宅医療・介護サービスの提供体制の構築を推進

（エ）在宅医療・介護関係者の情報の共有支援

■情報共有シート、地域連携パス等の活用により、医療・介護関係者の情報共有を支援
■在宅での看取り、急変時の情報共有にも活用

（オ）在宅医療・介護関係者に関する相談支援

■医療・介護関係者の連携を支援するコーディネーターの配置等による、在宅医療・介護連携に関する相談窓口の設置・運営により、連携の取組を支援

（キ）地域住民への普及啓発

■地域住民を対象にしたシンポジウム等の開催
■パンフレット、チラシ、区報、HP 等を活用した、在宅医療・介護サービスに関する普及啓発
■在宅での看取りについての講演会の開催等

（ク）在宅医療・介護連携に関する関係市区町村の連携

■同一の二次医療圏内にある市区町村や隣接する市区町村等が連携して、広域連携が必要な事項について検討

出典：富士通総研「地域の実情に応じた在宅医療・介護連携を推進するための多職種研修プログラムによる調査研究事業」報告書を一部改変（厚生労働省 平成 27 年度老人保健健康増進等事業）

図 5　青森県作成の様式：決定した入退院調整ルール（情報共有の様式）

様式 1

平成　　年　　月　　日

入院時情報提供シート(案)（地域包括支援センター・居宅介護支援事業所 ⇒ 医療機関）

情報提供先
　　　　　　病院
　　　　　　様

＜情報提供元＞

事業所名	
担当者名	
電話番号	
FAX番号	

退院予定が決まりましたら、早めにご連絡いただきますようお願いします。

氏名		生年月日	明・大・昭　年　月　日	年齢	歳	性別	男・女
緊急時連絡先	氏名	住所		続柄		電話番号	

家族構成図・家族背景		
主‥主介護者 ☆‥キーパーソン ○‥女性 □‥男性	住環境	□一戸建　□集合住宅（　階建て　階）エレベーター　□有　□無
	在宅主治医（歯科医含）	医療機関名（　　）（　　）（　　） 受診方法：□訪問診療　□通院　□その他（　　）
	要介護度	□申請中　□区分変更中　要支援 1　2　要介護 1　2　3　4　5 期間　年　月　日 ～　年　月　日
	既往歴	
	サービス利用状況	
		□訪問介護（　回/週）　□訪問看護（　回/週）　□通所介護（　回/週） □通所リハビリ（　回/週）　□訪問リハ（　回/週）　□短期入所（　回/週） □福祉用具貸与（内容：　　） □その他（　　）□施設入所（施設名　　）

ADL	自立	見守り	一部介助	全介助	わかる範囲で記載する（　年　月　日 時点）
移動方法	□	□	□	□	□車いす　□杖使用　□歩行器使用　□装具・補助具使用　｜自室　□あり　□なし
口腔清潔	□	□	□	□	義歯：□有　□無　｜ベッド　□あり　□なし
食事	□	□	□	□	□普通食　□治療食（□糖尿病食　□高血圧食　□腎臓病食　□その他）　摂取量（　）
					主食：□米飯　□全粥　□ミキサー　水分：とろみ剤使用　□あり　□なし
					副食：□通常　□一口大　□刻み　□極小刻み　□ミキサー（□とろみ付）
					調理：□本人　□家族　□その他
更衣	□	□	□	□	
入浴	□	□	□	□	□自宅(浴室)　□訪問入浴　□通所系サービス
排泄	□	□	□	□	場所：□トイレ　□ポータブル　□尿器　□オムツ　｜自宅トイレ　□洋式　□和式
服薬管理	□	□	□	□	
療養上の問題					□無　□有(□幻視・幻聴　□興奮　□不穏　□妄想　□暴力　□介護への抵抗　□昼夜逆転　□不眠　□徘徊　□危険行為　□不潔行為　□意思疎通困難　□その他（　）)
医療処置					□バルーンカテーテル　□ ストマ　□気管切開　□喀痰吸引　□胃ろう　□じょくそう　□その他（　）

連絡事項・その他（感染症・障害者手帳・手当受給状況・生活状況・家族状況・意向等や、上記チェック項目についても詳細を追加する必要があれば記載。）

（この情報を提供することについて、ご本人またはご家族から同意をいただいています。）

様式 2

退院調整時の聞き取りシート

担当ケアマネ（　　　）

氏名		生年月日	明・大・昭　年　月　日	年齢	歳	性別	男・女
面談日時	平成　年　月　日（　）午前・午後　時　分～　時　分	場所					
面談者		病院の連絡窓口(所属)	（　）				
入院の原因となった病名							
合併症		退院予定日	平成　年　月　日頃				
病院主治医		在宅主治医					
病院からの患者・家族への病状の説明内容と患者・家族の受け止め方、患者・家族の今後の希望		家族構成とキーパーソン					

ADL	自立	見守り	一部介助	全介助	病棟での様子
移動方法	□	□	□	□	□車いす　□杖使用　□歩行器使用　□装具・補助具使用
移乗方法	□	□	□	□	
口腔清潔	□	□	□	□	義歯：□有　□無
食事	□	□	□	□	□普通食　□治療食（□　Kcal　□糖尿病食　□高血圧食　□腎臓病食　□その他）　□経管栄養
					主食：□米飯　□全粥　□ミキサー　（摂取量　割）
					副食：□通常　□一口大　□刻み　□極小刻み　□ミキサー（□とろみ付）　（摂取量　割）
					水分摂取量：1日　ml　とろみ剤使用　□あり　□なし
					嚥下機能：□問題なし　□問題あり
更衣	□	□	□	□	
入浴	□	□	□	□	入浴の制限：無　□有（□シャワー浴　□清拭　□その他（　　））
排泄	□	□	□	□	場所：□トイレ　□ポータブル　□尿器　□オムツ
服薬管理	□	□	□	□	□持参薬　□処方薬　□塗布薬

療養上の問題	□無　□有(□幻視・幻聴　□興奮　□不穏　□妄想　□暴力　□介護への抵抗　□昼夜逆転　□不眠　□徘徊　□記憶障害　□危険行為　□不潔行為　□意思疎通困難　□その他（　　）)
医療処置	□バルーンカテーテル　□ ストマ　□気管切開　□喀痰吸引　□胃ろう　□じょくそう　□その他（　）
感染症	□HBV　□HCV　MRSA：保菌　□発症（部位：□痰　□血液　□尿　□創部）　□その他
介護保険の申請	□有（介護度：　　）　□申請中　□未　□区分変更中
家族への介護指導	□有　□無　有の場合、理解の状況は：□十分　□不十分（問題点：　　） 家族の介護力：□有（続柄：　）□無 ＜具体的内容＞
リハビリ（リハビリから確認）	目標： 内容：
退院先について	本人の意向　□在宅　□施設（　） 家族の意向　□在宅　□施設（　） 在宅の場合　住宅改修：□要　□否　福祉用具：□要（　）□否
次回受診日	平成　年　月　日（　）　：
備考欄	

まざまな担い手と資源を活用し、多様なメニューで支援しようということです。

生活支援サービスの取り組みの１つに「地域サロン活動（居場所づくり）」があります。このサロン運営は、週に４回以上開催されないと効果はありません。制度の運営、費用、効果を十分に検討した上で、体制整備をしていきましょう。

参考文献

・木村隆次著、漆畑稔監『走り続ける介護保険　今とこれから』社会保険研究所、2015年

2 介護支援専門員に求められるチームマネジメント

1 チームアプローチの意義と目的

1 介護支援専門員とチームアプローチ

介護支援専門員の支援を必要とする要介護者等は、日常生活を営むうえで、医療的、社会的、身体的、心理的等複数のニードを抱えています。複数のニードを抱えた要介護者等を支援するためには、複数の専門職によるチームアプローチが必要となります。

チームは、その目標や方針を共有し、互いの専門性を活かしながら協力していくグループです。要介護者等を支援する時、介護支援専門員の所属機関内の同一職種または他職種でチームを編成することや、異なる複数の機関による多職種でチームを編成する場合もあります。

介護保険制度下では、支援対象となる要介護者等のニーズが１人ひとり異なるため、それぞれの要介護者等に対して多職種チームが組まれます。各チームメンバーには、支援に関係する多職種のほか、要介護者本人や家族も含まれます。このチームを活用して要介護者の抱える課題を解決していくことが、チームアプローチ（多職種連携）の目的となります。

チームアプローチを成功させるためには、チームメンバーが共通の目標（ケアプランにおける総合的援助方針）をもち、多職種それぞれがもつ専門性を発揮した支援を行わなければなりません。介護保険制度下でのチームアプローチは、介護支援専門員が担うケアマネジメントにより実践されます。

ケアマネジメントの定義は多様ですが、レンショー（1988）は「ケースマネジメント・システムは、個々のクライアントのニーズを充足するためのサービス供給を、単一の機関あるいは１人のワーカーの責任とするシステムである。サービスそのものは別々の機関から提供されるかもしれないが、ケースマネージャーがサービスを組み合わせ、ニーズ充足を確保するのである」[1)]と定義づけています。すなわち、ケアマネジメントとは「要介護者等の生活課題（ニーズ）の解決に必要な各種社会資源を調整（コーディネート）、あるいは結びつけることにより、要介護者等の地域での生活を継続的に支援していくこと」と捉えることができます。

我が国で最初にケアマネジメントという言葉が用いられたのは、旧厚生省の高齢者介護・自立システム研究会による報告書「新たな高齢者介護システムの構築を目指して」（1994）です。同報告

引用文献・注

1）Renshaw,J. Care in the Community:Individual Care Planning and Case Management', British Journal of Social Work, No.18, 1988, pp79-105.

2）高齢者介護・自立システム研究会「新たな高齢者介護システムの構築を目指して」厚生省（現厚生労働省），1994 年

表 1　介護支援専門員と連携機関・連携職種例

介護支援専門員の所属関連・併設機関	・社会資源としての各種サービス （例：訪問介護、通所介護、短期入所等） ・各種サービス機関に所属する専門職 （介護福祉士、看護師、生活相談員等）
介護支援専門員の所属外機関	・社会資源としての各種サービス （例：医療機関、通所リハビリ、福祉事務所等） ・各種サービス機関に所属する専門職 （例：主治医、看護師、PT・OT・ST、管理栄養士、歯科衛生士、MSW、PSW、ケースワーカー等）

※筆者作成

書ではケアマネジメントを「ケア担当者が利用者の側に立って、本人や家族のニーズを的確に把握し、その結果を踏まえ『ケアチーム』を構成する関係者が一緒になって、ケアの基本方針である『ケアプラン』を策定し、実行していくシステム」[2] と示し、今日の介護保険制度における介護支援サービス（ケアマネジメント）に至っています。

2 チームアプローチの課題とチーム例

介護支援専門員は、「要介護者等が自立した日常生活を営むのに必要な援助に関する専門的知識及び技術を有する者」[3] と位置づけられています。介護支援専門員実務研修受講資格試験は、介護支援分野、保健医療福祉分野（保健医療サービスの知識等・福祉サービスの知識等）から構成され、第 18 回試験（2015 年）からは基礎資格による免除分野がなくなり、介護支援専門員は当然に介護・医療・福祉等の専門知識を有していることが前提となっています。しかし、「利用者像や課題に応じた適切なアセスメント（課題把握）が必ずしも十分でない、サービス担当者会議における多職種連携が十分に機能していない、重度者に対する医療サービスの組み込みをはじめとした医療との連携が必ずしも十分でない」[4] といった指摘もあり、介護支援専門員の担うケアマネジメント、すなわちチームアプローチには課題を有しています。

表 1 は、介護支援専門員の所属法人等の併設サービス機関とその機関に所属する専門職および所属法人以外のサービス機関とそこに所属する専門職の例を示したものです。

実際の現場では、例えば、訪問介護や通所介護がそれぞれ単独のサービスとして、または、訪問介護と通所介護等の組み合わせ等による複合的なサービスとして提供されています。しかし、訪問介護や通所介護はいずれも福祉系のサービスであり、医療的視点からのアセスメントが不十分であることも考えられます。仮に訪問介護のみの利用であったとしても、要介護者等が通院する医療機

引用文献・注

3）介護保険法第 7 条第 5 項
4）介護支援専門員（ケアマネジャー）の資質向上と今後のあり方に関する検討会「介護支援専門員（ケアマネジャー）の資質向上と今後のあり方に関する検討会における議論の中間的な整理」2013 年

関の医療職との連携、通所介護のみの利用であった場合でも医療機関の医療職や通所介護事業所に所属する看護師等との連携も視野に入れることで、多職種連携は可能になります。また、介護支援専門員の所属する機関内や併設機関に他職種がいる場合、要介護者等の支援に直接関与していなくても、専門職間での相談や事業所内カンファレンス等を通じ、他職種の見立てを支援に活かすことができます。

2 チームアプローチにおける介護支援専門員の役割

1 ケアマネジメントの展開過程でのチームアプローチ場面

介護支援専門員の立案する居宅サービス計画は、多職種チームの指針であり、要となります。

図１はケアマネジメントの展開過程を示したものです。一連のケアマネジメント展開過程における主な多職種連携の場面は、①アセスメント、②サービス担当者会議、③モニタリングの機会となります。そのほか、日常的な関係機関との連絡調整も含まれます。

介護支援専門員は、保健・医療・福祉いずれかの基礎資格を有していますが、アセスメントは多くの場合、介護支援専門員が１人で情報を収集分析し、ケアプラン原案を作成しているため、時に基礎資格による視点の偏りが生じる可能性があります。また、サービス担当者会議やモニタリングは、介護支援専門員が位置づけたサービスにより、チームの専門職種には限りが生じ、さまざまな専門職の知見が得られないこともあります。さまざまな専門職の知見が得られないことは、要介護者等のニーズも偏った形で導き出され、必要な支援が見過ごされたままサービス提供を続けることにつながります。

介護支援専門員は、自ら行ったアセスメントの見立てを補い、確認するために、サービスを提供する専門職から情報を引き出したり、サービスに直接関与していない他専門職からの助言を得る機会を模索するよう努める必要があります。

そのためには、先に述べた介護支援専門員の所属または併設機関内の他専門職の助言を得ることや地域で行われる事例検討会や地域ケア会議に参加し、他職種から助言を得る必要があります。つ

図１　ケアマネジメント（介護支援サービス）の過程

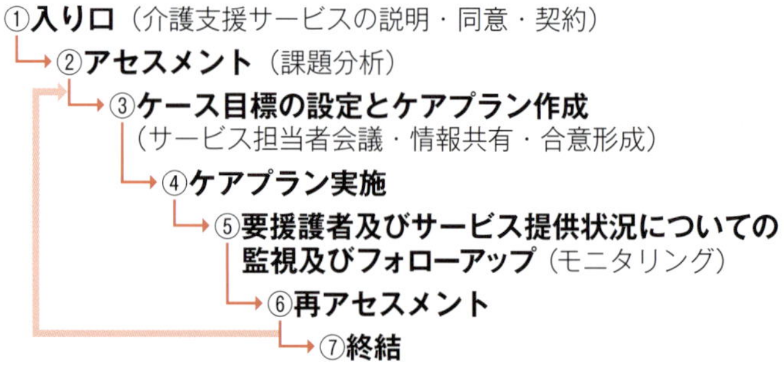

※（　）は介護保険における介護支援サービスの流れを加えた。

出典：白澤政和他編著：『福祉キーワードシリーズ　ケアマネジメント』中央法規出版、2002年、p3を一部加筆

まり、要介護者等へのよりよい支援を展開するためには、直接的な支援チームと間接的なバックアップ型のチームの力が必要になると考えます。

バックアップ型のチームとは、地域内で行われる事例検討会や地域ケア会議、その他多職種によるさまざまなネットワークが挙げられます。事例検討会は地域の地域包括支援センターや有志によるもの、地域ケア会議は地域包括支援センターや保険者によるもの、その他多職種によるネットワークは職能団体や有志によるもの等さまざまな形態が想定されます。

2 チームアプローチのポイント

介護支援専門員は、居宅サービス計画に位置づけた指定居宅サービス等の担当者に対して、居宅サービス計画を交付し、個別サービス計画の提出を求めることができます。[5] また、指定居宅サービス事業者等は、交付された居宅サービス計画の計画内容に沿って個別サービス計画を作成する必要があります。[6]

図２は、実際の居宅サービス計画と個別サービス計画が連動する場面の流れを整理したもので

図２　居宅サービス計画（ケアプラン）と個別サービス計画

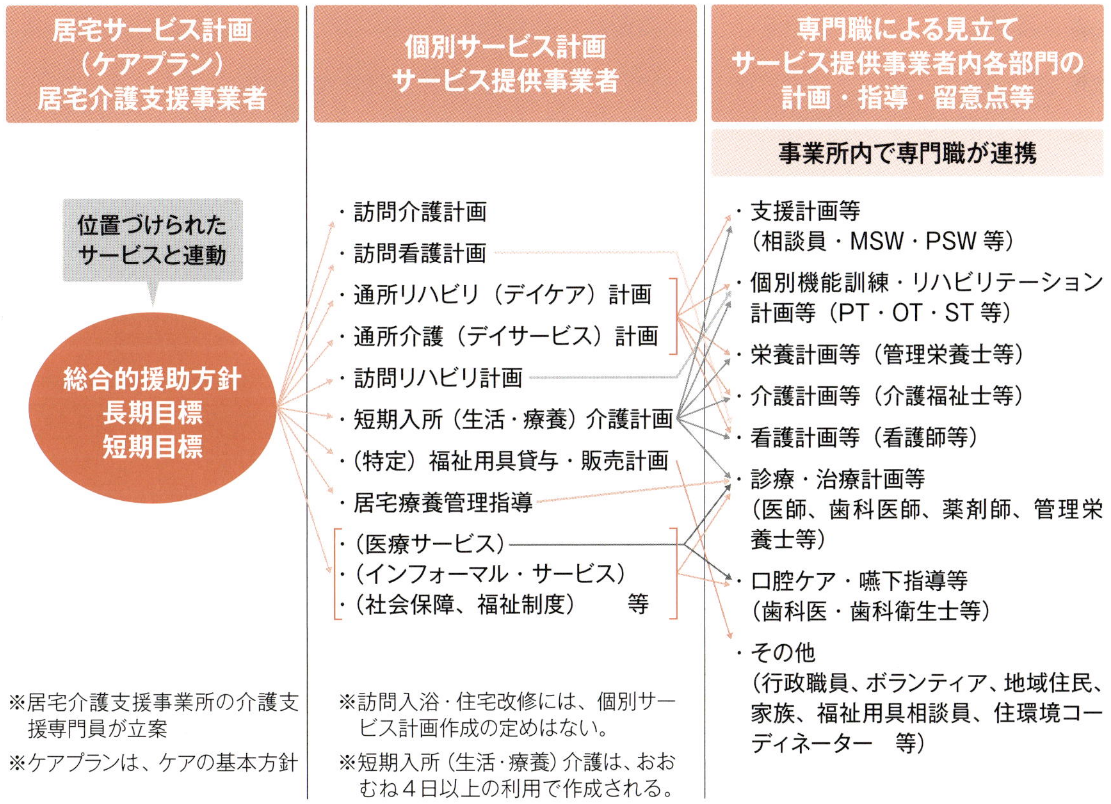

※筆者作成

引用文献・注

5）指定居宅介護支援等の人員及び運営に関する基準第 13 条第 12 号
6）指定居宅サービス等の事業の人員、設備及び運営に関する基準第 24 条第２項、第 70 条第２項、第 81 条第２項、第 89 条第 1･4･5･6 項、第 99 条第２項、第 115 条第２項、第 129 条第２項、第 147 条第２項、第 199 条の２第２項、第 214 条の２第２項

す。個別サービス計画の種類によっては、サービス提供事業者内の多様な専門職の知見を得ることにつながります。

3 チームのマネジメント

1 介護支援専門員とチームマネジメント

介護支援専門員は要介護者等のニーズに基づき、適切なサービスをマネジメントする一方で、サービスを提供する多職種のマネジメントも同時に担うことになります。多職種によるチームのマネジメントにより、要介護者等の望む暮らしの実現、自立、リスク管理等、要介護者等の生活の質は左右されます。チームマネジメントを効果的に担うためには、関係する多職種の役割や特徴も押さえておく必要があります。

表３は要介護者等を支える主な職種を示したものです。介護保険制度における要介護者等へ直接的または間接的支援を担う保健医療福祉系職種（資格）、要介護者等の生活を取り巻く社会資源として活用できる職種とその他で大別しています。

要介護者等は、それぞれが暮らしている地域やその抱えるニーズによって必要とする資源が異なりますが、必要に応じて、要介護状態を課題の中心とした保健医療福祉系職種の連携に留まらない、地域での生活を支えることを意識したその他の専門職チームのコーディネートも必要とされます。

表３　要介護者等を支える専門職

分野	職種（資格）	業務内容等
保健医療系職種（資格）	医師	・医療の提供や保健指導 ・主治医としての診察、居宅療養管理指導等
	歯科医師	・歯科医療の提供や保健指導 ・診察、居宅療養管理指導等
	薬剤師	・調剤や薬剤の提供 ・薬剤管理、居宅療養管理指導等
	看護師	・傷病者等の療養上の世話や診療補助 ・訪問看護、各種サービス内での看護等
	保健師	・保健指導 ・地域包括支援センターや自治体等での介護予防等
	管理栄養士（栄養士）	・栄養改善上必要な指導 ・各種サービス内での栄養指導、居宅療養管理指導等
	理学療法士	・身体に障害のある者に対して基本的動作能力の回復などを行う ・医療機関や各種サービス内でのリハビリ等

保健医療系職種（資格）	作業療法士		・身体または精神に障害のある者に対して応用的動作能力又は社会的適応能力の回復を図る ・医療機関や各種サービス内でのリハビリ等
保健医療系職種（資格）	言語聴覚士		・音声・言語機能または聴覚に障害のある者に対して、その機能の維持向上などを図る ・医療機関や各種サービス内でのリハビリ等
保健医療系職種（資格）	機能訓練指導員		・柔道整復師、作業療法士、理学療法士、言語聴覚士、あんまマッサージ師、看護師等が担う ・福祉系施設や通所介護等で配置され機能訓練等を担う
福祉系職種（資格）	相談援助職	社会福祉士	・身体上・精神上の障害があるために日常生活に支障がある者への福祉に関する相談助言指導及び保健医療その他関係者との連絡調整を担う ・地域包括支援センター、医療機関、各種施設等の相談援助業務等
福祉系職種（資格）	相談援助職	精神保健福祉士	・精神障害者の社会復帰に関する相談助言指導及び訓練等を担う ・精神科医療機関、保健所、障害サービス機関等での相談援助業務等
福祉系職種（資格）	相談援助職	社会福祉主事	・任用資格であるが、相談援助業務を担う ・行政機関、各種施設等での相談援助業務等
福祉系職種（資格）	介護職	介護福祉士	・身体上・精神上の障害があるために日常生活に支障のある者への心身の状況に応じた介護や介護者への介護指導等を担う ・各種施設やサービスでの介護業務等
福祉系職種（資格）	介護職	介護職員注)	・国家資格を保有していないが直接的な介護業務を担う ・各種施設やサービスでの介護業務等
社会資源職種	司法関係職種		・弁護士、司法書士、税理士等は要介護者等の財産管理等の成年後見業務を担う ・警察官は、虐待等の権利侵害に関する連携や迷子等、地域住民である要介護者等の安全を守る
社会資源職種	社会福祉協議会職員		・要介護者等、地域住民が安心して暮らせる地域づくりを担う ・日常生活自立支援事業担当者は、要介護者等の日常的な金銭管理や重要書類の管理を担う ・緊急通報システムや福祉安心電話等で安否確認を担う
その他	生活を支える関係者		・民生委員は地域内での相談や見守り活動を担う ・商業施設、金融機関、交通機関、賃貸住宅等の関係者

注)：介護職員初任者研修修了者や介護職員実務者研修修了者等
※各根拠法を参考に筆者作成

2 チームによるアセスメントと視点の違い

要介護者等を直接的または間接的に支える中心となるのは、多くの場合、保健医療福祉系職種によるチームですが、保健医療系職種と福祉系職種では視点が異なります。保健医療系職種では既往歴や現疾患など健康状態を焦点化した医学モデル、福祉系職種では、生活のしづらさ全体を焦点化した生活モデルで捉えます。

介護支援専門員実務研修では、アセスメントからニーズを導き出す思考過程として、また多職種連携のための共通概念としてICF（国際生活機能分類）の考え方が示されています（図３）。ICFで示される健康状態や生活機能（心身機能・身体構造、活動、参加）、背景因子（環境因子、個人因子）は、複合的に影響し合ってニーズとして現れると捉えます。より適切なニーズを捉えるためには、ICFそれぞれの構成要素の情報を各要素の評価に適した専門職から得ること、サービス担当者会議の際には、構成要素個々の課題を生活全体での課題として捉えなおすことを通して、各サービスによる支援の方向性を一致させていく必要があります。

図３　ICFの構成要素間の相互作用

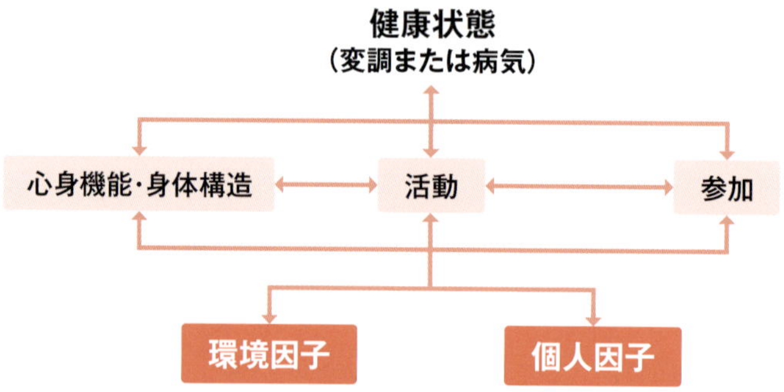

4 チームアプローチの実際

本項では、間接的なチームアプローチ、すなわちバックアップ型のチームアプローチについて、筆者が参画している自治体での実践事例等を紹介しながら、そのあり方について整理します。

1 青森県青森市で実施するケアプラン点検の概要

青森市では、2015年度からケアプラン点検アドバイザーを設置し、多職種による多面的な視点から助言を得る機会としてケアプラン点検を行っています。アドバイザーは、理学療法士、薬剤師、社会福祉士・介護福祉士の有資格者３名で、提出された居宅サービス計画書に対して、それぞれのもつ専門的視点から自立支援に資する助言しています。介護支援専門員は、地域包括支援センターの担当者とともに、助言をもとに居宅サービス計画の修正を行います。

不適切なサービスを把握、修正することも必要ですが、本ケアプラン点検では、現在位置づけられている居宅サービス1つひとつの提供内容の見直しを中心に、自立支援に資する居宅サービス計画を目指し、実施しています。

事前の提出書類は、①フェイスシート、②アセスメントシート、③ケアプラン表(第1表～第7表)、④ケアプラン立案過程の概要（**表4**)、⑤課題整理総括表、⑥評価表です。アドバイザー面談では、1事例約30分、1回4事例を点検しています。④ケアプラン立案過程の概要は、上記提出書類を要約するためのもので、アドバイザーと青森市がオリジナルで作成、使用しているものです。

青森市で行っているケアプラン点検の視点は、大きく3つに整理できると思います。1つ目はケアマネジメントのプロセスの確認です。特にアセスメント段階で他/多職種連携が意識されていたかどうかです。2つ目はアウトカムです。要介護者等の心身状態の維持・改善を意識しているか、またはさらなる悪化を招かないようリスクマネジメントの視点があるか等です。3つ目は自立支援に資するケアマネジメントです。居宅サービス計画に位置づけられるサービス提供事業者への依頼が、「できないこと」を単に「補う」だけのサービスになっていないか、要介護者等の自立の可能性を多様な視点から検討したのかの確認です。もちろん、重度要介護者等は、ADL的な自立に留まらず、QOLやさまざまなリスクマネジメントの視点が中心となる場合が多いですが、要介護度にかかわらず、自立の可能性をきちんと把握したうえで現ケアプランが立案されているかを確認することが重要となります。

表4　ケアプラン立案過程の概要の項目

	項目
1	当該ケアプラン立案過程で、専門職としてこだわった点
2	アセスメント過程で、特に着目した点
3	（対象者が自宅生活） 対象者が自宅生活を継続できるために意識した立案ポイント （対象者が自宅ではない在宅生活→有料・サ高住等） 対象者が自宅へ戻るために意識した立案ポイント
4	アセスメント過程でとらえた対象者の残存機能・能力
5	ケアプラン立案過程で活用を検討したインフォーマル・サービスまたは介護保険外サービス
6	対象者の状態の維持・改善のためにサービス提供者に依頼したこと
7	当該ケアプラン作成過程で、本人や家族の同意が得られず、位置づけられていない計画
8	カンファレンス等で他専門職と合意形成が得られず、位置づけられていない計画
9	対象者の状態の維持・改善を目指すうえで、専門職として困っていること（アドバイスがほしいこと）

※筆者ら作成

表５　各アドバイザーからの主な助言内容

アドバイザー	助言内容
理学療法士	福祉用具、補装具・補助具、住宅改修、機能回復、転倒防止、自宅での自主訓練方法等
薬剤師	薬の副作用にかかる観察事項、医師や医療系サービスとの連携方法、栄養状態等
社会福祉士・介護福祉士	他法サービス、インフォーマル・サービス、セルフケア、認知症ケア、介護負担等
※共通事項	ケアプランや課題整理総括表、評価表の記載方法、求められた課題に対する助言等

表５は各アドバイザーからの主な助言内容を整理したものです。

青森市で実施しているケアプラン点検に参加しているのは限られた専門職ですが、介護支援専門員にとって、第三者や他職種による客観的な助言は、新たな気づきを促す機会となります。

この点検終了後、介護支援専門員は地域包括支援センターのフォローを得ながら現ケアプランの修正を行い、修正ケアプランが再度ケアプラン点検アドバイザーへ届けられる流れとなっています。

2 ケアプラン点検等を通して気づいた課題と改善ポイント

筆者が青森市ケアプラン点検や事例検討会等を通して気づいたケアプラン立案上の課題点を、以下に示しました。課題点はほかにもありますが、チームアプローチに関連するであろう課題を取り上げて整理してみたいと思います。

①抽象的な表現と形容詞の多用、②ニーズが生じる根本原因が不明確、③長期目標、短期目標の主語が介護支援専門員、④個別化されていない、⑤総合的な援助の方針、長期目標、短期目標、個別サービス計画が連動していない、⑥ケアプランサービスの効果評価が不明確、⑦変更されない目標の存在、⑧目標に対するサービス内容の合致確認等です。

１つ目は「抽象的な表現と形容詞の多用」です。特に短期目標や経過記録で課題となると考えます。例えば短期目標の「安心できる」「安全に過ごせる」は、その本人にとっての個別性がみえません。安心･安全な状態とは、その人にとってどのような状態なのかを明確に示す必要があると考えます。その理由は、のちに行われるモニタリングやサービス効果の検討などを行う場合、客観的な評価ができなくなるためです。また、抽象的な表現は、④にも関係してきますが個別性がみえず、誰にでも当てはまってしまうため、ケアプラン目標が要介護者等の向かうべき状態像を曖昧にさせてしまいます。これにより、⑧の目標に関係するサービス提供事業者の方向性やサービス内容も曖昧になり、チームアプローチもバラバラに提供されてしまう危険があります。

したがって、旧厚生省通知[7]にも示されるように、ケアプランや経過記録は、可能な限り具体的に記載し、他者の捉え方に差が生じやすい形容詞の使用を可能な限り避けることが望ましいと考えます。

2つ目は「ニーズが生じる根本原因が不明確」なことです。このことは、アセスメントにおける情報収集が不十分または収集した情報を十分に分析できていないことが考えられます。例えば、多くのケアプランでは、要介護者等が「できないこと」に対して「補う」ためのサービスが位置づけられています。単に「できないこと」を「補う」ためのサービスは、要介護者等の自立を阻害することにもつながり、介護保険法の趣旨自体にも反することになります。

最終的に、サービスは要介護者等の自己決定に委ねられますが、その分析過程は、介護支援専門員の専門性や多職種からの専門的知見を活かした検討が必要と考えます。要介護者等の残存機能や自立の可能性を探るためには、リハビリテーション専門職の評価や知見は必要不可欠なものです。また、課題整理総括表や評価表[8)]を活用し、サービス提供事業者からの評価を得て、支援を通じてニーズの根本原因を継続的に探ることを意識する必要もあります。

3つ目は「長期目標、短期目標の主語が介護支援専門員となっている」ことです。ケアプランの長期目標、短期目標の記載では「私は」などの主語が隠れた形で記載されることが多くなっています。記載される目標は、要介護者等が主体性をもち、チームの一員として自らの課題を解決に導く意味も含まれていますが主語を介護支援専門員にしてしまうと、介護支援専門員の支援計画となってしまいます。その場合、要介護者等は単に支援を受けるだけの存在となり主体性を欠いてしまいます。介護支援専門員をはじめとするサービス提供者が主語となるのは、総合的な援助の方針とサービス内容の項目です。

居宅サービス計画書の記載内容は、サービス担当者会議等を通してチーム内でも相互に確認することが求められます。

4つ目は「個別化されていない」です。1つ目の課題でも触れた通り「抽象的な表現と形容詞の多用」は、誰にでも当てはまってしまうため、チームの具体的方向性や評価観察ポイントを曖昧にしてしまいます。

チームメンバーが具体的イメージをもてるよう、その人にとっての目指すべき状態を意識した具体的表現を心がける必要があります。

5つ目は「総合的な援助の方針、長期目標、短期目標、個別サービス計画が連動していない」ことです。それぞれの整合性がなく、チームとして向かう方向が定まっていないことになります。サービス担当者会議での合意は、居宅サービス計画書の書面上での合意であり、さらに多くの場合、その参加者は、サービス提供責任者や管理者等の間接的支援者が占めます。つまり、直接的なサービス提供者にまで方向性を含めたケアプランの意図が伝わっていないことも想定されます。さらに要介護者等を支援するチームメンバーによっては受け取り方が異なり、その内容がズレたまま具体的なサービス場面で提供されてしまいます。

引用文献・注

7）厚生省老人保健福祉局企画課長通知「介護サービス計画書の様式及び課題分析標準項目の提示について」平成11年11月12日、老企第29号
8）厚生労働省老健局「課題整理総括表・評価表の手引き」2014年

向かう目標に対して、それぞれのサービス提供機関に具体的サービス内容まで指示を出し、すり合わせたうえでの合意なのか、個別サービス計画の内容はケアプランの方向性と具体的に一致しているのか、今一度振り返る必要があります。

6つ目は「ケアプランサービスの効果評価が不明確」なことです。特に短期目標の曖昧な表現によって、その目標が達成されたか否かが不明確になります。サービスは要介護者等のニーズを満たし、目標を達成するためのものです。例えば、「デイサービスで入浴することができる」といった短期目標は、サービスそのものを位置づけることによって、サービスを使い続けることが前提条件となってしまいます。旧厚生省通知[8]の「短期目標は達成可能なもの」という趣旨に反してしまい、7つ目の課題として取り上げた「変更されない目標の存在」につながってしまいます。前述したとおり、重度要介護者等では、状態像の変化が乏しく達成可能な目標の設定は難しいかもしれません。その場合には、要介護者等その人にとって、どのような状態が維持されることが適切なのか、多職種の知見を借り、観察可能な状態像の評価も意識した計画立案が望まれます。

そのためには、短期目標などの設定において、要介護者等の観察可能な状態像によるアウトカムを意識することが大切です。例えば「入浴できる」など1つの大きなADLの達成よりも、「タオルを持つことができる」など、入浴にかかる1つひとつの動作などの達成を段階的に検討するべきだと考えます。8つ目の課題「目標に対するサービス内容」にもつながりますが、「タオルを持つことができる」ためには、タオルを持つ動作訓練やそれに付随する機能訓練等がサービスとして提供されなければなりません。単に「入浴できる」では、その方向性として「補う」サービスとなってしまいます。なぜ入浴できないのかを捉え、その1つひとつの阻害要因に対して、達成可能性を含めた目標設定をし、達成不可能の場合には、目標自体を変更するか、サービス内容を変更するかしなければなりません。このようなことを検討するのは、介護支援専門員1人では限界があります。その課題を解決するためにも、各サービスに位置づけられる多様な専門職を巻き込むことが必要となります。

例えば、筆者がケアプランを点検する際には、表6のような質問することがあります。

表6　ケアプランの自己振り返り視点

① 短期目標の評価指標は何か（状態像として評価（観察）可能か）
② 短期目標の進捗状況はどの程度か（いつ頃達成可能か）
③ 過去に達成した課題は何か
④ 達成できない理由は何か
⑤ 達成できない場合の多職種による見立てはどうなっているか

など

また、事例検討会等では、以下表７に示す介護福祉士養成課程で学ぶ介護過程を参照し、介護支援専門員の思考過程を確認することもあります。

表７　援助展開の思考過程

情報の出所・情報を得た場面 （アセスメント）	・主観的事実 ・客観的事実 →観察、面談 →多／他職種からの情報
サービスの意図 （サービス担当者会議・ケアプラン立案・ケアプラン実施）	・専門的判断・解釈 （専門的知識が必要） →どの情報から判断したのか →どの場面を解釈したのか →判断するうえで多／他専門職の意見を入れているのか
予想される利用者の変化 （援助目標）	・達成可能か ・評価可能か ・サービス提供機関の個別サービス計画とリンクしているか →サービス担当者会議での合意
利用者の変化 アウトプット （モニタリング）	・客観的評価と主観的評価 →効果がなければ目標またはサービス内容の変更、必要に応じてサービス機関の変更を検討
考察・なぜそうなったのか、どうすればよいか （エバリエーション）	・結果に対しての評価 →サービス提供機関からの情報も

※筆者作成

3 バックアップ型チームアプローチの推進

青森市で行っているケアプラン点検や筆者の参加している事例検討会等は、いずれもバックアップ型のチームアプローチです。実際のケアマネジメントでは、最終的には、要介護者等を含む実際の支援チームでの合意事項として援助は展開されます。

ケアマネジメントプロセスにおいて、第三者による多職種の知見は、匿名性や倫理事項に配慮したうえで、積極的に得ることも、ケアマネジメントプロセスにおいて重要です。

近年、制度的な側面からは、介護支援専門員は医療との連携が強調され、医療連携を行いつつ要介護者等の生活全体を視野に入れた地域での暮らしを継続的に支援しなければなりません。しかしながら、要介護者等が暮らす地域によっては、多職種や社会資源の存在にばらつきがあることも事実です。その際には、積極的に地域で行われる地域ケア会議や任意で行われる事例検討会を活用したり、専門職の参集が困難な場合には、広域的に多様な専門職から助言を得られる仕組みを構築すること、さらには、ICT や各種職能団体の活用、保険者たる市町村のバックアップシステムの構築も必要となります。

地域包括ケアシステムの構築では、要介護者等を支えるハード面の社会資源や地域住民のようなインフォーマル資源のネットワーク構築に留まらず、介護支援専門員をはじめとするサービス提供者を支えるバックアップ型のネットワークとその運用システムの構築も必要であると考えます。

5 居宅サービス計画（ケアプラン）と個別サービス計画の連携と評価

表８は、青森市ケアプラン点検や事例検討会等を通じて筆者が試案として作成した、居宅サービス計画と個別サービス計画の整合性と提供サービスの評価を確認するためのツールです。

課題整理総括表は、利用者の状態像を把握し、情報の整理・分析を通じて課題を導き出した過程について、多職種協働の場面等で説明する際の適切な情報共有に資することが目的となっています。また評価表は、ケアプランに位置づけられたサービスについて、短期目標に対する達成度合いを評価することで、より効果的なケアプランの見直しに資することが目的となっています。[9]

青森市ケアプラン点検では、先に示した通り、1事例について多くの資料をもとに限られた時間で面談します。資料には課題整理総括表と評価表も含まれていますが、資料の確認には時間を要します。また介護支援専門員の立案したケアプランからは、その先にある個別サービス計画の内容が把握しきれない場合もあります。そのため、本試案は添付資料の内容から、①居宅サービス計画

表８ 「個別サービス計画と個別サービス計画連携ツール」試案

居宅サービス計画書（1）（2）の内容							サービス提供機関の個別サービス計画の内容		居宅サービス計画書の短期目標に対する進捗状況及び多職種（サービス提供機関）からの短期目標の進捗状況判断のための具体的状況	
総合的な援助方針	ニーズ	長期目標	短期目標	（期間）（頻度）	サービス内容	サービス種別	目標	支援内容	短期目標の進捗状況（%）期間（／）	評価職種と短期目標進捗状況判断のための具体的状況

※筆者作成

の短期目標と個別サービス計画の目標およびサービス内容の整合性、②提供サービス側からの居宅サービス計画における短期目標達成の進捗状況の評価とその根拠把握を目的として作成しました。1枚の様式でその流れを整理することにより、ケアプランの課題点やサービス提供者との連携上での課題が捉えやすくなると考えています。

居宅サービス計画書（1）（2）の内容およびサービス提供機関の個別サービス計画の内容は、そのまま転記される形になります。短期目標の進捗状況については、短期目標の設定期間と記載時点を比較し、例えば期間として「1/4 経過」と「進捗状況 50%」といった記載を想定しています。評価職種と短期目標進捗状況判断のための具体的状況には、それを判断した専門職と、さらに、どの状況・場面から判断したのかを記載してもらいます。どの状況・場面から判断したのかは、具体的に観察事項や情報を得ていないと評価できない、すなわち記載できないことになります。

表９に記載例を示しました。本例はよくみかける内容の仮想事例です。ケアプランの短期目標が抽象的なため進捗状況が把握できていません。支援内容をみると、テーブル拭きと掃除機がけを自分で行うように働きかけられていますが、テーブルは拭けるようですが掃除機は難しそうです。この場合、短期目標の「身の回りの整理」には、テーブル拭きと掃除機がけの２つの要素が入っていると捉えられます。１つはできているようですが、もう１つの掃除機はできていないようなので、進捗状況を表現できても 50% でしょうか。しかし、その阻害要因はどうも膝の痛みによる立位困難なようです。この膝の痛みに対しての根本的な対応がなければ、短期目標はいつまでたっても達成できそうにありませんが、支援内容ができない場合の対応は「手伝う」ことのみです。もちろん手伝うことも必要ですが、同時に根本原因である膝の痛みまたは掃除機をかけるために必要とされる立位訓練や工夫といった視点も必要となります。本ツールは、短期目標を焦点化し、サービスの流れ

表９　「個別サービス計画と個別サービス計画連携ツール」試案記載例

居宅サービス計画書（1）（2）の内容							サービス提供機関の個別サービス計画の内容		居宅サービス計画書の短期目標に対する進捗状況及び多職種（サービス提供機関）からの短期目標の進捗状況判断のための具体的状況	
総合的な援助方針	ニーズ	長期目標	短期目標	（期間）（頻度）	サービス内容	サービス種別	目標	支援内容	短期目標の進捗状況（%）期間（/）	評価職種と短期目標進捗状況判断のための具体的状況
今の生活が不安なく送れるよう支援します	清潔な環境で暮らしたい	清潔な環境で生活できる	身の回りの整理ができる	H28.12.1-H29.3.31 2/週	居室の整理整頓	訪問介護	身の回りの整理ができる	テーブルの拭き掃除と掃除機を自分でできるよう声をかける。できない場合には手伝う	1/2 50%	ここ１か月はテーブルの上は毎回自分で拭いている。掃除機はヘルパーが対応し、本人は立位時膝が痛そうな様子

※筆者作成

から今後の連携のあり方やケアプランの見直しポイントに気づいてもらうことを目的としています。

なお、本ツールは試案であり、今後もさまざまな場面で介護支援専門員やサービス提供者による試用を経て検討していく予定です。

参考文献

・介護支援専門員実務研修テキスト作成委員会編『六訂介護支援専門員実務研修テキスト・上巻』一般財団法人長寿社会開発センター、2016年
・介護支援専門員実務研修テキスト作成委員会編『六訂介護支援専門員実務研修テキスト・下巻』一般財団法人長寿社会開発センター、2016年
・『五訂居宅サービス計画書作成の手引』一般財団法人長寿社会開発センター、2016年
・野中猛・野中ケアマネジメント研究会『多職種連携の技術』中央法規出版、2014年
・高橋紘士・武藤正樹『地域連携論―医療・看護・福祉の協働と包括的支援―』オーム社、2013年
・高橋紘士『地域包括ケアシステム』オーム社、2013年

第2章

多職種連携のための関係職種・サービスの知識

1 介護職との連携

ケアマネジメントを展開するうえで必要な視点として、介護を必要とする高齢者のニーズを個別的に捉え、その人の自分らしさを想いや願いから創造することが挙げられます。そのためには、関係者相互が同じ方向を向いて役割を共有し、介護を必要とする高齢者の目標達成に向けて協働支援をしていかなければなりません。その欠かせない役割の1つを担う介護職は、介護保険制度において福祉サービスの専門職として位置づけられ、居宅サービス・施設サービス・地域密着型サービス・地域支援事業などの多様な場面でケアを展開しています。ここではその介護職の立場と役割を理解し、介護支援専門員がどのように連携を図り、効果的な支援を実践していけばよいのかに触れていきます。

1 介護職の立場と特性

介護サービスの提供者は、さまざまな立場の人が従事しています。介護福祉士の資格をもっている人、介護職員初任者研修を受けて介護職となっている人、介護に関する研修を全く受けていない人も従事しています。

国家資格を有する介護福祉士は、介護過程において、以下の要件を満たした介護サービスを提供しなければなりません。

①利用者（家族介護者がいる場合、家族介護の状況も含みます）についてのアセスメント（情報の収集とニーズの査定）
②介護計画の立案
③介護サービスの実施、実施状況の把握（モニタリング）と記録
④介護サービスの評価

さらに、もう1つは、「介護福祉の理念」と「介護福祉の原則」に基づいた介護サービスの提供をしていく必要があり、以下を尊重してサービスにあたることが求められます。

介護福祉の理念	介護福祉の原則
①自立支援の尊重 ②ノーマライゼーション ③尊厳・基本的人権の尊重 ④家庭的なこころのやすらぎ ⑤自己実現	①福祉的対人援助の原則と技術の尊重 ②良好な日常生活の維持 ③ライフスタイルの尊重 ④快適・安全な生活環境の整備 ⑤医療・福祉関係者との連携 ⑥社会資源の活用 ⑦介護の倫理の尊重

以上のように、理念と原則に基づいて介護サービスを提供していく介護職は、高齢者が自己の信

念に基づいた自己決定によって安定した日常生活を確保していくことや、高齢者が自己の可能性を発展させるための機会を求めて自己実現を目指していくこと、そして高齢者自身の嗜好や価値が付与された生活の営み方、いわゆる高齢者が自分のライフスタイルをかなえていくために、介護職の心構えや留意点だけにとどまらない社会的な役割責任があり、介護の専門性をもった職種として明確に位置づけられていることがわかります。

2 介護職が協働する職種の機能と役割

協働とは、多職種が目的を共有して、それに向かって連携して取り組むことをいいますが、多職種が連携するチームを組むためには、お互いの専門機能を理解していることが前提となります。施設介護の現場には、福祉職や医療職が配置され、施設の種別や規模によって異なるものの、必要な職種がそこにいることが施設の強みとなります。その一方で、居宅介護の現場は、それぞれの利用者に対してチームを組んで協働していくことから、ケアマネジメントの展開過程を通して、必要なチームを形成していきます。以下、協働する多職種の機能と役割について触れていきます。

①生活相談員

介護老人福祉施設（特別養護老人ホーム）や通所介護に配置されている専門職であり、主な仕事として、介護老人福祉施設では入所者の入退所に関する業務、通所介護では利用開始に伴う業務を行っています。また、利用申し込みの管理に即して、利用される方と家族の面談・アセスメント業務を行います。そのほか、日々の相談援助、苦情窓口対応、家族との連絡調整業務などが挙げられます。

②管理者

介護保険法における介護サービス事業所の管理者について、ほぼ共通している項目は、以下のとおりとなります。

- 各事業所に専らその職務に従事する常勤の管理者を置かなければならないが、事業所の管理上支障がない場合は、他の職務に従事することができます。
- 事業所の従業者及び業務の管理を、一元的に行い、従業者に規定を遵守させるために必要な指揮命令を行います。

つまり、介護サービス事業所の管理者は従業員や業務の管理を行い、指揮を執っていく常勤のポジションであり、管理者自身の業務に支障がなければ、他の介護業務にも携わることができます。

③訪問介護員（ホームヘルパー）

訪問介護員は在宅で働く介護職の一般的な呼称であり、介護保険制度において訪問介護に従事できる要件は、介護福祉士と都道府県知事の指定を受けた事業者の研修過程を修了し、証明書の交付を受けたものとなっています。訪問介護員養成研修２級課程（130時間）は、2012年度末で廃止され、2013年度から新課程の介護職員初任者研修（130時間）となりました。訪問介護員養成研修１級課程（230時間）および介護職員基礎研修は、2012年度末で廃止されて、2013年度から、介護福祉士養成のための実務者研修（450時間）に統合されました。

④サービス提供責任者

サービス提供責任者は、訪問介護事業の中核となる役職です。利用者の自宅に出向き、サービス提供について契約を締結し、訪問介護のニーズをアセスメントして必要な訪問介護内容を二人三脚で話し合っていきます。利用者本人だけではなく、家族や介護支援専門員、その他サービス提供機関との調整を行い、訪問介護員に指導と助言を行うことから訪問介護の質を守る要の専門職に位置づけられます。

・訪問介護事業所は、利用者の数が40またはその端数を増やすごとに1人以上のサービス提供責任者を配置することになっています。

3 自立支援介護と利用者の尊厳

①自立支援介護とは

「自立支援」の理念は、「高齢者自身の自立に向けての主体的営為を社会的に支援する」ことです。介護に従事する1人ひとりが、常に高齢者を尊重して日々研鑽を積み重ねていきながら、実現していかなければなりません。自立支援について、次の4つのポイントを参考にしてください。

・利用者の望む暮らしに向けて、自己決定できるように支援を行います。
・自己決定を最大限に尊重するため、サービス利用の権利擁護を行います。
・利用者の意欲・潜在能力・強みを最大限に発揮できるように支援を行います。
・利用者の要介護状態等の軽減または悪化の防止に役立つような支援を行います。

②利用者の尊厳とは

聖路加国際病院名誉院長の故日野原重明先生は、利用者の尊厳について、次のように述べています。

「人に触れる、尊厳に触れる。大切なのはその人はどのように生きてきたかを学ぶこと」

つまり、利用者をよく知り、どのように生きてきたかを知ることが本当に重要なことであり、それを起点にしていくということは、利用者の意思を大切にしてニーズを明らかにし、生きる喜びとエネルギーをはぐくむ適切な支援に結びつくこととなっていきます。

4 介護職の活用方法と連携方法

多職種連携の意義は、異なる専門性をもった人たちがチームになり、利用者を支えていくことによって、お互いの専門職としての能力を活用して効果的なサービスを提供していく点にあります。その中で介護職の強みは、いつもの利用者の生活の様子を知っていることと、「1対1」の個別援助を日々実践している部分にあります。介護職は利用者の生活に寄り添い、内側から支えていきます。いつもの状態をきちんと把握しているので、ちょっとした変化に対しても気がつきます。その気づきを誰かにつなぐ機会をつくることで、多職種チームによる援助が効果的に展開されていきます。

①チームとチームアプローチの違い

チームとは、目標や方針を関係者相互で共有し、同じ方向へ向けてお互いの専門性を活かして協力し合うグループです。チームアプローチとは、チームで援助を行うことであり、多職種がそれぞれの専門職の視点で情報収集やアセスメントを行い、目標や方針を共有し、それぞれが自分の専門性を発揮して総合的な援助を行うことをいいます。したがって、前述した介護職の強みをチームアプローチに位置づけることで、効果的な支援体制が構築されます。

②連携の重要性

利用者の複合的なニーズに即したケアマネジメントを実践していくには、効果的なチームアプローチを展開するための関係者相互の連携が欠かせないことになります。

次の４つの認識と実践をしていくことで、連携の成果が生まれてきます。

・チームメンバーが共通の目標をもつことです。
・自分の専門性や役割、メンバーの専門性や能力、役割を十分理解することです。
・適切なコミュニケーションがとれる機会と場所を設定することです。
・目的を達成するための手段となるチームをつくり上げていくことです。

2 リハビリテーション専門職との連携

① リハビリテーションの基本

1 介護保険でのリハビリテーションの立場

介護保険によりサービスを受ける利用者は、運動機能が低下している場合がほとんどです。したがって、多くの利用者にはリハビリテーションが必要であると考えます。昨今、自立支援という言葉が多く聞かれるようになりましたが、もともと介護保険法第４条の「国民の努力及び義務」においては、自ら要介護状態となることを予防することが求められています。しかし、要支援および要介護状態になった場合には、生活支援だけのプランが立てられる場合が少なくありませんでした。介護保険サービスを受ける利用者には、運動機能の改善を視野に入れながら、生活機能を高めるためのリハビリテーションが必須であることを念頭に置くことが基本であり重要になります。

もちろん、必要に応じた介護や看護でのアプローチは重要ですが、これらのサービスは主として現在の生活困難に対応するものです。それに対し、リハビリテーションは、現状を維持・改善するために行われます。つまり、現在よりも未来に焦点をあてた立場であり、悪化を予防し、長く円滑な生活をするために必須になります。

2 リハビリテーションの意味

リハビリテーションとは、re（再び）という接頭語に habilis（適した）という形容詞がくっついた造語であり、再び適した者にするという意味があります。それは人間の権利の回復のことであり、全人間的復権といわれます。リハビリテーションは、概して機能回復訓練的な意味で使われますが、これは後述する医学的リハビリテーションの手段であることを理解することが重要です。

3 リハビリテーションの分類

リハビリテーションは、以下に分類されます。

①医学的リハビリテーション

医学的リハビリテーションは「個人の身体的機能と心理的能力、また必要な場合には補償的な機能を伸ばすことを目的にし、自立を獲得し、積極的な人生を営めるようにする医学的ケアのプロセスである」と定義されます。主に医療現場で行われ、機能回復訓練は医学的リハビリテーションの一部と確認できます。

②社会的リハビリテーション

社会的リハビリテーションは「社会生活力を高めることを目的としたプロセスである」と定義されます。障害者が社会参加するために、いろいろなサービス、法制度等を活用することであり、バリアフリーな環境整備も重要です。

③教育的リハビリテーション

障害のある児童などに対して、学校教育を中心として行われるリハビリテーション活動になります。

④職業的リハビリテーション

障害者が適切な職業に就くことを支援するリハビリテーション活動になります。職業訓練、就労移行支援、就労継続支援などがこれにあたります。

4 リハビリテーションの理念

たとえ障害があっても、できる限り個人の能力を高め、社会参加につなげていくことがリハビリテーションの理念になります。特に運動機能を高めることは、バリアを減らし、社会参加に幅をもたせることにつながります。

2 介護保険下でのリハビリテーション

1 リハビリテーション前置主義から

介護保険で行われる生活期のリハビリテーションは、医療での「必要かつ十分なリハビリ訓練・アプローチを行った後」という状態、すなわちリハビリ前置主義のうえで成り立ちます。しかし、介護保険前に行われる急性期、回復期リハビリテーションが、量的にも質的にも十分に行われていない場合があります。したがって、生活期リハビリテーションである介護保険でのリハビリテーションにおいて、適切なリハビリテーションが行われた場合、機能改善することが少なくありません。リハビリテーションの理念でもある、最大限の運動機能を引き出して、生活に応用していくことが重要になることは前述しました。

2 介護保険でのリハビリテーションの基本

医療保険においては、医学的アプローチが行われます。一般臨床医学においては病気を治療する病理指向的アプローチが行われ、病気が治癒すれば治療終了になります。リハビリテーション医学においては、病気によって引き起こされる後遺症を治療する機能指向的アプローチが行われ、後遺症の症状が固定し改善の余地がなくなったら治療終了になります。

一方、介護保険では、後遺症の症状が固定し改善の余地がなくなったとしても、生活機能の向上が見込まれるため、生活能力を高め維持してもらうための生活指向的アプローチが行われます。これは、適切なリハビリテーション技術によるアプローチを含めた生活支援であり、社会参加につなげていくためのものになります。

図 1　一般臨床医学、リハビリテーション医学、介護保険下でのリハビリテーション
それぞれのアプローチ

病理指向的アプローチ　一般臨床医学
疾患を治療する。治癒したら治療終了

機能指向的アプローチ　リハビリテーション医学
疾患により発現した身体機能を治療する。症状が固定したら治療終了

生活指向的アプローチ　介護保険下でのリハビリテーション
生活状況を支援する。生活の維持向上のため治療継続

3 チーム・アプローチ

リハビリテーション医療はチーム・アプローチが原則です。患者をとりまく多職種のチームによって、それぞれの立場から適切なアプローチが行われます。それは、リハビリテーションが、身体障害や社会的制約を受けている人に、身体的、精神的、社会的、職業的、趣味的、教育的な潜在能力を最大限発展させるものと定義されており（「Rehabilitation is the process of helping a person to reach the fullest physical, psychological potential, social, vocational, avocational, and educational potential consistent with his or her physiologic or anatomic impairment, environment limitations, and desires, and life plans.」[1)]）、かなりの幅広い対応が必要になるからにほかなりません。

リハビリテーションは、医学的リハビリテーションを中心に発展してきた背景があり、医学的色彩が強いイメージがあります。病院におけるチーム・アプローチは、その医療機関の多職種によることが常であり、チームといえども限定した職種になってしまいがちです。

さて、介護保険でも多職種連携が必要だといわれます。病による後遺症や老化による生活困難に対し、その潜在能力を最大限発揮させて人間の尊厳を回復するためには、やはり多くの職種による支えが必要になると考えます。しかし、介護保険は制度上のフォーマルサービスが中心であり、介護保険事業所の職種が中心となっています。本来であれば、地域包括支援センターで行われる地域ケア会議の本質である、利用者を取り巻くインフォーマルな部分を多く含んだ、その利用者にかかわっているさまざまな人の支援が必要になります。したがって、多職種連携以上に、職種という枠組みを超えた多くの人たちとの連携が重要になります。利用者を支えるためには、多くの周りの人たちのかかわりを考慮に入れた、幅広い対応を考えていくことが望まれます。

3 幅広く介護保険とリハビリテーションとを考える

1 日常生活活動および手段的日常生活活動とリハビリテーション

介護保険においても、日常生活活動（activities of daily living；ADL）、手段的日常生活活動（instrumental activities of daily living；IADL）は、特に長期目標などによく使われます。しかし、

言葉の使い方は、日常生活という意味として使われている場合が多く、本来のADLおよびIADLの意味として使われていない場合がよく見られます。それは、これらの定義を把握しないで、日常生活活動という言葉を自分のイメージで解釈して使っている場合が多いからだと思われます。

ADLの定義は1976年の日本リハビリテーション医学会評価基準委員会で明文化が図られ、「ADLは、ひとりの人間が独立して生活するために行う基本的な、しかも各人ともに共通に毎日繰り返される一連の身体動作群を言う。」と定義され今日に至っています。つまり、ADLは、どの人にも共通に行われる活動であり、利用者それぞれの生き様や生きがい、趣味的な活動や職業的思考などの幅広い生活はADLではないのです。そのことをしっかりと理解してADLおよびIADLを使い、利用者それぞれの特有な生活とは区別する必要があります。

加えて、ADLにおける動作は、ほとんどがセッティングした環境によって行われる、いわゆる狭義のADLになります。例えば、食事動作は食卓などにセッティングされた食事を食べることだけで、自立かどうかが判断されます。食事を作る動作はもとより、配膳および下膳は食事動作に入っていません。自立した生活とは一線が引かれていることを理解しましょう。

2 未来生活のプロデュースとリハビリテーション専門職との連携

ケアプランには、現在の生活困難への直接的アプローチが多いと前述しました。「やってあげるケアプラン」は、いたずらに利用者の身体機能を低下させることにつながります。人は、身体機能などの維持・改善をして健康的な生活を長く続けていくことが望まれます。そのために介護支援専門員には、未来生活をイメージしたプランを立案することが求められます。つまり、身体機能面などを適切に評価し、維持・改善を含めたケアプランを立案しなければなりません。そのためには、特に理学療法士などのリハビリテーション専門職の関与が必要になります。気軽に連絡をとり、いろいろな意見を聞けるネットワークが必須になります。リハビリテーションに資するケアプランを立案するために、多くのリハビリテーション職種とつながり、利用者に最適なリハビリテーションを提供できるようにし、未来生活のプロデュースをしていきましょう。

引用文献

1）DeLisa JA, Currie DM, Martin GM. Rehabilitation medicine: past, present, and future. In: DeLisa JA, Bruce MG, ed. Rehabilitation medicine: principles and practice Third Edition, JB Lippincott, Philadelphia, 1998: pp3-32.

3 医療職との連携

1 はじめに

急速に少子高齢化が進み、2025年には「団塊の世代」がすべて75歳以上となる超高齢社会を迎えます。こうした中で、医療や介護が必要な状態となっても、できる限り住み慣れた地域で安心して生活を継続し、その地域で人生の最期を迎えることができる環境を整備していくことが包括ケアの目指すところでもあります。

高齢者の慢性疾患の増加により疾病構造の変化がみられ、医療ニーズについては、病気と共存、治療を継続しながらも、生活の質（QOL）の維持・向上を図っていく必要性があります。一方で、介護ニーズについても、医療ニーズを併せもつ重度の要介護者や認知症高齢者の増加などにより、医療および介護の連携の必要性はこれまで以上に高まってきています。地域包括ケアシステムのなかで、医療および介護の提供体制を構築することは、利用者の視点に立ってニーズに見合ったサービスが切れ目なく、かつ効率的に提供されることにつながります。また、それぞれの地域の高齢化の実状に応じて、安心して暮らせる住まいの確保や自立を支える生活支援が可能となり、利用者の自立と尊厳を支えるケアを将来にわたって持続的に実現していくこととなります。

また、自立支援に資するケアマネジメントや医療との連携･多職種協働を推進していくためには、ケアマネジャー自身も資質向上に取り組み、メンバーの職種の垣根を越え相互理解を深め、信頼関係を構築しながら支援体制を整備していく必要があります。ここでは、特に医療との連携に焦点をあて、医療職との連携に必要な視点や技能について具体的に述べていくことにします。

1 医療職との連携

利用者の日常を支えるためには、さまざまな職種との協働による適切なサービスの提供が必要となります。そこで、改めて医療の専門家と協働する際のポイントを押さえておきましょう。

【連携のポイント】

①アポイントをとる
・時間を指定するのではなく、可能な時間を伺うようにする
・受診時の同行が可能か確認する
②時間やスピード感を合わせる
・要点をまとめて結論から伝えるなど、時間の使い方に配慮する
③医療職のルールを知る
・利用者の疾患等、医療にかかわる事象をケアマネジャーが診断する、また主治医に相談なく別の医療機関を受診させるといったことを避ける
④利用者の状態を把握する

・これまでの状態像とその変化を把握し、適切に情報提供できるようにする
⑤医師との面会、サービス担当者会議の場面において、その場に応じた目的や求めるかかわり方など、意見を求める内容を明確にしておく
・利用者を支えるチームメンバーとしてのかかわり方、居宅サービス計画書の内容や目指す生活など、医療職に期待することなど明確にしておく
・主治医の意見書等を資料として持参し、どの部分を明確にしたいのかを提示する

2 医療職への情報提供

多くの医療機関では、入院するとすぐに退院に向けた支援を開始するようになります。したがって、入院前の利用者の情報は、今後の治療や入院中のケア、退院に向けた目標設定や支援などに役立ちます。入院後の治療計画のサポートやビジョンを明確にするためにも、ケアマネジャーからの情報提供は大切です。2018年度からの入院時情報連携加算において、ケアマネジャーの情報提供が評価されていることからも、その重要性が理解できます。

【医療職に伝えたい情報】

以下にあるように、ケアマネジャーは、医療職から入院時に求められる情報（ケアマネジャーがそれまで把握していた情報）を、簡潔にまとめて情報提供することが求められています。

①氏名、年齢、居住地、家族状況
②利用者の主訴と状況
・現在の心身状況、身体状況の変化（特に食事、排泄、浮腫、体重の変化、睡眠など）
③入院前のADLと日常生活上の課題
・本人が1人でできている動作、介助を必要としている動作などをふまえた生活上の困りごとなど
④既往歴
・主疾患、入院した病院での受診状況、治療内容（内服薬等）、既往歴など
⑤入院前の介護状況
・キーパーソン、同居者の有無と続柄、家族のかかわり方、家族背景、経済状況、利用しているサービス状況など
⑥住まいとその居住地域
・これまでの暮らし方や近隣との関係、社会資源とのかかわり方など
⑦本人・家族の入院に対するそれぞれの思い
・入院の目的意識、入院に対する感情など
⑧本人・家族の退院後の生活に対する思い
・入院期間を予測、確認しながら、退院後の復帰先とその生活イメージなど
⑨本人の特性
・性格、行動パターン、意思決定の傾向、特徴的な生活スタイルなど
⑩ケアマネジャーとしての見解
・ケアマネジャーが把握している本人・家族像、本人・家族の意向、今後の生活の選択肢・入院治療が必要な状況になった原因や経緯など

3 退院時の確認事項

利用者が退院する場合には、まずは復帰先を明らかにしておく必要があります。またその復帰先に即した生活の予測、これまでの暮らしとの違いなどを確認しておく必要があります。

身体的な苦痛が和らいでいたとしても、病気と向き合いながら過ごすこれからの生活には、利用者・家族も少なからず不安を抱えています。ケアマネジャーは入院前と同様のサービスを展開することに留まらず、現在、未来に向けた十分なアセスメントを実施し、本人・家族も含め関係機関と協働しながら、改めて環境整備や体制構築を展開していく必要があります。

そのためにも、入院中は医療職との連携を強化し、情報を収集しながら、事前に（入院したときから復帰を目指し）準備を進めていくことが大切となります。

また、退院に際しては、カンファレンスに参加し、療養上必要な説明を行ったうえで、ケアプランを作成するなどの要件を満たした場合、退院・退所加算の算定もできます。カンファレンス等にも積極的に参加し、利用者・家族の意向をふまえ、医療との連携がとれたサービスの提供が可能となるよう努めていきましょう。

【退院時の確認事項】

以下の項目の内容は一例であり、疾患や利用者の状況、医療機関の特性をふまえて内容を検討する必要があります。また、事前に医療職から情報収集が可能な項目、診療情報提供書や看護サマリーの内容から確認できる項目、カンファレンスの際に意見を求める内容を整理し、タイミングをみはからって確認するとよいでしょう。

①病名、治療状況
・今後の病状変化の可能性（予後）
・医療ニーズを抱えたままの状態で退院する場合には、今後の在宅医療の必要性
・外来受診の必要性と頻度
・内服薬、その他の対処療法について
②現在の心身状況（入院前との違いと今後の予測）
・入院中の状態と変化
・環境整備のポイントや動作に関する注意点
・その他目視できないところを重点的に確認（例　嚥下・咀嚼状況、食事や水分の摂取量、皮膚の状況、血糖値や血圧など）
③退院に向けた関係機関や専門職との連携の有無
・住宅改修や福祉用具の活用の有無、栄養指導、服薬管理など専門職との連携の必要性
④本人に必要なサービスとその内容
・フォーマルなサービスに終始するのではなく、アセスメントにもとづいたインフォーマルサービスとその内容の確認（ケアプラン作成にそのまま転記する）
⑤退院に対する本人・家族の思い
・受け入れ準備の状況、体制整備の有無
・今後の生活における課題

4 入退院連携

先に述べた通り「地域包括ケアシステム」では、ニーズに応じた適切なサービスを切れ目なく提供することを目指しています。そのために、入退院時においても医療や介護サービスが一体的に、そして継続的に提供される体制づくりが求められています。

医療機関は治療ステージに応じて、役割や治療内容、ゴール設定が異なります。転院をくりかえす利用者や、医療ニーズの高い利用者が増加している現実もあるなか、一体的な支援の要として、利用者の状態像や生活の状況の説明、思いの代弁ができるケアマネジャーは、医療機関にとってもなくてはならない存在です。ケアマネジャーが医療機関と連携することで、将来に対する不安を抱えた利用者の生活の安定化を図るためのサポートが可能となるといえます。

日頃から地域にある病院の特性や連携窓口の担当者、業務範囲などの情報を収集し、つながっておくことで、利用者が入院した場合には、入院中から退院後に向け、見通しをもって利用者支援やその準備ができ、また退院後の生活においてもスムーズに医療的ケアの導入につなげることができると考えられます。

5 利用者を支えるための医療との連携

ケアマネジャーにとって苦手意識が強い医療職との連携ですが、連携することによって得られるメリットは大きいといえます。医療職を利用者を支えるチームの一員として考え、まずは相手をよく知ること、多くかかわる機会をもつことでケアマネジメントの業務に変化がでてくるのではないでしょうか。

また、利用者のかかわりが多い場所として、病院外来があります。外来看護師は、退院後の利用者を支える重要な職種です。通院治療を行う利用者の状態を把握し医師へ情報を伝える、またサービス事業所への情報提供の作成依頼を行うなど、さまざまな役割を担っています。ときにはケアマネジャーの相談窓口になることもあります。このように気軽にかかわれる場所を大切にし、つながってくことを実践していきましょう。

参考文献

- 杉山孝博監、利根川恵子『福祉･介護職のための病院･医療のしくみまるわかりブック』中央法規出版、2015年、pp72-76
- 遠藤英俊監、前沢政次編集代表『2訂介護支援専門員研修テキスト介護支援専門員専門研修課程Ⅱ』一般社団法人日本介護支援専門員協会、2018年

4 看護職との連携

1 はじめに

地域包括ケアシステムの構築・稼働が始まると、在宅療養をする高齢者が増加することは容易に想像がつきます。医療の高度化に伴い、救命率が向上し、生命の危機的状況に陥った高齢者も、急性期治療、回復期リハビリテーションを経て、自宅や高齢者施設へ退院していきます。高齢者の場合、疾病と加齢現象の共存は避けることができないし、病気が加齢現象を加速させる場合もあります。また、その反対もあります。要介護状態になった高齢者は、介護を必要とするだけでなく、複数の疾患を抱えている場合が多く、医療と介護の両方のニーズを有しています。高齢者の多くが慢性疾患を抱え、病気と向き合いながら生活していますので、医療と切り離して考えるべきではありません。ここでは看護職との連携について理解していきます。

2 福祉職から見た看護職

介護保険サービスにおける訪問看護等の居宅サービス、デイサービスやデイケア等の通所型サービス、施設サービスと、看護職はさまざまな場で看護を提供しています。看護職は何をする人なのでしょうか。川崎[1] は、「相談員、介護支援専門員は看護職を病気に関連したケアの専門職で、服薬の管理や救急時の判断、健康状態の見極めなどができると理解していた」と報告しています。福祉の現場においても、看護職は利用者の医療面を支えています。主な内容は、健康管理、服薬管理、軟膏塗布や点眼、慢性疾患の管理やサポートです。医療的ケアが担える施設においては、リハビリテーション看護、点滴の実施や管理、尿留置カテーテル管理等が入ってきます。訪問看護の内容は療養上の世話や診療の補助、リハビリテーション、家族支援等、多岐にわたります。

3 入院時の連携

1 病棟看護師が知りたいこと

病棟看護師は、高齢者が入院してくると、入院前に自宅（施設）ではどのような生活を送っていたのだろうか、ADL の状況はどうだったのだろうか、認知機能の低下はなかったのだろうか、などの情報が必要となります。しかし、緊急入院などのときは生命の危機的状態を救う看護で手一杯です。

生命の危機的状態を脱して、患者（利用者）のさまざまな状況を知りたいと思ったときに、家族が遠方に住んでいてなかなか面会に来られなかったり、仕事をもっていて夜間に入ってから来られるといったことがありますが、そのようなときには、専門職同士、介護支援専門員との有機的な連携が非常にありがたいものになると考えられます。

入院時に介護支援専門員は、病棟看護師や医療ソーシャルワーカー（以下、MSW）へ、既往歴、認知機能の低下がある場合はその程度や主な症状、家族構成や生活歴、要介護度や利用している介護サービスと内容、主介護者などの情報を提供します。

2 高齢者の入院中は一番身近な存在の看護師

入院病棟で高齢者に一番長い時間接しているのが看護職です。日頃の高齢者の状況や病状を一番把握しています。チーム医療が主流の昨今は、看護職のほかに、医師はもちろんですが、介護職、理学療法士（以下、PT）、作業療法士（以下、OT）、言語聴覚士、MSW、管理栄養士、薬剤師などの多職種が高齢者を支えています。看護職は病状、ADL、身体的特徴、食事、生活歴、社会的背景、精神・心理的特徴などの多岐にわたる情報を得ています。入院先の病院がプライマリーナースあるいは患者受け持ち担当制を導入しているならば、その看護職が高齢者の主担当となっているので、ぜひ活用してほしいです。ほとんどの病院がベッドサイドに担当医とともに担当看護師を表示しています。

3 入院中の情報のズレ

リハビリテーションを行っている場合、「できる」ことと、「していること」が違う場合もあります。リハビリテーション室で、OTやPTが一緒にいる場合にできていても、病棟では1人でできない、あるいは見守りが必要である場合が多いです。こうした情報は、その後のケアプラン立案に活用できるでしょう。

4 退院時の連携

退院が近づいたら、入院前と比べて利用者の状態が大きく変化している場合もあるので、ときどき利用者の様子をうかがいに病棟を訪ねるとよいです。退院に関する情報は、病棟看護師やMSWから情報収集します。回復期リハビリテーション病棟からの退院時に、退院時カンファレンスが開催される場合は参加します。退院に関する準備は入院時から始まっていますので、入院時から情報収集を開始していきます。退院が決まったら、MSWや退院調整看護師（病棟看護師）、入院している病棟の医師等から入院後の身体状況の変化や退院後も継続する必要がある医療的処置、介護に及ぼす影響等について情報収集します。回復期リハビリテーション病棟では、退院時カンファレンスにおいて、情報収集した内容が反映されたケアプランのすり合わせができるとよいでしょう。

送る側の病棟看護師の取り組みとして、堀田ら[2)]は、病棟看護師の退院支援について、「退院支援カンファレンスの充実を図る、地域包括支援センターやケアマネジャーとの連絡調整を「誰が、いつ、どこで、どのように実施するか」計画を立案し実施した結果、多職種との調整は41%改善した」と報告していました。送りだす病棟看護師も、退院調整に関してこのような取り組みをしています。

5 訪問看護師との連携

利用者が在宅で療養している場合は、訪問看護師との連携が不可欠です。訪問看護師は自宅で療養している利用者へ訪問し、療養生活のお世話や診療の補助を行います。医療ニーズが高ければ、病状の変化に応じて医療機関の受診や主治医の往診依頼など、緊急性の高いニーズに応じていかなければならない場合もあります。

伊藤ら[3]は、訪問看護師がケアマネジャーと連携する上での困難として「緊急時の対応をしてくれない」「必要なサービスの提案を放置された」「サービス変更時の相談がない」「医療保険のため、サービス担当者会議の連絡がない」「初回訪問時の情報が少ない」「連絡がとれない」「ケア方法の変更の提案を拒否される」「吸引指導看護師の認定を受けるように要求された」「サービス提供時間の改ざんを求められる」を報告していました。このことからは、必要な情報の共有ができていないことがうかがえます。

基本的なことではありますが、連絡・報告・相談の手段を電話、メール、ファックス等で確保する必要があります。筆者が訪問看護師に同行したときは、「連絡ノート」が利用者宅のテーブルに置いてあり、日時、職種、ケア内容を簡単に記入する約束がされていました。最も原始的かつ簡便な方法です。同行した訪問看護師は自分の前に訪問した職種（この場合は訪問介護員の食事仕度とセッティング）の記録を読み、情報を得ていました。こうしたちょっとした連携が、ケアの継続性を担保すると思われます。

訪問看護を利用している利用者は複数の介護サービスの利用をしている場合が多く、介護支援専門員は訪問看護師との連携のみならず、それぞれの職種が適切なサービスを提供できるように、また専門職同士の連携がスムーズに行えるようにする役割も担う必要があります。在宅において介護支援専門員は、利用者・家族にとって医療職よりも身近な存在です。

6 デイサービスでの看護師との連携

デイサービスでの看護師の役割は、利用者の健康状態の確認です。入浴や運動が可能であるかを判断していきます。バイタルサインのチェックや必要に応じて服薬チェックや医療的処置を行う場合もあります。また、高齢者は複数の疾患をもっていて状態が急変する場合もあるので、こうした場合の対処も行います。医療的なことで、利用者に伝えたいこと、また家族に伝えてほしいことなどを介護支援専門員へ情報提供していきます。得た情報はカンファレンス等でスタッフへ周知します。

7 施設での看護職との連携

多くの時間を利用者とともに過ごすことから、ちょっとした変化に介護職は気づきます。これが気のせいであればよいですが、「いつもと違うな」という変化を見逃さないことが重要です。こうした気づきを医療職、すなわち看護師につなぐことができれば、高齢者に生じている症状を早期のうちに発見・対処できることになります。そのためには介護職も身体面の変化を察知できる医学的知識が必要です。また看護職は、身体面の変化が日常生活へ及ぼす影響を、利用者の日常生活を支える介護職へ提供していかなければなりません。介護支援専門員は、介護職と看護職の情報をケアプランに反映させていきます。

8 よりよい連携にむけて

介護職および看護職が提供するケアには、利用者の健康を維持し、日々の生活を支えるという1つの共通した目標があります。コミュニケーションがスムーズにとれることによって、より専門性を活かし、利用者1人ひとりの生活習慣や価値観、生活へのこだわり等に配慮したケアを提供でき、QOLを高めていくことができるのではないかと考えます。そのためには両職種が自由に意見を取り交わすことができることや、お互いの立場は平等だという意識をもって発言することが大切です。

引用文献

1）川崎千鶴子「通所サービスにおける各職種の役割と多職種連携の重要性」『通所介護＆リハ』vol.11，no.4，2013年

2）堀田育恵・黒髪恵・西原玲・松尾真裕子「地域につなげる退院支援　地域の支援者と退院支援を経験しよう」『日本精神科看護学術集会誌』59巻2号，2017年，pp162-165

3）伊藤幸代・小林厚美・南田喜久美「在宅における訪問看護師とケアマネージャー、ホームヘルパー間の連携困難に関する調査」『第44回（平成25年度）日本看護学会論文集 地域看護』2014年

5 薬剤とアセスメントのポイント

高齢者を中心に多剤投薬が多く認められています。多剤投薬を適正化するにあたっては、単に医薬品の重複や飲み合わせの問題に対応するだけでなく、医学的、薬学的な観点から、より積極的なアプローチが求められています。ここ数年、多剤・重複投薬の適正化に向けた取り組みが進んできていますが、ケアマネジャーを窓口とした介護現場からの情報提供が、より求められています。

1 高齢者の安全な薬物療法ガイドライン 2015（日本老年医学会）

本ガイドラインは、高齢者で薬物有害事象の頻度が高く、しかも重症例が多いことを背景として、高齢者薬物療法の安全性を高める目的で 2005 年に初めて作成されました。

多剤併用の対策と薬剤師の役割について抜粋しましたので、ご確認ください。

多剤併用の対策

多剤併用を回避するような処方態度を心がけることが大切。（中略）特に考慮すべき点は、薬剤の優先順位である。例えば 10 種類の薬剤を服用している患者がいれば、理論的には 1 ～ 10 番まで優先順位があるはずであり、本来、主治医は優先順位を決定できなければならない。そのためには、日頃から患者としっかり向き合い、病態だけでなく生活状況まで把握しておく必要がある。（中略）有害事象らしいが原因薬剤の特定が困難な場合や、服薬管理機能が低下している（あるいは低下しそうな）場合など、とにかく薬剤数を減らしたいときには、まずは症例に基づき、次に本ガイドラインの特に慎重な投与を要する薬物のリストなどを参考にして、優先順位を判断することが望ましい。

薬剤師の役割

高齢者の薬物療法で重要なことは患者の個別性を考慮し、認知機能、薬物治療のアドヒアランス、ADL（activities of daily living：日常生活動作）、嚥下機能、療養環境などを含めた総合的な投与計画が必要であり、薬剤師の職能を発揮するのに最適な分野である。

Q：用法など複雑な処方に対して、薬剤師が医師に提言することは有効か？

A：薬剤師が処方を見直し、医師に提言することで処方の複雑さを軽減できる。

② 「超高齢社会におけるかかりつけ医のための適正処方の手引　1 安全な薬物療法」（平成 29 年 2 月　日本医師会）

特に慎重な投与を要する薬物について、減量・中止の検討を含めた使用の手順が示されています。また、特に慎重な投与を要する薬物について主な副作用・理由が掲載されています。ご参照ください。

③ 高齢者の医薬品適正使用の指針（総論編）（高齢者医薬品適正使用検討会）

本指針は、高齢者の薬物療法の適正化（薬物有害事象の回避、服薬アドヒアランスの改善、過少医療の回避）を目指し、高齢者の特徴に配慮したより良い薬物療法を実践するための基本的留意事項をまとめたガイダンスとして、診療や処方の際の参考情報を提供することを意図して作成されました。本指針は、上記の目的から 65 歳以上の患者を対象としながら、平均的な服用薬剤の種類が増加する 75 歳以上の高齢者に特に重点をおいています。

本指針の主たる利用対象は医師、歯科医師、薬剤師となっています。患者の服薬状況や症状の把握と服薬支援の点で看護師や他職種が参考にすることも期待されています。

この指針をぜひ読んでください。特に表 1：薬剤起因性老年症候群と主な原因薬剤を参照してください。

表 1　薬剤起因性老年症候群と主な原因薬剤

症候	薬剤
ふらつき・転倒	降圧薬（特に中枢性降圧薬、α 遮断薬、β 遮断薬）、睡眠薬、抗不安薬、抗うつ薬、てんかん治療薬、抗精神病薬（フェノチアジン系）、パーキンソン病治療薬（抗コリン薬）、抗ヒスタミン薬（H2 受容体拮抗薬含む）、メマンチン
記憶障害	降圧薬（中枢性降圧薬、α 遮断薬、β 遮断薬）、睡眠薬・抗不安薬（ベンゾジアゼピン）、抗うつ薬（三環系）、てんかん治療薬、抗精神病薬（フェノチアジン系）、パーキンソン病治療薬、抗ヒスタミン薬（H2 受容体拮抗薬含む）
せん妄	パーキンソン病治療薬、睡眠薬、抗不安薬、抗うつ薬（三環系）、抗ヒスタミン薬（H2 受容体拮抗薬含む）、降圧薬（中枢性降圧薬、β 遮断薬）、ジギタリス、抗不整脈薬（リドカイン、メキシレチン）、気管支拡張薬（テオフィリン、ネオフィリン）、副腎皮質ステロイド
抑うつ	中枢性降圧薬、β 遮断薬、抗ヒスタミン薬（H2 受容体拮抗薬含む）、抗精神病薬、抗甲状腺薬、副腎皮質ステロイド

表 1　薬剤起因性老年症候群と主な原因薬剤（つづき）

症候	薬剤
食欲低下	非ステロイド性抗炎症薬（NSAID）、アスピリン、緩下剤、抗不安薬、抗精神病薬、パーキンソン病治療薬（抗コリン薬）、選択的セロトニン再取り込み阻害薬（SSRI）、コリンエステラーゼ阻害薬、ビスホスホネート、ビグアナイド
便秘	睡眠薬･抗不安薬（ベンゾジアゼピン）､抗うつ薬（三環系）､過活動膀胱治療薬（ムスカリン受容体拮抗薬）、腸管鎮痙薬（アトロピン、ブチルスコポラミン）、抗ヒスタミン薬（H2 受容体拮抗薬含む）､αグルコシダーゼ阻害薬､抗精神病薬（フェノチアジン系）、パーキンソン病治療薬（抗コリン薬）
排尿障害・尿失禁	抗うつ薬（三環系）､過活動膀胱治療薬（ムスカリン受容体拮抗薬）､腸管鎮痙薬（アトロピン､ブチルスコポラミン）､抗ヒスタミン薬（H2 受容体拮抗薬含む）､睡眠薬･抗不安薬（ベンゾジアゼピン）､抗精神病薬（フェノチアジン系）､トリヘキシフェニジル、α遮断薬、利尿薬

表 1 は、単剤でみられる薬剤起因性老年症候群を記載したもの。
出典：秋下雅弘編著『高齢者のポリファーマシー　多剤併用を整理する「知恵」と「コツ」』南山堂、2016 年を改変

4 薬剤・マネジメントについて

まず、表 2 の薬剤・マネジメントプロセスを確認してください。

表 2　患者中心の多職種協働の薬剤・マネジメント

①利用者が使用しているすべての薬剤、健康食品等を調査
（薬剤師・ケアマネジメント担当者・ヘルパー等訪問系サービス担当者）
②重複投与、相互作用等の有無の検討（医師・薬剤師）
③必要な薬剤が決定
④決められたとおり服薬・使用しているかを調査
（薬剤師・ケアマネジメント担当者・ヘルパー等訪問系サービス担当者）
⑤服薬できていない場合、使用できていない場合の支援を検討
⑥服薬後の体調への影響をモニタリング（多職種）
⑦体調の変化があった場合、医師と相談し薬剤の中止または変更を検討
⑧ 1 ～ 7 のプロセスの繰り返し

1 から 7 のプロセスを本人、家族を含む多職種協働のケアマネジメントを進めるなかで薬剤師が中心に薬剤・マネジメントをする。

※筆者作成

このプロセスをきちんと進めるうえで、ケアマネジャーをはじめとしたケアマネジメント担当者と訪問系介護サービス提供者が利用者の療養の状況（生活状況）を把握して、医師・薬剤師などの医療職種に情報提供することが求められます。

　特に、医療用医薬品以外に使用している一般用医薬品、医薬部外品、特定保健用食品、栄養機能食品など、利用者が普段使用しているものすべてを情報提供します。

　また、きちんと服用されているかを具体的数字（1日3回7日分だと、21回服用。そのうちどのくらい飲まれていないか）で報告します。さらには、考えられる薬剤の体調への影響（ADL＝起居動作・移乗・移動・食事・運動・排泄、睡眠など）を事前に薬剤師から情報提供してもらい、それをご家族も含めた多職種で、問題意識をもったモニタリングをすることが重要です。

　以下、アセスメント、モニタリングのポイントを列記します。

こんなときは必ずチェック

・体調変化の訴えがあったとき
・処方の変更があったとき

体調がどう変化したか？

①すでに自覚していた症状が変化
・症状が軽快したのか、増悪したのか
②新たな症状の発現
・症状の進行
・合併症の発現
・薬剤の影響
　効果の過剰発現
　副作用、相互作用
　アレルギー

なぜ、薬が変わったか？

・病状の変化
・効果不十分・効果過剰
・有害事象の発現
・合併症への配慮
・コンプライアンスへの配慮

薬の保管について

・直射日光の当たるところに置いていないか
・温度の高いところに置いていないか
・湿度の高いところに置いていないか

5 「薬」の影響の例

＜高血圧治療薬＞の影響

高血圧治療薬を服用している利用者が数か月継続して運動をして、血圧が下がりすぎてしまうこともあります。ここでやらなければならないことは、血圧の薬を効果の弱いものに変更することです。運動と血圧の関係を理解しましょう。デイケアや訪問リハビリテーションなどで運動量がどんどん増えたら、高血圧治療薬の効果をモニタリングする必要があります。

また、「めまい」がするということで何もできないと訴えがあった場合、高血圧治療薬が何種類出ているか、効果が出すぎていないかなどを疑う必要があります。

＜ふらつき＞＜筋力低下＞＜歯肉肥厚＞＜味覚障害＞＜胃腸障害＞

85 歳独居の男性が、「最近、ふらつく」と訴えています。何を原因と考えますか。

普通は、「年のせいだから仕方ない」ということになります。訪問介護員たちもそのように捉えがちです。

しかし、「筋力低下」状態になったら、当然「ふらつき」「転倒の危険性」も生じてきます。「薬のせい」とも考えられます。あるいは「病気の悪化」や「食事が摂れないせい」かもしれません。このように、いくつもの原因要素が挙げられます。

図 1 をご覧ください。「ふらつく」という現象を各専門職のそれぞれの視点でみていくわけですが、この方は病気療養中です。疾病の状況から見た場合、長い期間服薬しているのですが、効果が出ていません。病気が悪化している可能性もあります。

食事という観点からは、「口腔」のメンテナンスがされていないため食事量が少なくなっている

図 1　薬が生活に与える影響の把握

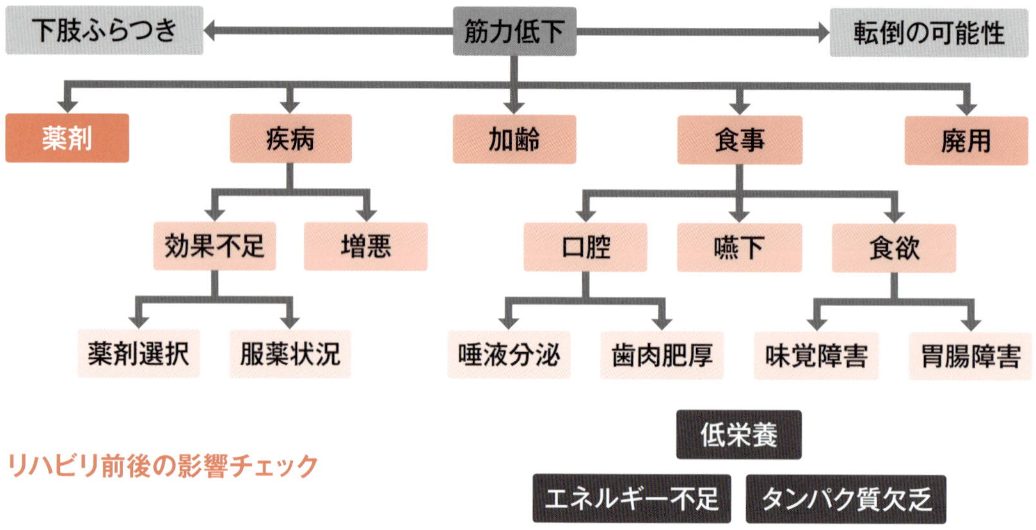

出典：木村隆次著、漆畑稔監『走り続ける介護保険　今とこれから』社会保険研究所、2015 年、p119、佐々木孝雄作成の図を改変

のかもしれない、あるいは「嚥下障害」があるかも、もしくはもともと食欲がなくなっているなど、いろいろな原因が考えられます。

「薬」が悪さをしているのではないかという視点も大事です。

治療の効果として、1つには、血圧の薬が効きすぎて血圧が下がりすぎて「ふらつく」ということがあります。逆にきちんと服薬していないで、血圧が高くなりすぎて「ふらつく」のかもしれません。両方の可能性が考えられます。

「口腔」については、薬そのものが唾液の分泌を止めてしまっている場合もあります。鼻水を止める薬、かゆみ止めの薬、パーキンソン病治療薬などは、唾液の分泌を止めてしまう働きがあります。「歯肉肥厚」とは歯茎が厚くなる症状なのですが、これはカルシウム拮抗薬という血圧を下げる薬を飲んでいると、特徴的に歯茎が厚くなってくることがあります。そうすると、義歯（入れ歯）が合わなくなってきます。それで痛みが伴うこともあります。予防のためブラッシングが必要です。

さらには、「味覚異常」に関していえば、薬そのものが味に変化をもたらすケース、苦い薬、錠剤をつぶすと苦くなる薬、あるいは唾液が苦くなる薬もあります。

また、利尿薬により利尿が進む、緩下剤により慢性の下痢が生じる。このことによって体内のカリウムを失い「低カリウム血症」になり、症状として「脱力感」、「筋力低下」が発現します。

6 インフォーマルサービスなどの活用

介護保険法が施行されて以来、“制度施策であるフォーマルサービス”と、生活の中に存在する家族や近所づきあい、住民の意思によるボランティア活動といった“インフォーマルサービス”を織り交ぜたケアプランの策定が求められてきました。これは“住み続けられる地域”の実現を目的としたときに、家族や近隣とのかかわりをなくすことなく、かつ多様な人とのかかわりを構築することによって、暮らしに意義をもたせるという効果が期待できるためです。そこで、ここではインフォーマルサービスについて触れていきます。

1 インフォーマルサービスを考える

インフォーマルサービスは、支援対象者の自立した生活支援を行うための小地域ネットワーク活動であり、支援者には個人とグループがあります。個人からの支援としては、主に家族をはじめ近隣・友人による声かけ、見守り、話し相手、軽度の家事援助、外出支援、趣味活動などがあげられます。ボランティア・当事者グループからの支援としては、配食、移送、敬老会、ふれあいいきいきサロン、生きがいづくり活動など、住民がその担い手となる活動があげられます。近年ではフォーマルサービスが不足した地域の代替手段として、また制度に縛られないサービスとして、その存在に期待が寄せられています。

なお、インフォーマルサービスを展開するうえでは、以下の特徴・視点が必要です。

① その人らしい生活を支えることを目指すサービス
② 利用者を限定しないサービス
③ 幅広い担い手によるサービス
④ 当事者が参加したサービス
⑤ 地域とつながるサービス
⑥ 当事者・住民・事業者の協働運営によるサービス
⑦ 地域のニーズに敏感で、きめこまやかに対応するサービス
⑧ まちづくりにつながるサービス
⑨ 地域が担い、支えるサービス

2 社会資源としてのボランティア活動者との連携

1970年代、コミュニティの強化に向けた政策が推進されはじめ、全国の社会福祉協議会が担い手となり、住民のボランティア活動への参加促進が図られました。さらに1989年に特定非営利活動促進法（NPO法）が制定され、その流れは加速されることとなります。なお、当時のボランティア活動の6割が福祉活動の増進を目的とした活動であることから、わが国においては“ボランティ

ア＝福祉”という構図がイメージしやすくなっていると推察されます。このことからも、生活支援・介護予防という観点で、支援対象者がかかえる多様な生活課題解決の担い手として、福祉ボランティア（住民参加型在宅福祉サービス）の必要性が訴えられてきました。

ボランティア活動の主なコーディネートは各市町村社会福祉協議会（以下、社協）が担っていますが、把握・支援しているボランティア団体は社協ごとに異なっています。また、社協は活動の一環として高齢者の食の確保や孤立防止を目的とした配食サービスを展開しているほか、福祉協力員による見守り支援も多くの社協で行われ、これらの活動に参加している方々はボランティア活動者として位置づけられています。

近年、地域包括ケアシステムの構築に向け、要支援状態の高齢者向け生活支援サービス（買い物、ゴミ出し、庭の片づけ、雪かき等）を一般あるいは会員向けに展開するNPO団体も起業しています。また、シルバー人材センター等においても、同様に生活支援サービスの一端を担う活動が実施されています。活動にかかる費用は、全て無償、実費分のみ有償、定額負担といった数パターンが存在します。

福祉専門職として、支援対象者が暮らす地域にどのようなボランティア活動や有償活動があるのか、新たなサービスを開発するためにどんな活動が必要なのか、地域の活動者をどのように発掘・育成していくのかという視点が求められます。

◎福祉サービス事業者と住民参加型在宅福祉サービスとの連携方法

パターン１

○ボランティア団体や住民参加型在宅福祉サービス主催者が中心になり、インフォーマルサービスが基本を支え、さらに必要に応じて福祉サービス事業者が調整し、フォーマルなサービスを入れるイメージ

（地域が基本部分を支え、専門職が協力する）

パターン２

○福祉サービス事業者が中心になり、フォーマルサービスが介護の基本を支え、ボランティア団体や住民参加型在宅福祉サービス主催者が調整し、住民のかかわり、生活支援を行うイメージ

（専門職が基本部分を支え、地域が協力する）

また、ICFの考え方からも、個人の尊厳を守り、充実した生活を支援するためには、支援対象者の強み（ストレングス）を日常生活に活かし、“提供する福祉サービス”だけでなく“参加を促す福祉サービス”をイメージして、受援者＝支援者という構図を描くことも必要となります。

3 地域福祉活動実践者（民生委員児童委員、福祉協力員等）との連携

(1) 民生委員

民生委員は、1917年に創設された「済世顧問制度」をその起源とし、厚生労働大臣からの委嘱のもと、それぞれの地域で常に住民の立場に立って相談に応じ、必要な援助を行い、社会福祉の増進に努める者をいい、「児童委員」を兼ねます。各市町村によって定数は異なりますが、おおむね町村では70～200世帯、市部では120～280世帯に1人の委員が選任され、その集合体として協議会が設置されています。民生委員の重要な活動の1つとして、個人情報に配慮したうえで有効な施策と支援対象者を結ぶ“つなぎ役”としての役割があり、そのネットワークは多岐にわたります。専門職として、対象者の背景にある生活歴や家族状況等も考慮した支援が求められるなか、多様な地域（社会）資源を把握しており、支援対象者の地域での暮らしにかかわってきた民生委員との連携は欠かせないものと思われます。

民生委員の職務について、民生委員法第14条では次のように規定されています。

① 住民の生活状態を必要に応じ適切に把握しておくこと
② 生活に関する相談に応じ、助言その他の援助を行うこと
③ 福祉サービスを適切に利用するために必要な情報の提供、その他の援助を行うこと
④ 社会福祉事業者と密接に連携し、その事業又は活動を支援すること
⑤ 福祉事務所その他の関係行政機関の業務に協力すること
⑥ その他、住民の福祉の増進を図るための活動を行うこと

民生委員活動は、地域包括ケアシステムの構築においても、支援対象者の権利擁護や見守り活動の担い手としても、改めてその役割が期待されています。

(2) 福祉協力員

福祉協力員は、見守りや助け合い活動などの担い手として、また民生委員活動の補完的な役割を担うことで地域の生活課題の掘り起こしを行い、地域の福祉力を高めることを目的に設置され、主に社協が福祉協力員を登録、育成しています。福祉協力員は、在宅で見守りが必要な支援対象者の有益な情報をもっていることが想定されることから、民生委員同様に、その活動に期待が寄せられています。なお、民生委員、福祉協力員ともに支援対象者の私生活に立入り、その一身上の問題に介入することがあり、生活上、精神上、身体上の秘密に触れることが多いため、原則として守秘義務等が課せられていることはいうまでもありません。

4 医療ソーシャルワーカーとの連携

医療ソーシャルワーカー（以下、MSW）は保健医療機関において、社会福祉の立場から患者とその家族の抱える経済的・心理的・社会的問題の解決、調整を援助し、社会復帰の促進を図るための専門職であり、具体的には以下の活動を行うことが、「医療ソーシャルワーカー業務指針」（厚生労働省通知）に位置づけられています。

① 療養中の心理的・社会的問題の解決、調整援助
② 退院援助
③ 社会復帰援助
④ 受診・受療援助
⑤ 経済的問題の解決、調整援助
⑥ 地域活動

MSW は主に医療機関の地域連携室、介護老人保健施設に配属され、在宅復帰へ向けた福祉サービス事業者と医療の仲介役として機能を発揮するほか、経済的な困窮状態の場合には生活保護制度や生活困窮者自立支援制度等へのつなぎ、市町村の高額療養制度や市町村社協が実施する生活福祉資金貸付事業等といった療養に必要なお金にまつわる情報提供、退院時における患者とその家族の意向を尊重した環境やサービス調整等の支援を行います。また、家族間調整、地域社会とのかかわりの構築のほか、利用者の権利を守る活動として関係機関・団体へ必要な意見を発信する機能も有しています。支援対象者が増加する近年、その生活を支えることは１つの保健医療機関では困難な時代となっており、さまざまな福祉サービスや継続的な医療との結び役として、また地域包括ケアシステムの確立を目指すうえでも、MSW への期待が高まっていることはいうまでもありません。

5 生活保護ケースワーカーとの連携

生活保護制度は、国が生活に困窮するすべての国民に対し、その困窮の程度に応じて必要な保護を行い、その最低限度の生活を保障するとともに、その自立を助長することを目的としています。生活保護ケースワーカーは、生活上の問題を抱えた方の話を聞き、福祉関係の法律などと照らし合わせて必要な援助の方向を決め、その手続きをとる現業者を指します。生活保護制度は以下の原理、原則から成り立っています。

基本原理として	生活保護の原則として
① 生存権保障の原理（国家責任の原理）	① 申請保護の原則
② 無差別平等の原理	② 基準及び程度の原則
③ 最低生活保障の原理	③ 必要即応の原則
④ 補足性の原理	④ 世帯単位の原則

上記をもとに生活保護ケースワーカーは、直接支援対象者と面談し、資力や就労、家族関係などの各種調査を行い、定期的な家庭訪問、就労指導等を担います。社会的ハンディをもつ世帯が抱える問題が多様化・複合化の傾向にあるなか、疾病と就労、慢性的な疾患と生活環境など、関連する課題の解決に向け、さまざまな機関・団体と連携して、包括的に解決を促す活動を展開します。個人の尊厳を守りつつ、経済的、身体的、精神的に生きづらさを抱えている支援対象者の背景にある家族の問題も含め、生活保護ケースワーカーに有効な制度·施策に関する情報提供を求めることは、有益な手段であると考えられます。

住み慣れた地域での暮らしを支えるためには、地域にある社会資源を把握・理解し、具体的に支

援に結びつけるノウハウを身に付けることが必要です。

　また、常に新しい活動を発見・育成する視点を持ち合わせることも重要となるでしょう。

◎社会資源活用時の介護支援専門員の視点

○ 地域性（文化や風習）を考慮する

○ 継続する生活のなかから探る

○ 自己選択を促す、イメージしてもらう

○ 利用者とその家族に寄り添うケアの一助である

○ 利用者へ安心感を与える

○ あらゆる協働を意識する（多職種連携）

7 栄養アセスメントのポイント

低栄養状態になると、免疫機能の低下から肺炎や感染症を起こしやすくなる、あるいは筋力低下による転倒で骨折につながることなどがあります。このことは、対象者のQOL低下、介護者の負担増加の要因となります。さらに、高齢者では基礎代謝や嚥下機能の低下に加えて、筋量の減少による活動性の低下が食欲不振につながり、さらなる栄養状態の悪化（低栄養サイクル）を招きます（図1）。したがって、高齢者では低栄養の危険性（低栄養リスク）を察知し、できるだけ早く対処することが必要です。ここでは、低栄養の見分け方、すなわち栄養評価の方法（栄養アセスメント）について紹介します。

図1　高齢者における低栄養リスク

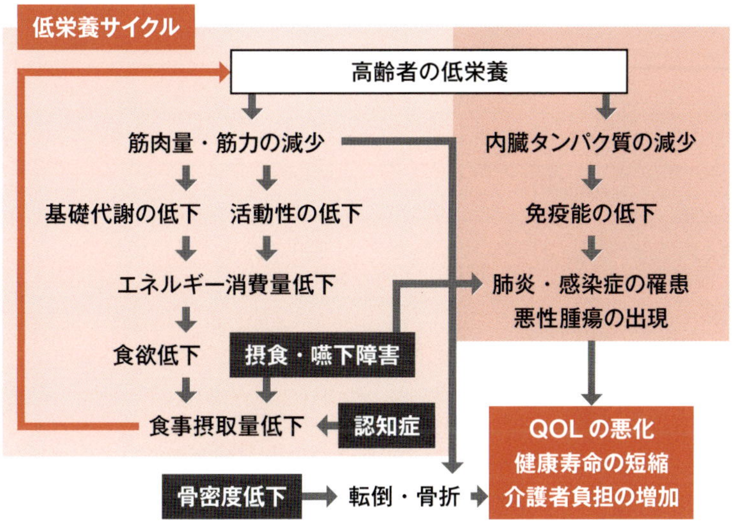

※筆者作成

1 栄養アセスメント

栄養アセスメントには、食事調査、身体計測、臨床診査、血液･生化学検査の4項目があります。これらの視点から確認することで、低栄養リスクを察知することができます。

1 食事調査

普段の食事は栄養状態に直結することから、詳しく食事の内容を聞くことが、表面化していない低栄養をみつけることにつながります。

食事は朝、昼、夕1食ずつ聞きましょう。確認するポイントは、毎食に主食、主菜、副菜をとっているかであり、これらをとることで食事バランス（五大栄養素の摂取）がある程度整います。高齢者では特に主食だけの食事（特に菓子パン）になっていないか、主菜（特に魚や肉などの動物性たんぱく質源）をとっているかを確認することが大事です。加えて主食、主菜、副菜だけでは、ある種のビタミンやミネラルが不足するため、1日の中で牛乳や果物などをとることが望ましいです（図2）。

欠食や食事バランスの偏りがある原因として、生活スタイルの乱れや嗜好以外にも、経済的な問題、調理技術の不足、食材料調達の難しさ、咀嚼・嚥下機能の低下、基礎疾患による影響などが考えられます。表1を参考にして食事について確認し、問題点の改善に取り組むことで、低栄養の予防や改善につながります。

図2　バランスのよい食事

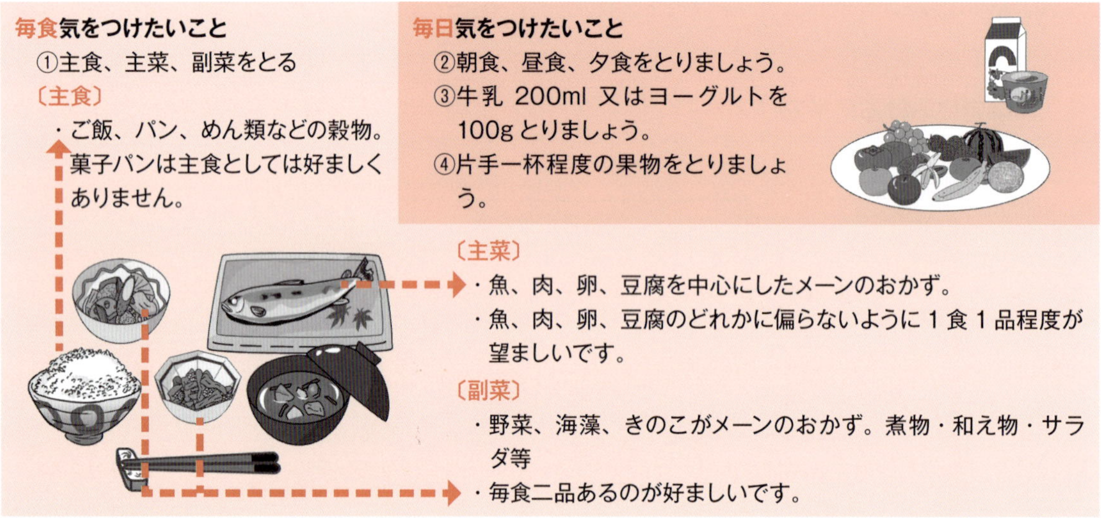

表1　食事調査の11項目

1. 朝、昼、夕食をとっていますか。
2. 一食で、主食、主菜、副菜をとっていますか。
3. 魚か肉料理を1日1品はとっていますか。
4. 油を使った料理（炒め物や揚げ物）を1日1品はとっていますか。
5. 牛乳や乳製品を毎日とっていますか。
6. 果物を毎日とっていますか。
7. お菓子や菓子パンを食事代わりにすることが多いですか。
8. 最近、食事量が減ったと思いますか。
9. 食べ物や飲み物をとる時にムセることが多いと感じますか。
10. 食事にお金をかけるのはもったいないと思いますか。
11. 食料品の買い物や食事の準備をするための労力が大きいと感じますか。

2 身体計測

身体計測とは、身長や体重、体組成（体脂肪、筋肉など）の計測・測定を指します。

(1) 身長

身長は体格指数（BMI）を求めるために測定します。立位時の足底部から頭頂部までの高さを測定するのが一般的です。立位保持が不可能な場合、両腕を左右に水平に広げたときの片方の指先からもう片方の指先までの長さ（アームスパン）を図り、身長とする方法があります。また、寝たきりの場合には、枕を外した仰臥位姿勢で身体を伸ばし、頭頂部から足底部までを、できるだけメジャーが直線になる状態で計測します。屈曲や拘縮がある場合は、体を①頭頂点から首の付け根、②肩から腸骨、③腸骨から大転子、④大転子から膝中央、⑤膝からかかとの５つの部分に分けて計測し、これらを合計する五点法があります。

(2) 体重

体重はBMIを算出するほかに、その変化量が栄養指標として、大きな役割を果たします。立位可能な場合は、体重計で測定します。立位保持が難しい場合は、対象者を横抱きや背負って測定した後に、測定者の体重を引く方法もありますが、自宅で実施するのは難しい場合が多いです。対象者が病院や福祉施設を利用していれば、担当ケアマネジャーや施設相談員に定期的な測定を依頼することをお勧めします。計測時間帯は朝とし、起床・排便後に軽装で行うことが理想的ですが、それが難しい場合は測定時刻をほぼ同じにして、1～2週間ごとに測定をしましょう。体格の変化や着衣の状態（衣服が大きく感じてきた等）について対象者やその家族に聴取した情報も、体重変化を知るうえで役立ちます。

【基準と評価】

測定した身長と体重は、表２の計算式に当てはめて評価をします。最初はBMIで、その後のモニタリングでは、体重変化率で評価するのがよいでしょう。

体重減少は、❶活動量に見合ったエネルギーが補給できていないと考えるのが一般的ですが、その他に、❷脱水（特に下痢や利尿剤の服用時）、❸糖尿病などの糖質利用障害、❹消化吸収障害なども考えられます。食事量が不足がち、あるいは運動量を増やした場合は❶、下痢もしくは、尿量が増えた場合は❷、食事がしっかりととれているのに、体重が減少する場合は❸❹が原因として疑われます。体重増加は、①エネルギーの過剰摂取と考えるのが一般的ですが、②腎疾患、肝硬変、

表２　BMIと体重変化率の算定式と基準・評価

項目	計算式	基準・評価
体格指数（BMI）	体重（kg）／身長（m）^{2}	～ 18.5kg/m^2　：低体重 18.5 ～ 25kg/m^2：標準 25kg/m^2 ～　：肥満
体重変化率	$\frac{\text{(前体重 (kg) − 現体重 (kg))}}{\text{前体重 (kg)}} \times 100$	6ヵ月の体重減少 ≧ 10% 3ヵ月の体重減少 ≧ 7.5% 1ヵ月の体重減少 ≧ 5% 1週間の体重減少 ≧ 3% →中等度以上の栄養不良

心不全などでの浮腫や腹水による水分貯留も考えられます。また、③浮腫は低栄養が進んだ場合にもみられます。運動不足や過食がみられる場合は①、基礎疾患がある場合は②、食事量が少ない場合は③が原因である可能性があります。

(3) 体組成（体脂肪や筋肉）に関する評価

体は栄養が不足すると、筋肉中のたんぱく質を分解してエネルギーを産生することから、低栄養の高齢者では筋量、筋力の低下がみられます。その予防には、食事や栄養に注意することが不可欠です。

筋肉量の測定は専用の計測器が必要となりますが、簡便な方法として指輪っか法があります。指輪っか法は、両手の親指と人さし指で輪っかをつくり（図3a）、ふくらはぎの最も太い部分を囲む方法です（図3b）。輪っかが大きくて隙間ができた場合に、筋肉量が少ないと判定します。筋力は、握力や歩行速度で評価します。握力は握力計にて左右交互に2回測定し、左右それぞれの最大値の平均値を測定値とし、歩行速度は3mと8mの地点にテープで印をつけた11mの直線コースを、普通の速さで歩き、3mから8m地点間の5mを歩くのに要した時間を測定します。握力は男性26kg未満、女性18kg未満、歩行速度は男女とも0.8m/秒以下で筋力が弱いと判定します。

3 臨床診査

臨床診査は、問診と身体状況に大別されます。問診では、主訴や既往歴、現病歴、食事以外の生活習慣、生活背景を聴取します。特に現病歴における認知症や嚥下障害の有無、社会・経済的背景は栄養状態に影響します。

対象者の身体状況を観察することでも、対象者の低栄養状態をうかがい知ることができます。代表的なものは前述した浮腫で、基礎疾患が原因であるほかにたんぱく質不足が疑われます。その他、鱗屑（皮膚のはがれ）やセロファン様皮膚では、たんぱく質や必須脂肪酸、紫斑ではビタミンCやビタミンK、味覚異常では亜鉛、口角炎・口唇炎ではビタミンB_2が不足している可能性があります。これらは、他の疾患が原因の場合もありますが、栄養障害の可能性もあると考えましょう。

図3　指輪っか法

a　b

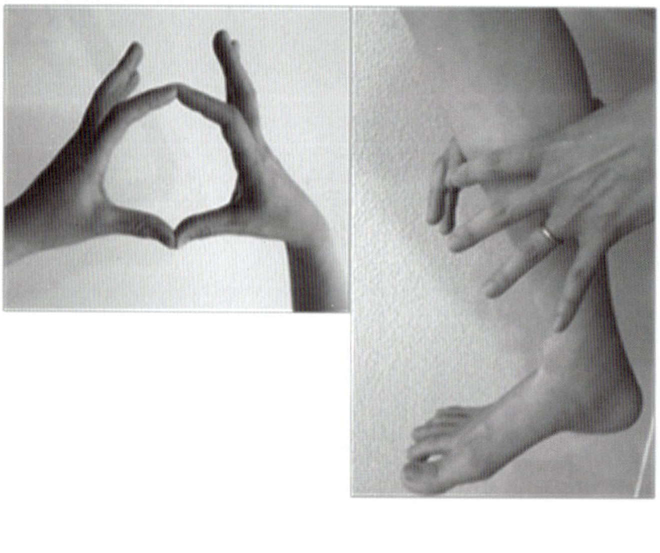

また、手の甲を軽くつまんで放し、2秒後に皮膚が元にもどらない場合は脱水が疑われます。この状態をツルゴール（皮膚に張りのある状態）が低下したといいます。

4 血液・生化学検査

血液・生化学検査の結果も、対象者の栄養状態を客観的に判定するために役立ちます。ここでは通院時に採血をした場合に、汎用的に測定され、特に栄養状態との関連性の強い検査項目について紹介します。①血清アルブミン値は、2週間程度前の栄養状態を反映し、3.5g/dl 以下で低栄養と判定します。②ヘモグロビンは、高齢者の場合 12g/dl 未満で貧血と判定され、その原因が栄養不良の場合があります。③白血球数（3500 〜 9000/μl）は、感染などへの抵抗力に関係し、高度な栄養障害で低下します。④総コレステロール（120 〜 220mg/ml）は、高値だとよくないイメージがありますが、低すぎると低栄養を反映している場合があります。いずれも原因は栄養障害のみではないので、他の項目と合わせてアセスメントをするようにしましょう。

2 管理栄養士への相談方法

管理栄養士が訪問して栄養食事指導を実施するためには、利用者が要支援、要介護者の場合は介護保険による「居宅療養管理指導費・介護予防居宅療養管理指導費」、その他は医療保険による「在宅患者訪問栄養食事指導料」の算定が必要になります。いずれも主治医の指示のもとで、①主治医と同一施設の管理栄養士が訪問する方法、②フリーランスの管理栄養士が訪問する方法、③地域の指定居宅療養管理指導事業所の管理栄養士が訪問する方法などあります。

青森県では青森県栄養士会が栄養ケア・ステーションを設立し、管理栄養士・栄養士が相談を行う窓口となっています。詳しくは、青森県栄養会ホームページ内にある http://aomori-eiyo.or.jp/publics/index/20/ をご覧ください。

3 さいごに

紹介した栄養アセスメントが煩雑だと感じた際は、簡易栄養状態評価表（MNA）という栄養スクリーニングツールをお勧めします。①食事量の減少、②体重減少、③歩行、④ストレス、⑤うつや認知機能、⑥ BMI の6つの設問の回答を点数化して栄養状態を評価する、簡単かつ汎用的なツールです。体重が測定できない場合には、ふくらはぎ周囲の長さで判定できるのも実用的です。

栄養アセスメントは定期的に実施することが必要不可欠です。対象者に低栄養リスクがみられ、自身では対処が難しい場合、かかりつけ病院や通所施設に勤務している管理栄養士・栄養士に相談ができないか、関係する職員に問い合せてみてください。また、栄養ケア・ステーションの活用もよいかと思います。管理栄養士・栄養士は、栄養や食事について身近に感じて相談してもらえるよう、取り組んでまいります。

8 口腔ケアアセスメントのポイント

1 口腔の役割

口腔には①人と会話する、表情で感情を伝えコミュニケーションをとる。②おいしく食事を食べる（捕食し咀嚼して唾液と混ぜ食塊を形成し嚥下する）。③きれいな歯や歯肉、整った歯並びは、容貌を整える。④姿勢・平行を保つ。⑤呼吸をする。⑥ストレスの発散（歯軋り、食いしばりによりストレスを解消する）等の役割があります。

2 口腔ケアの重要性

2015 年の死亡率（人口 10 万対）を死因順位別にみると、第 1 位は悪性新生物で、第 2 位は心疾患、第 3 位は肺炎、第 4 位は脳血管疾患になっています。肺炎は、2011 年に脳血管疾患にかわり第 3 位となり、2015 年の全死亡者に占める割合は 9.4% となっています（図 1）。

肺炎の 97% は 65 歳以上の高齢者が占めています。そして高齢者の肺炎のなかでも特に多い誤嚥性肺炎は、口腔内で繁殖した細菌が気管に入り、肺で炎症を起こすものです。適切な口腔ケアをすることで予防できます（図 2）。

頭頸部がん治療に対して術前、術後の口腔ケアを行うと、術後合併症の発生率が減少します。

図 1　主な死因別にみた死亡率（人口 10 万人対）の年次推移

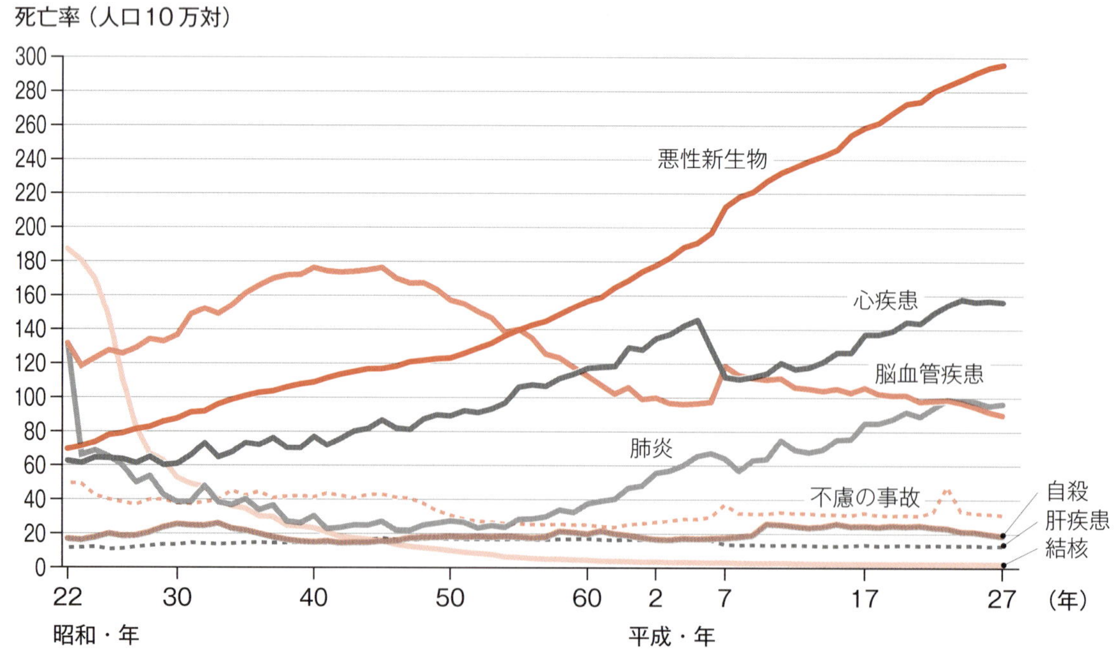

出典：厚生労働省「平成 27 年度人口動態統計月報年系（概数）の概況」

図２　２年間の肺炎発症率

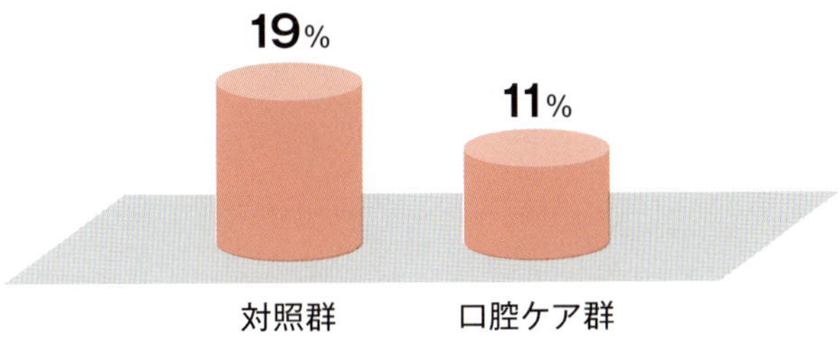

出典：米山武義ら「要介護高齢者に対する口腔衛生の誤嚥性肺炎予防効果に関する研究」『日本歯科医学会誌』第20巻，2001年，p63を改変

図３　術後合併症の比較

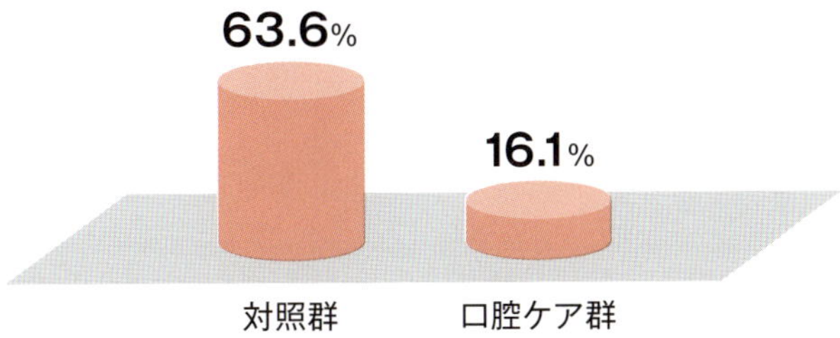

出典：太田洋二郎ら「がん治療による口腔合併症の実績調査及びその予防法に関する研究」『厚生労働省がん研究助成金による研究報告集』2006年、pp146-150を改変

がんの化学療法や放射線治療の副作用による口内炎・ドライマウス等の軽減にも有用です（図３）。最近は通院しながらがん治療される方も増えています。がん治療にBP製剤が処方されている方は、顎骨壊死を引き起こす場合がありますので、抜歯は禁忌になります。お口のトラブルを予防する口腔ケアが重要になります。介護支援専門員には、がん患者の口腔合併症の知識も持ち合わせてほしいと思います。

３ 口腔ケアの目的

①むし歯、歯周病の予防

歯磨きにより、むし歯菌や歯周病菌原因菌を含む細菌の塊である歯垢（プラーク）を除去します。

②口臭の予防

むし歯や歯周ポケット、舌苔から産生され、タンパク質が嫌気性菌によって分解された揮発性硫黄化合物で、硫化水素（卵の腐敗臭）・メチルカプタン（血生臭い）・ジメチルサワァイド（生ごみ臭）があり口腔ケアにより軽減します。

③味覚の改善

舌には味覚を感じる味蕾があり舌苔を取除き唾液分泌が促進されることで、味覚を正常に保ちます。

④唾液分泌の促進

歯ブラシ等により唾液腺が刺激されることで、唾液分泌が促されます。唾液には自浄作用、粘膜の保湿作用、消化吸収を活発にし、抗菌物質や免疫物質が含まれる等多くの役割があり、口の渇きは命の渇きと言われています。

⑤誤嚥性肺炎の予防

嚥下反射が衰えると咽頭残留物がむせないまま、唾液中に含まれている口腔内細菌が肺に流れ込み誤嚥性肺炎を引き起こします。口腔内が汚染されていれば、さらに誤嚥性肺炎のリスクが高まります。

⑥会話などのコミュニケーションの改善

口腔の第一の役割は会話であり、口腔機能を維持することで、友達との会話等の生活のはり・楽しみ・歓び・笑顔が増加します。

⑦生活のリズムを整える

口腔ケアによる口腔周囲の刺激や口腔体操等運動は顔の血流を促し覚醒につながります。食事・排泄と生活リズムを整える一助になります。

⑧口腔機能の維持・回復につながる

歯の喪失による咀嚼力の低下は低栄養へつながり、知らず知らずのうちに筋力が低下しフレイル（虚弱）になっていきます。切れ目なく口腔を清潔に保ち、機能向上の運動を怠らないことが維持回復につながります。初期のう蝕、歯周病の一番の治療は歯磨きであるといっても過言ではありません。

4 歯科衛生士が行う専門的口腔ケアとは

口腔ケアは、①口腔清掃を目的とした器質的口腔ケアと、②摂食機能の維持向上を目的とした機能的口腔ケアの2つに分類されます。これは、車の車輪のような相互関係にあります（図4）。

図4　専門的口腔ケアの分類

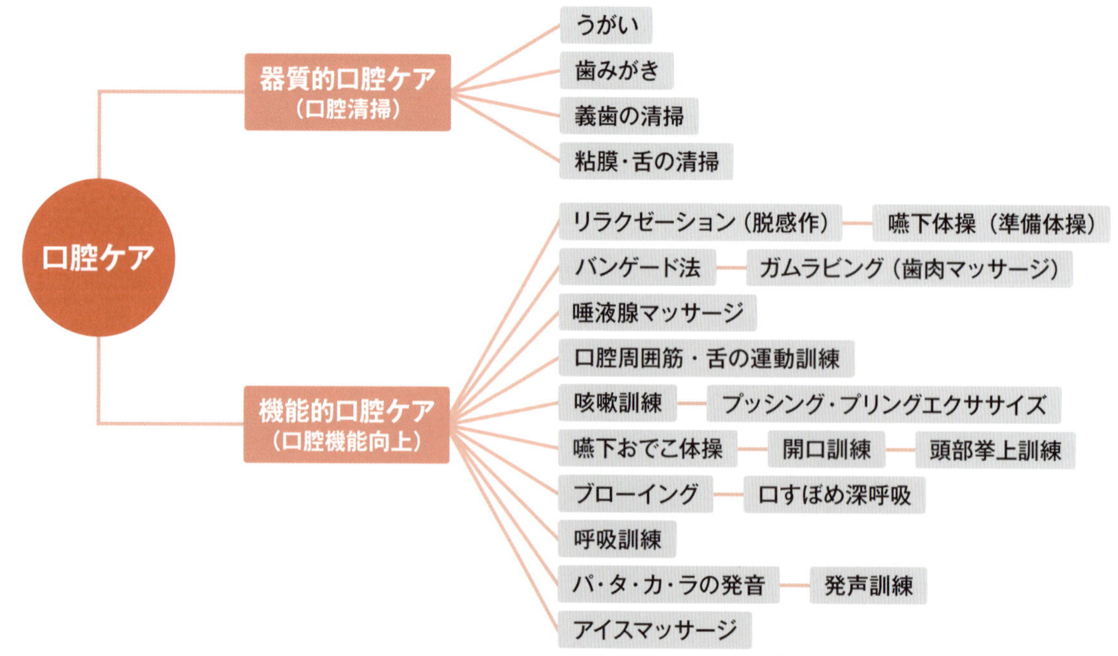

5 介護保険における口腔に関するサービスの種類

2005年に、介護予防の重要なツールとして、「口腔機能の向上」サービスが含まれました。2012年には、栄養改善や運動器機能向上などの複数のサービスと組み合わせることにより「栄養状態を示す血中アルブミン値の改善や舌機能の改善が示され介護予防に有効である」と提言されました。近年では、滑舌低下、食べこぼし、わずかなむせ、かめない食品が増える、口の乾燥等、口腔機能の低下（オーラルフレイル）が、身体の衰え（フレイル）に大きくかかわるという研究報告が示されています。2018年の介護報酬の改定は、口腔衛生管理の充実と栄養改善の取り組みの推進を図るものとなりました。

(1) 施設系サービス

①口腔衛生管理体制加算　30単位／月

＊利用者1名毎に算定

＊現行の施設サービス（介護老人保健施設、介護老人福祉施設、介護医療院（創設））に加え、居住系サービス（認知症対応型共同生活介護（グループホーム）・特定施設入居者生活介護（介護保険の指定を受けた有料老人ホーム）・地域密着型特定施設入居者生活介護（介護保険の指定を受けた小規模有料老人ホーム）も対象とする（2018年度新設）。

②口腔衛生管理加算　90単位／月（2018年度改定）

＊歯科衛生士が行う口腔ケアを月2回以上。

＊歯科衛生士が、当該入所者に係る口腔ケアについて介護職員へ具体的な技術的助言及び指導を行い、当該入所者の口腔に関する相談等に必要に応じ対応すること。

＊①の口腔衛生管理体制加算を算定していること。

③経口維持加算（Ⅰ）　400単位／月

＊医師・歯科医師・管理栄養士・看護師・介護支援専門員その他の職種の者が共同しミールラウンドや会議等を行い経口維持計画を作成する。栄養マネジメント加算が算定されていること。

④経口維持加算（Ⅱ）　100単位／月

＊施設が協力歯科医療機関を定めている場合で、人員基準に規定する医師以外の医師･歯科医師･歯科衛生士・言語聴覚士が加わった場合（Ⅰ）に加えて加算算定。

(2) 通所系サービス（介護予防含む）

①口腔機能向上加算　150単位（月2回限度）

＊介護予防は150単位／月

②選択的サービス複数実施加算（Ⅰ）

運動器機能向上及び口腔機能向上 480単位／月

栄養改善及び口腔機能向上　480単位／月

③選択的サービス複数実施加算（Ⅱ）

運動器機能向上、栄養改善及び口腔機能向上

700単位／月

(3) 居宅系サービス

①歯科医師が行う（介護予防）居宅療養管理指導費（月２回上限・３ケ月に１回は算定）

1）単一建物居住者が１人　　507 単位

2）単一建物居住者が２～９人　　483 単位

3）単一建物居住者が 10 人以上　　442 単位

②歯科衛生士が行う（介護予防）居宅療養管理指導費（月４回を限度）

1）単一建物居住者が１人　　355 単位

2）単一建物居住者が２～９人　　323 単位

3）単一建物居住者が 10 人以上　　295 単位

＊居宅療養管理指導費は、区分支給限度基準額の対象外です。

(4)（介護予防）居宅療養管理指導の加算

＊特別地域加算　　所定単位数の 100 分の 15

＊中山間地域等における小規模事業所加算　　所定単位数の 100 分の 10

＊中山間地域等に居住する者へのサービス提供加算　所定単位数の 100 分の５

6 口腔アセスメントのポイント

①介護予防の基本チェックリストから課題を分析する。

・固いものが食べにくい→咀嚼力低下・咬筋の低下・歯科疾患はないか？

・お茶や汁ものでむせる→嚥下障害の疑い

・口の渇きがきになる→唾液の分泌抑制　口腔乾燥症など

②介護職・看護職等の情報から課題を分析する。

・食事中のむせ→嚥下障害（喉頭蓋の動きの遅れ）等

・食べこぼし→協調運動の問題・口腔機能（口唇閉鎖の低下）の問題

・痰のからみ→上気道感染の疑い

・口臭・舌・歯に食物残渣・義歯の汚れ→口腔の麻痺・清掃不良・手指の運動障害・感染予防の知識の不足等

③主治医意見書、課題分析標準項目、課題整理総括表から課題を分析する。

主治医意見書の「身体状況」で歯ブラシを持つ利き手に麻痺がある、または筋力の低下が認められる、「栄養・食生活」で食事行為に全面介助、栄養状態が不良、課題分析標準項目の「口腔衛生・食事摂取」課題整理総括表の「食事・口腔」に何かしらの課題がある場合は、利用者や家族から義歯の有無、義歯があっているか、歯痛はないか、歯磨きができているか、かかりつけ歯科医院があるか等について情報収集後、かかりつけ歯科医に情報伝達（義務［省令改正］）し、受診の必要の有無、また歯科衛生士には口腔衛生について療養上必要な助言を得るようにしましょう（主治医意見書の「医学管理の必要性」の欄の、訪問歯科診療、訪問歯科衛生指導にチェックがある場合は、ケアプランに組み込みましょう。時間によりますが、サービス担当者会議に歯科医師や歯科衛生士の出席が可能な場合は依頼しましょう)。

7 歯科医師との連携について

都道府県歯科医師会では歯科通院が困難なため、在宅で歯科医療を受けたい方、嚥下障害のある方などの相談窓口となる「在宅歯科医療連携室」を設置したり、「訪問診療」をしている歯科医院を検索できるようホームページを開設しています。なお、「かかりつけ歯科医」がいる場合は、まず「かかりつけ歯科医」にご相談下さい。公益社団法人日本歯科医師会には都道府県歯科医師会一覧が掲載されています。ご利用下さい。

＊都道府県歯科医師会（公益社団法人日本歯科医師会のホームページよりリンク）

https://www.jda.or.jp/links/links04.html

参考文献

・公益社団法人日本歯科衛生士会『介護保険施設における口腔ケア推進マニュアル』
・一般社団法人日本摂食嚥下リハビリテーション学会ホームページ「医療検討委員会作成マニュアル 訓練法」
https://www.jsdr.or.jp/wp-content/uploads/file/doc/18-1-p55-89.pdf

第3章

多職種連携による
ケアマネジメント
実践事例

実践事例の構成

第３章でとりあげた事例種別は、法定研修で用いられる事例種別におおむね準拠して設定しています。

本来、ケアプランの原案は、より多くの専門職からの意見を集約し、要介護者等の同意を得てサービス提供につなげるものですが、実際の提供場面では、具体的なサービス提供者の参加に限られたサービス担当者会議によりサービス提供につながっています。

本事例の構成は、当該事例の要介護者等に対して、直接的にサービス提供にはかかわらない第三者的な専門職を含む、事例検討やケアプラン点検などによる多職種の視点でとらえた場合を意識しています。

各事例は、①事例の概要、②アセスメント概要、③当初ケアプラン、④課題整理総括表・評価表、⑤多職種連携の視点から修正したケアプラン、⑥事例のまとめ、で構成しています。

③当初ケアプランおよび④課題整理総括表・評価表には、多職種による、当初の内容に対する客観的な視点からのコメントを色枠で示しています。すなわち、色枠の内のコメントは、計画を立案した介護支援専門員にとって検討しなければならない視点といえるでしょう。

次に、⑤多職種連携の視点から修正したケアプランでは、先の③当初ケアプランおよび④課題整理総括表・評価表に示される多職種からのコメントをもとに、修正した点を色文字で示しています。当初案の部分もそのまま残っていますので、多職種の視点を取り入れることによって見直された点を、当初ケアプランと比較しながら確認することができます（大幅な修正の場合は、修正後のみ色文字で示しています）。

最後に、⑥事例のまとめでは、当初ケアプランにおける多職種連携の課題・ポイント、モニタリング場面における多職種連携のポイント、課題整理総括表・評価表により明らかになった多職種連携の課題をふまえ、多職種連携によるケアプランの見直しポイントを中心に、各執筆者が全体的なまとめをしています。

1 脳血管疾患に関する事例

1 事例の概要

氏名：Aさん

年齢：67歳

性別：女性

要介護度：要介護２

障害高齢者の日常生活自立度：J2

認知症である高齢者の日常生活自立度：Ⅰ

家族構成：本人、夫、長男、次男

息子２人は独身。県外で生活をしている。夫と２人暮らし、夫は定年後も会社勤めをしているので日中は１人となる。

ジェノグラム

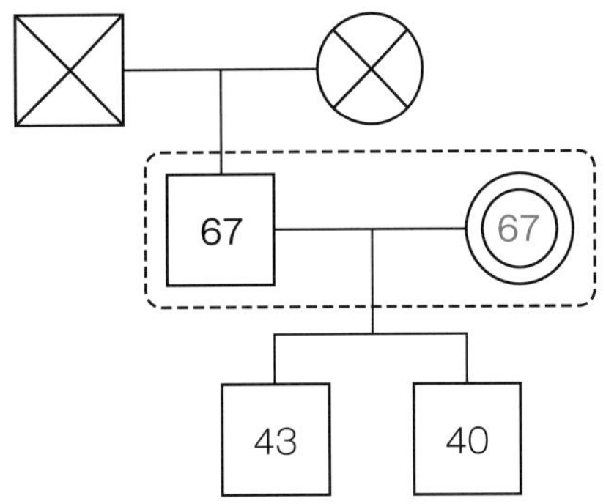

相談経路

Aさんは平成27年10月、右被殻出血を発症し急性期病院に救急搬送された。開頭血種除去術施行をし、その後リハビリ目的で転院をする。回復期リハビリテーション病棟にてリハビリテーションを行うが、左片麻痺の後遺症が残る。病院内は１人で移動を行い、介助がなくても過ごせるようになるくらいまで回復をする。自宅へ戻って生活をしたいということで、入院中に介護保険申請を行い、要介護２と認定される。左片麻痺があるが、病院内の環境では日常的な身のまわりのことは時間をかけながらも自分１人でできている。しかし、自宅へ戻ると室内の段差による転倒に対する不安や、日中は夫が仕事で不在のため１人で過ごすことになり、今まで行っていた家事が思うようにできないという不安も重なり、介護サービスの利用をすることで家事を満足にできるようになりたいという意向もあって、今回、病院連携室の相談員から当居宅事業所へサービス計画作成の依頼があった。

生活歴

A県にて出生し、B市で就職して、県庁職員の夫と結婚し男の子２児の母親となる。夫の両親と同居。ときどき短期間のパートで働くことはあったが、主婦として家の中のことはほとんど１人でしていた。活動的で社交的な性格なため友人も多く、外出するのが好きだった。夫は運転免許がないので自ら免許を取得し車を運転していろいろな場所へ出かけていた。

息子２人が県外に就職し、夫の両親と４人暮らしとなるが、本人が50歳くらいのときに義母がパーキンソン病となって徐々に状態が悪くなり、介護サービスを利用しながら在宅で介護を行った。義母が亡くなった後、今度は義父が認知症となり義父の介護をする。以前から義父は辛く当たってくる人であったが、認知症でますますひどくなり、義父からの暴言がとてもストレスとなっていた。そして義父の介護をしている最中に右被殻出血となり救急搬送をされる。義父はその後施設へ入所し死亡。本人は退院後自宅へ戻り夫と２人暮らしをしている。

現在の生活状況

自宅へ帰ってからは認知機能、身体機能が徐々に低下気味で、自宅内は一歩一歩手すりを伝い歩き移動をしているが、屋外移動は車いすでの介助が必要となった。転倒の不安から最初の一歩が踏み出せず、足がすくみ、混乱して他の人からの声が聞こえなくなってしまい興奮してしまう。左上肢が内転気味に拘縮してきている。物忘れや思い込み、人の話を聞けない等の状況が多くみられ、専門医の受診の必要性を感じているが、症状が落ち着けばまだ大丈夫と家族も含めて判断をしている。

自宅では１人でいることに不安がある。家事援助として訪問介護が月曜日から金曜日に入っている。通いのサービスなどは「自分は若いので行きたくない」と思っている。そのため夫が毎日入浴と排泄の介助、食事の片づけなどをしている。本人は「前みたいによくなっていろいろなことをしたい」と思っているが、夫は「かなえてあげたいけど、介護が大変でできないことも多くなってきた。しかし、自分の父のせいで悪くなった負い目も感じているので、自分でできることはしたい」と話している。

現在利用しているサービス

訪問介護は月曜日から金曜日の16時30分から17時30分の１時間、生活援助として調理の補助、掃除、買い物の支援を行っている。また、同じ事業所の介護タクシーにより、隔週で通院等乗降介助のサービスを利用して内科への通院を行っている。

週１回の訪問看護では、自宅内でのリハビリテーションとして、歩行訓練、左上肢の可動域訓練を行っている。

福祉用具貸与では、床からの起き上がりと立ち上がりができないので、特殊寝台とサイドレール、介助バー、マットレスをレンタルして使用している。

住宅改修では室内の廊下、トイレに手すりを設置し、ドアノブはひねらなくていい形状のものに変更を行った。

特定福祉用具販売では、自宅での入浴に使用するバスボードとシャワーチェアーの購入を行った。

2 アセスメント

❶健康状態	糖尿病があり、食事でコントロールをしている。 服薬管理は夫が行っており、飲み忘れはない。 現在は徐々に歩行能力の低下や認知機能の低下がみられる。 左片麻痺があり、足は踏込時が特に不安定。左上肢も拘縮が進んでいる。
❷ADL	左片麻痺のため移動の動作が困難。屋内は手すりにつかまり横歩きのような状態で移動する。屋外は車いすでの介助が必要。 転倒の不安があり、最初の一歩が踏み出せず歩けなくなる。 排泄：ふき取りやズボンの上げ下げ、方向転換をして流すまでの動作が不十分。 食事：準備をすると1人で食べるが、食べこぼしがある。 入浴：一部介助。片手で洗える部分は自分で洗う。浴槽をまたぐことはできないため、自宅では夫が介助している。
❸IADL	家事全般：手順が考えられなくなってきており、掃除、買い物等は訪問介護員が行っている。調理は味付けを一緒に行っている。 金銭管理・服薬管理：夫が行っている。 通院：通院等乗降介助を利用したり、タクシーを利用している。 電話は自分でかけることができるが、用件が出てこないことなどもある。
❹認知	物忘れがある。自分の思っていることは言うが、間違っていても間違いを訂正したり言い換えたりできない。 予定や複雑な内容の話は覚えていないが、指摘されたりするととても興奮する。
❺コミュニケーション能力	日常的に会話はできるが、ときによっては、その場面に適した内容でないこともあり、他者の話を十分理解できているのかは不明。
❻社会との関わり	昔からの友人の訪問や姉妹とのかかわりは今もある。夫が買い物や美容院など昔からの贔屓にしているところへ連れて行ってくれている。 そのほかには介護サービスの事業者の方とのかかわりがある程度。
❼排尿・排便	便意、尿意はあるが、移動が間に合わず失禁するため、リハビリパンツと尿取りパッドを使用している。排泄後のズボンの上げ下げが不十分。
❽じょく瘡・皮膚の問題	問題なし。
❾口腔衛生	問題なし。

⑩食事摂取	右手で箸は使えているが、食べこぼしは多い。味覚に障害が出ており、しょうゆをかけすぎたり、薄味のものを濃い味だと言ったりする。
⑪行動・心理症状	見当識障害があり、予定を覚えられない、話の内容が理解できない等がある。まれに不安が強くなると周囲の人に攻撃的な口調になる。
⑫介護力	夫と２人暮らし。夫は日中働いており、お昼休みには家に帰ってきて妻の介護をしているが、夫も心筋梗塞を起こしたことがあり、心身症による動悸もある。介護負担があるため、訪問介護員や県外の息子（次男）さんへ相談している。
⑬居住環境	玄関の段差と自宅内廊下、トイレの立ち上がり用に、住宅改修で手すりを設置した。寝室からトイレまでは近いが、居間からは廊下の手すりを伝ってトイレへいくのに時間がかかる。
⑭特別な状況	夫の出張時はショートステイ利用の検討の必要がある。

3 当初ケアプラン

第1表

居宅サービス計画書（1）

作成年月日　○○年○○月○○日

(初回)・紹介・継続　　(認定済)・申請中

利用者名　A　殿　　生年月日　○○年○○月○○日　　住所　○○市○○町

居宅サービス計画作成者氏名　○○　○○

居宅介護支援事業者・事業所名及び所在地　○○居宅介護支援事業所

居宅サービス計画作成（変更）日　○○年 ○○月 ○○日　　初回居宅サービス計画作成日　○○年 ○○月 ○○日

認定日　○○年○○月○○日　　認定の有効期間　○○年 ○○月○○日 ～ ○○年○○月○○日

> 本人が日常的にどの程度家事ができるのか、能力と現状を判断するため、身体的評価をリハビリテーションの専門家にしてもらう環境をつくっておくようにします。

要介護状態区分	要介護１ ・ (要介護２) ・ 要介護３ ・ 要介護４ ・ 要介護５
利用者及び家族の生活に対する意向	（本人・家族の要望） 本人　入院前と同じような生活はできないと思うが、できる範囲内で自分でやっていきたい。簡単な調理をしたり、近所のスーパーに買い物に行けるようになりたい。 長男　１日も早く元気になってほしい。生活をしていくうえで、必要最低限のところは自分で行ってもらい、本人の力がおよばないところはできる限り手伝っていきたい。
介護認定審査会の意見及びサービスの種類の指定	
総合的な援助の方針	身のまわりのことは、自分でできる範囲を自分で行いながら、家事の役割を果たせるように訪問介護による援助を行います。 身体機能の低下をきたさないよう、訪問看護による自宅内でのリハビリを行います。また、福祉用具の利用による自宅での入浴や住宅改修にて住環境を整えて、室内の自立した移動ができるように支援を行います。 緊急連絡先　○○内科　○○先生　○○○－○○○－○○○○ ○○　○○（夫）　○○○－○○○－○○○○ ○○　○○（長男）　○○○－○○○－○○○○
生活援助中心型の算定理由	1.　一人暮らし　　2.　家族等が障害、疾病等　　(3.) その他　（同居家族が就労などで長時間にわたり不在であり、事実上独居である）

第2表

居宅サービス計画書(2)

利用者名　A　殿

作成年月日　○○年○○月○○日

生活全般の解決すべき課題(ニーズ)	目標：長期目標	(期間)	短期目標	(期間)	援助内容：サービス内容	※1	サービス種別	※2	頻度	期間
自分の役割である家事を続けたい。	役割をもって家事を続けることができる。	○○.12.1～ ○○.3.31 (4ヵ月)	毎日の夕食の準備ができる。	○○.12.1～ ○○.2.28 (3ヵ月)	・買い物。(月、木) ・調理の補助。(月～金) ・献立を一緒に考える。 ・硬い食材は切り分ける。 ・味付けは本人が行う。 ・疲労感が強いときは作ってもらう。 ※包丁やガスの使用は訪問介護員と行う。	○	訪問介護	○○ヘルパー事業所	週5回	○○.12.1～ ○○.2.28 (3ヵ月)
			1人で食材を選べる。	○○.12.1～ ○○.2.28 (3ヵ月)	・毎週末夫と一緒にタクシーに乗り食材を選びに買い物へ出かけることができる。 ・お店に行き自分自身で食材を選ぶ。		家族(夫)	夫	週末等	○○.12.1～ ○○.2.28 (3ヵ月)
			居室の環境を整えて清潔な場所で生活をする。	○○.12.1～ ○○.2.28 (3ヵ月)	・居間、台所、寝室の掃除。 ・掃除機かけ、重い洗濯物などは支援をしてもらう。(火)	○	訪問介護	○○ヘルパー事業所	週5回	○○.12.1～ ○○.2.28 (3ヵ月)
自宅で安全に入浴をしたい。	転倒不安などなく安全に入浴したい。	○○.12.1～ ○○.3.31 (4ヵ月)	浴室内の環境を整えて安全に入浴ができる。	○○.12.1～ ○○.2.28 (3ヵ月)	バスボードを利用しての浴槽への出入り、シャワーチェアによる立ち上がり等の移乗の改善。	○	特定福祉用具販売	○○福祉用具サービス	適宜	購入済み
			身体負担を少なく夫の最低限の介助で入浴ができる。	○○.12.1～ ○○.2.28 (3ヵ月)	洗身、洗髪の介助、浴室内の移動、移乗の見守り、一部介助。 更衣の介助。		家族	夫	毎日	○○.12.1～ ○○.2.28 (3ヵ月)
1人で室内の移動をしたい。	屋外歩行ができるようになる。	○○.12.1～ ○○.3.31 (4ヵ月)	室内を自立して移動できるようになる。	○○.12.1～ ○○.2.28 (3ヵ月)	廊下の歩行時およびトイレでの立ち上がりのため手すりの設置を行い、杖を使用して1人でゆっくりと移動する。	○	住宅改修	○○住宅設備	適宜	○○.12.1～ ○○.2.28 (3ヵ月)
				○○.12.1～ ○○.2.28 (3ヵ月)	自宅内の移動に合わせた立ち上がり、歩行の下肢機能の訓練。 バイタルのチェック。 健康相談。	○	訪問看護	○○訪問看護ステーション	週1回	○○.12.1～ ○○.2.28 (3ヵ月)
			ベッドからの起居動作が自立できる。	○○.12.1～ ○○.2.28 (3ヵ月)	背上げ機能と高さ調節によって、起き上がり、つかまり立ち等を容易に行うための電動ベッド。1人での立ち上がりのための介助バー。	○	福祉用具貸与	○○福祉用具サービス	適宜	○○.12.1～ ○○.2.28 (3ヵ月)
安全に定期的な受診を行いたい。	定期的な通院ができる。	○○.12.1～ ○○.3.31 (4ヵ月)	安全に通院を行うことができる。	○○.12.1～ ○○.2.28 (3ヵ月)	乗降介助。病院までの移乗の介助。	○	訪問介護	○○ヘルパー事業所	隔週	○○.12.1～ ○○.2.28 (3ヵ月)

※1　「保険給付の対象となるかどうかの区分」について、保険給付対象内サービスについては○印を付す。
※2　「当該サービス提供を行う事業所」について記入する。

本人の役割について職種間で共有しておく必要があります。

リハビリテーションの専門職による生活リハビリを行い、定期的な評価をしてもらいましょう。

生活習慣に関しては、病気の再発を防ぐためにも改善、維持するという視点で、主治医の意見や訪問看護による定期的な支援を行い、病識を高める支援や全体的に共有するように支援します。

本人がどの程度日常的に家事ができるのか、能力と現状を判断するため、身体的評価をリハビリテーションの専門職にしてもらう環境をつくっておきましょう。

4 課題整理総括表・評価表

課題整理総括表

利用者名　A　様

作成日　〇〇 年〇〇月〇〇日

自立した日常生活の阻害要因（心身の状態、環境等）	① 左片麻痺があり動作の制限がある。	② 夫が就労のため日中独居である。	③ 病識の理解不足がみられる。
	④ 外出機会が減少している。	⑤ 介護者が夫しかいない。	⑥

利用者及び家族の生活に対する意向	自分の役割である家事を行いながら、麻痺を改善して以前のように過ごしたい。

（選択肢のうち○印のついたものを太字で示す）

状況の事実※1		現在※2	要因※3	改善/維持の可能性※4	備考（状況・支援内容等）
移動	室内移動	自立　見守り　**一部介助**　全介助	①③	**改善**　維持　悪化	手すりや杖を使い、ゆっくりであれば自宅でも1人で移動ができる。
	屋外移動	自立　見守り　一部介助　**全介助**	①③④	**改善**　維持　悪化	屋外は車いすによる移動をしている。
食事	食事内容	**支障なし**　支障あり		改善　**維持**　悪化	
	食事摂取	**自立**　見守り　一部介助　全介助		改善　**維持**　悪化	
	調理	自立　見守り　**一部介助**　全介助	①②③④	**改善**　維持　悪化	調理は、できるなら自分がやらなくてはと思っている。訪問介護の支援を受けても自分でしたい。
排泄	排尿・排便	支障なし　**支障あり**	①	**改善**　維持　悪化	
	排泄動作	自立　見守り　**一部介助**　全介助	①	**改善**　維持　悪化	トイレまでの移動に時間がかかることで、失禁してしまうときもある。
口腔	口腔衛生	**支障なし**　支障あり		改善　**維持**　悪化	
	口腔ケア	自立　**見守り**　一部介助　全介助	①	**改善**　維持　悪化	歯磨きは準備すると自分でできる。
服薬		自立　見守り　**一部介助**　全介助	①②	**改善**　維持　悪化	薬の準備は夫が毎回行っており、昼食後の薬は用意しておいた薬を飲む。
入浴		自立　見守り　**一部介助**　全介助	①	**改善**　維持　悪化	自宅の浴室で福祉用具を利用しながら夫の介助で入浴をしている。浴槽を跨いだりすることは慎重に行っている。
更衣		自立　見守り　**一部介助**　全介助	①②	**改善**　維持　悪化	左麻痺があるので着た後で整えるのは夫にしてもらっている。
掃除		自立　見守り　**一部介助**　全介助	①②	改善　**維持**　悪化	
洗濯		自立　見守り　**一部介助**　全介助	①②	**改善**　維持　悪化	夫がすると言っても「自分の仕事」と言って、できない部分は訪問介護と一緒に行っている。
整理・物品の管理		自立　**見守り**　一部介助　全介助		**改善**　維持　悪化	夫が行っているが、自分でもゆっくりとたたんだりしている。
金銭管理		自立　見守り　**一部介助**　全介助	①④	改善　**維持**　悪化	お金の管理は夫がしている。買い物程度はできる。
買物		自立　見守り　一部介助　**全介助**		改善　**維持**　悪化	普段の買い物は訪問介護員が週2回行っているが、夫が休みの日は夫と一緒に近所のスーパーまで行く。
コミュニケーション能力		支障なし　**支障あり**		**改善**　維持　悪化	会話は問題ないが、興奮するとまわりの声が聞こえない。
認知		**支障なし**　支障あり		改善　**維持**　悪化	時々見当識障害がある。また、感情的になることもあり落ち着くまで時間がかかる。物忘れは時々ある。
社会との関わり		支障なし　**支障あり**	①②③④⑤	**改善**　維持　悪化	古くからの友人も多く、今でも電話などで話をする。あまり外出したがらなくなった。
褥瘡・皮膚の問題		**支障なし**　支障あり		改善　**維持**　悪化	
行動・心理症状（BPSD）		**支障なし**　支障あり		改善　**維持**　悪化	自分で足がすくみ歩けなくなるときなど、話しかけられてもパニックになってしまい、人の意見が受け入れられなくなる。
介護力（家族関係含む）		支障なし　**支障あり**	③	**改善**　維持　悪化	介護者は夫しかおらず、夫は電話で息子さんに相談をしている。
居住環境		支障なし　**支障あり**	①②	**改善**　維持　悪化	玄関前、室内の廊下、トイレの立ち上がり用に手すりを取り付けている。
				改善　維持　悪化	

見通し※5	生活全般の解決すべき課題（ニーズ）【案】	※6
1．左片麻痺があり家事動作ができないが、家庭内での役割をもつことで生活の質を高めるためにもできる家事を動作を増やしていく必要があるが、どの程度できるのか様子を確認しながら支援していく。	自分の役割である家事を続けたい。 〔自宅での役割をもつためにも、現実的にどの程度の活動ができるのか、その能力があるのか、リハビリテーションの専門職から助言を得られるといいでしょう。〕	1
2．福祉用具等を活用しながら信頼できる夫の介助を受けて自宅での入浴を行い、将来的に自立できるようになるために移乗、移動を安定させる必要がある。	自宅で転倒なく入浴したい。 〔福祉用具においても活用後の評価は本人や家族だけでなく専門職からの評価があると、より次の段階への支援の課題がみつけやすくなります。〕	3
3．室内は手すりや杖で歩いているが不安定で、屋外は車いすを使用しているので、安定した歩行状態を維持できるためにもリハビリテーションを行い、身体機能を向上させる必要がある。	以前のように歩けるようになりたい。 〔身体機能を維持するためにも、積極的な維持期のリハビリテーション（生活リハビリテーション）を行うことが望ましいですが、その頻度や注意点など、主治医の確認およびリハビリテーションの専門職の意見を聞くことが望ましいと思われます。〕	4
4．糖尿病があり病気の再発を防止するためにも生活習慣を整え、継続する必要があり日常生活においての管理が必要である。また、今以上に麻痺が進行しないように治療を続けたいが、日中は夫もおらず通院へ介助が必要なため通院先までの移動を支援する必要がある。	病気の再発がないよう不安のない生活を送りたい。 〔夫がまだ就労中でもあり、平日に通院するには家族以外の支援が必要ですが、社会資源として何が地域にあるのか地域包括支援センター等から情報を得ることもできます。〕	2
5．主となる介護者が夫しかおらず、就労をしながらの介護が継続できるための支援体制をつくり、精神的なサポートが受けられるよう支援する必要がある。	家族の支援で介護が続けられる。	5

※1　本書式は総括表でありアセスメントツールではないため、必ず別に詳細な情報収集・分析を行うこと。なお「状況の事実」の各項目は課題分析標準項目に準拠しているが、必要に応じて追加して差し支えない。
※2　介護支援専門員が収集した客観的事実を記載する。選択肢に○印を記入。
※3　現在の状況が「自立」あるいは「支障なし」以外である場合に、そのような状況をもたらしている要因を、様式上部の「要因」欄から選択し、該当する番号（丸数字）を記入する（複数の番号を記入可）。
※4　今回の認定有効期間における状況の改善／維持／悪化の可能性について、介護支援専門員の判断として選択肢に○印を記入する。
※5　「要因」および「改善／維持の可能性」を踏まえ、要因を解決するための援助内容と、それが提供されることによって見込まれる事後の状況（目標）を記載する。
※6　本計画期間における優先順位を数字で記入。ただし、解決が必要だが本計画期間に取り上げることが困難な課題には「－」印を記入。

評　価　表

利用者名　　A　殿　　　　　　　　　　　　　　　　作成年月日　　〇〇 年〇〇月〇〇日

短期目標	（期間）	援助内容			結果 ※2	コメント（効果が認められたもの / 見直しを要するもの）
		サービス内容	サービス種別	※1		
毎日の夕食の準備ができる。	〇〇.12.1～〇〇.2.28（3ヵ月）	・買い物、調理の補助、献立を一緒に考える。 ・疲労感の強い時は作ってもらう。	訪問介護	〇〇ヘルパー事業所	△	定期的な買い物は代行。調理は月～金の支援継続。 メニューは本人が考え、味付けも本人がしている。 調理の準備や鍋をつかんだり重い物を持つのはヘルパーの支援がないと難しい。
1人で食材を選べる。	〇〇.12.1～〇〇.2.28（3ヵ月）	・食材を選びに買い物へ出かける。 ・自分自身で食材を選ぶ。	訪問介護 家族	家族（夫）	△	夫が休みの日に一緒に買い物への外出を行っている。 人前に出るのを嫌がる様子があるので、毎週とはいかない。
居室の環境を整えて清潔な場所で生活をする。	〇〇.12.1～〇〇.2.28（3ヵ月）	居室の環境を整えて清潔な場所で生活をする。	訪問介護 本人	本人	○	掃除は毎週行っている。家事全般は自分の役割と思っており、できる限り自分でしたいと、現在は床の簡易モップがけなどを行っている。
浴室内の環境を整えて安全に入浴ができる。	〇〇.12.1～〇〇.2.28（3ヵ月）	バスボード、シャワーチェアを利用する。	特定福祉用具販売	〇〇福祉用具サービス	○	バスボード・シャワーチェアを利用し、夫の介助も受けながら自宅の浴室での入浴ができている。 福祉用具においても、本人や家族だけでなく専門職からの活用後の評価があると、より次の段階への支援の課題がみつけやすくなります。
身体負担を少なく夫の最低限の介助で入浴ができる。	〇〇.12.1～〇〇.2.28（3ヵ月）	洗身、洗髪の介助、浴室内の移動、移乗の介助。	家族	夫	○	自宅での入浴時の移乗や移動は夫の介助によって行われている。体調がよくないとき以外は毎日入浴している。
室内を自立して移動できるようになる。	〇〇.12.1～〇〇.2.28（3ヵ月）	・手すり、杖の使用をしてゆっくりと1人で移動する。	住宅改修	〇〇住宅設備	○	日中は独居のため、主にトイレへの歩行時、手すりを使用して移動して歩いている。 屋外には1人では出ないため、必ず誰かの介助、見守りで外出を行っている。
		・自宅内の移動に合わせた立ち上がり、歩行の訓練。 ・バイタルのチェック。 ・健康相談。	訪問看護	〇〇訪問看護ステーション	○	週1回の訪問看護でのリハビリテーションで、立ち上がりと歩行訓練を行っている。自宅内歩行を維持できている。 訪問看護以外にリハビリテーションの機会を設けるために身体機能を評価する専門職の意見は必要です。
ベッドからの起居動作が自立できるようになる。	〇〇.12.1～〇〇.2.28（3ヵ月）	起き上がりのためベッドや介助バーの設置。	福祉用具貸与	〇〇福祉用具サービス	△	左片麻痺により寝返りはサイドレールを使用し立ち上がりは介助バーにつかまることで自立してベッドからの立ち上がりができている。 ベッドにおいても、専門職からの評価があると、より次の段階への支援の課題がみつけやすくなります。
安全に通院を行うことができる。	〇〇.12.1～〇〇.2.28（3ヵ月）	通院等乗降介助。	訪問介護	〇〇ヘルパー事業所	○	定期通院のため乗降時の支援を行っている。病院内は介助にて車いす移動や場所によっては手すりにつかまり移動をしている。

※1　「当該サービスを行う事業所」について記入する。　※2　短期目標の実現度合いを５段階で記入する（◎：短期目標は予想を上回って達せられた、○：短期目標は達せられた（再度アセスメントして新たに短期目標を設定する）、△：短期目標は達成可能だが期間延長を要する、×1：短期目標の達成は困難であり見直しを要する、×2：短期目標だけでなく長期目標の達成も困難であり見直しを要する）

5 多職種連携の視点からの修正ケアプラン

第1表

居宅サービス計画書（1）

作成年月日　○○年○○月○○日

（初回）・紹介・継続　　（認定済）・申請中

利用者名　A　殿　　生年月日　○○年○○月○○日　　住所　○○市○○町

居宅サービス計画作成者氏名　○○　○○

居宅介護支援事業者・事業所名及び所在地　○○居宅介護支援事業所

居宅サービス計画作成（変更）日　○○年 ○○月 ○○日　　初回居宅サービス計画作成日　○○年 ○○月 ○○日

認定日　○○年○○月○○日　　認定の有効期間　○○年 ○○月○○日　～　○○年○○月○○日

要介護状態区分	要介護1　・　（要介護2）　・　要介護3　・　要介護4　・　要介護5
利用者及び家族の生活に対する意向	（本人・家族の要望） 本人　入院前と同じような生活はできないと思うが、~~できる範囲で自分でやっていきたい。~~リハビリテーションを行い、簡単な調理をしたり、外出して近所のスーパーに買い物に行けるようになりたい。 長男　１日も早く元気になってほしい。生活をしていくうえで、必要最低限のところは自分で行ってもらい、本人の力がおよばないところはできる限り手伝っていきたい。
介護認定審査会の意見及びサービスの種類の指定	
総合的な援助の方針	身のまわりのことは自分で行い、家事の役割を果たせるように訪問介護による援助を行います。 病気の再発の防止と身体機能の低下をきたさないよう、訪問看護による病状の管理と訪問リハビリテーションによる自宅内でのリハビリを行います。また、福祉用具の利用による自宅での入浴や住宅改修にて住環境を整えて、室内の自立した移動ができるように支援を行います。 緊急連絡先　○○内科　○○先生　○○○－○○○－○○○○ ○○　○○（夫）　○○○－○○○－○○○○ ○○　○○（長男）　○○○－○○○－○○○○
生活援助中心型の算定理由	1.　一人暮らし　　2.　家族等が障害、疾病等　　（3.）その他　（同居家族が就労などで長時間にわたり不在であり、事実上独居である）

第2表

居宅サービス計画書(2)

利用者名　A　殿　　　　　　作成年月日　○○年○○月○○日

生活全般の解決すべき課題(ニーズ)	目標 長期目標	(期間)	短期目標	(期間)	援助内容 サービス内容	※1	サービス種別	※2	頻度	期間
自分の役割である家事を続けたい。	役割をもって家事を続けることができる。	○○.12.1～○○.3.31(4ヵ月)	毎日の夕食の準備ができる。	○○.12.1～○○.2.28(3ヵ月)	・買い物。(月、木) ・調理の補助。(月～金) ・献立を一緒に考える。 ・硬い食材は切り分ける。 ・味付けは本人が行う。 ・疲労感が強いときは作ってもらう。 ※包丁やガスの使用は訪問介護員と行う。 ※訪問リハビリとの機能改善の取り組み。	○	訪問介護	○○ヘルパー事業所	週5回	○○.12.1～○○.2.28(3ヵ月)
			1人で食材を選べる。	○○.12.1～○○.2.28(3ヵ月)	・毎週末夫と一緒にタクシーに乗り食材を選びに買い物へ出かけることができる。 ・お店に行き自分自身で食材を選ぶ。		家族(夫)	夫	週末等	○○.12.1～○○.2.28(3ヵ月)
			居室の環境を整えて清潔な場所で生活をする。	○○.12.1～○○.2.28(3ヵ月)	・居間、台所、寝室の掃除。 ・掃除機かけ、重い洗濯物などは支援をしてもらう。(火)	○	訪問介護	○○ヘルパー事業所	週5回	○○.12.1～○○.2.28(3ヵ月)
病気の再発なく暮らしたい。	生活習慣を整える。	○○.12.1～○○.3.31(4ヵ月)	身体状態を把握できる。	○○.12.1～○○.2.28(3ヵ月)	・訪問看護による定期的な身体状態の把握。 ・バイタルサインのチェック ・内服の管理。 ・主治医との連携 ・情報提供	○	訪問看護	○○訪問看護ステーション	週1回	○○.12.1～○○.2.28(3ヵ月)
					・受診時の身体状況の把握。 ・体調管理によるアドバイス。		主治医	○○内科	2週1回	○○.12.1～○○.2.28(3ヵ月)
自宅で安全に入浴をしたい。	転倒不安などなく安全に入浴したい。	○○.12.1～○○.3.31(4ヵ月)	浴室内の環境を整えて安全に入浴ができる。	○○.12.1～○○.2.28(3ヵ月)	バスボードを利用しての浴槽への出入り、シャワーチェアによる立ち上がり等の移乗の改善。	○	特定福祉用具販売	○○福祉用具サービス	適宜	購入済み
			身体負担を少なく夫の最低限の介助で入浴ができる。	○○.12.1～○○.2.28(3ヵ月)	洗身、洗髪の介助、浴室内の移動、移乗のときの見守り、一部介助。更衣の介助。		家族	夫	毎日	○○.12.1～○○.2.28(3ヵ月)
1人で室内の移動をしたい。	屋外歩行ができるようになる。	○○.12.1～○○.3.31(4ヵ月)	室内を自立して移動できるようになる。	○○.12.1～○○.2.28(3ヵ月)	廊下の歩行時およびトイレでの立ち上がりのため手すりの設置を行い、杖を使用して1人でゆっくりと移動する。	○	住宅改修	○○住宅設備	適宜	○○.12.1～○○.2.28(3ヵ月)
				○○.12.1～○○.2.28(3ヵ月)	自宅内の移動に合わせた立ち上がり、歩行の下肢機能の訓練。 ~~バイタルのチェック。~~ ~~健康相談。~~ 家事に対しての生活動作に合わせた訓練。 外出訓練。	○	訪問リハビリテーション	○○訪問リハビリステーション	週1回	○○.12.1～○○.2.28(3ヵ月)
			ベッドからの起居動作が自立できる。	○○.12.1～○○.2.28(3ヵ月)	背上げ機能と高さ調節によって、起き上がり、つかまり立ち等を容易に行うための電動ベッド。1人での立ち上がりのための介助バー。	○	福祉用具貸与	○○福祉用具サービス	適宜	○○.12.1～○○.2.28(3ヵ月)
安全に定期的な受診を行いたい。	定期的な通院ができる。	○○.12.1～○○.3.31(4ヵ月)	安全に通院を行うことができる。	○○.12.1～○○.2.28(3ヵ月)	病院までの移乗の介助。乗降介助。	○	訪問介護	○○ヘルパー事業所	隔週	○○.12.1～○○.2.28(3ヵ月)
在宅での生活が続けられる。	介護負担がないよう支援を継続できる。	○○.12.1～○○.3.31(4ヵ月)	家族の介護の不安が取り除ける。	○○.12.1～○○.2.28(3ヵ月)	主治医との連携、福祉サービス、介護サービスの調整と情報の共有。 常時連絡がとれる体制づくり。		介護支援専門員、看護師、理学療法士、医師、息子		適宜	○○.12.1～○○.2.28(3ヵ月)

※1 「保険給付の対象となるかどうかの区分」について、保険給付対象内サービスについては○印を付す。
※2 「当該サービス提供を行う事業所」について記入する。

6 まとめ

● 当初ケアプランにおける多職種連携の課題・ポイント

本人の思いから、日常の家事をこなすという希望への支援に重点が置かれ、毎日の訪問介護による生活支援が行われているが、本人の能力と現状からみて、段階的に支援を行う必要があると考えられる。まずは何をすればいいのかを考え、家事でもできることとできないことを整理し、役割をどの程度に設定するのかを検討して、専門職によるリハビリテーションを行うことで家事動作を含め ADL の拡大を目指す。また、病気の再発を防ぐ、生活習慣を改善するという視点があまりみられないため、主治医や訪問看護と連携した支援を行い、糖尿病や脳出血等への病識を高め自分自身の状態を理解してもらい関係者間で共有できるような支援が必要ではないかと思われる。

● モニタリングにおける多職種連携のポイント

訪問介護員には、本人の意欲と実際にできている部分の確認を行う。

訪問看護では、現在の状態の把握と生活習慣の観察から、予後予測を行ってもらう。また、病識の確認と転倒リスクの把握を行う。

福祉用具では、福祉用具の使用頻度、住環境の確認を行う。

家族の思いや介護負担について、本人の 1 日の生活について確認を行う。

● 課題整理総括表・評価表により明らかになった多職種連携の課題

病気への理解不足から再発を起こさないように、生活習慣を整える支援が必要と思われるため、主治医からの説明や訪問看護による病状の管理を行うことで予後予測を共有する必要がある。

リハビリテーションや福祉用具の活用についても専門職による評価を受けながら継続し、できることとできないことを把握し、段階的に目標が達成できるようにする必要がある。

● 多職種連携によるケアプランの見直しポイント

・病状の把握と再発の防止として生活習慣の改善。

・目的をもったリハビリテーションの実施。

・夫以外の他の人との交流と外出の機会の確保。

・家族の介護負担と緊急時の支援内容の確認。

● まとめ（多職種連携の視点から）

・生活動作の獲得のため、まずは環境に合わせたリハビリテーションが必要ではないか。しかし、本人が通いのサービスには行きたくない希望があり、家事をしたいという希望もあることから、在宅でのリハビリテーションを専門職に依頼し、訪問介護との連携を図り支援を行い評価を得る必要がある。

・病気の再発防止のためには日常の生活習慣を整える必要があり、訪問介護の提供時の様子や体調の変化などを訪問看護や夫へ適宜報告し、主治医へ適切に情報提供できる環境をつくる必要がある。

・現在は自宅で過ごす時間が多いが、今後は本人の状態に合わせ、外出する機会を多くもつためにも、デイケアなどでリハビリを行いたい。また、夫が出張時にショートステイを利用するなど、主介護者である夫がレスパイトケアを受けられる環境等をつくることも見据える必要がある。

・物忘れなどの症状があり、興奮してしまうなどの情報を共有したうえで、専門医への受診についても必要性を再度検討する必要がある。

2 認知症に関する事例

1 事例の概要

氏名：B さん

年齢：81 歳

性別：男性

要介護度：要介護 3

障害高齢者の日常生活自立度：B1

認知症である高齢者の日常生活自立度：Ⅲ b

家族構成：本人、妻、長男、長女

長女夫婦と同居 3 人暮らし　妻は施設入居中

長男は県外在住

ジェノグラム

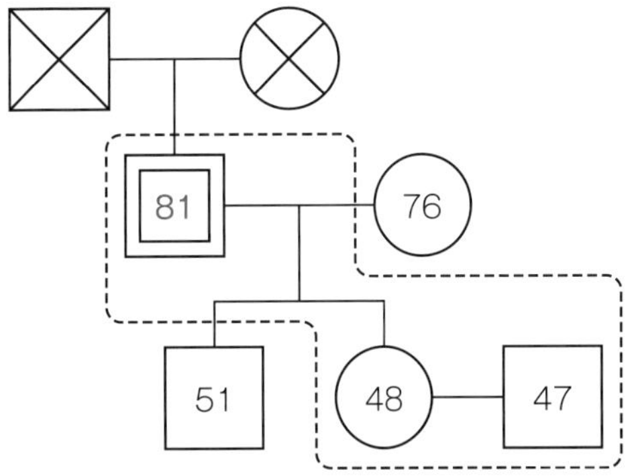

相談経路

平成 27 年 6 月、夫婦でデイサービス利用の希望があり初回相談。妻が脳梗塞のため入院し、退院後の生活相談のため病院連携室より連絡を受けて担当に至る。本人も物忘れがあり、認定の際、近医より「アルツハイマー型認知症」の診断を受ける。妻が要介護 3、本人は要介護 1 となり、妻のための住宅改修と車いすのレンタルを行い、夫婦で週に 2 回デイサービスを利用する。妻は状態が悪化し平成 28 年 8 月に特別養護老人ホームに入所したため、以後本人のみ担当している。

生活歴

A 県 G 市にて農家の次男として出生し、高校卒業後バス会社に運転手として勤務した。30 歳で結婚し、一男一女をもうける。50 歳で退職し夫婦で食堂を経営してきた。現在は、娘夫婦が食堂を継いでいる。10 年前に妻が心疾患で倒れ入退院を繰り返す。その看病を 1 人で行うなか、食堂で客の注文を忘れたり、調理の手順に間違いが出てきた。すでに娘夫婦が手伝っていたため、店を任せて簡単な仕事を手伝いながら、妻の介護をしてきた。3 年前から妻がデイサービスの利用を開始、本人も要介護認定を受け同じ事業所に通うようになった。

認定の際に「アルツハイマー型認知症」の診断を受け服薬を開始したが、自己判断で服薬を中止していた。1 年前に妻が施設入所した直後から外出して戻れない等の BPSD が発症した。当初は週に 1 ～ 2 回だったが頻度が増えたため、デイサービスの利用回数を増やしながら対応してきた。

現在の生活状況

週に３回デイサービスを利用中。その他の日は店舗兼自宅の自室で過ごす。徘徊が心配なので店舗裏の自宅玄関は施錠している。

月に２回程度ショートステイを利用してきたが、夜間の不穏状態が進行して対応困難となり、利用ができていない。自宅では夜間騒ぐことはないが見守りが必要で、家族の疲労も蓄積している。

娘夫婦の子どもは２人いるが独立して別居、それぞれ市内と県外に在住。長男も県外におり、積極的な支援は望めない。

主介護者である娘は基本的に在宅生活の継続を望んでいる。また経済的な問題もあり、施設入所は考えていない。

現在利用しているサービス

○○デイサービスセンター

定員30名一般型、週３回（月、水、金）

＊食堂を経営していたため顔見知りが多く、声をかけられるが、本人は相手を認識できずにあいまいな返答をしている。同じ人でも日によって認識できるときもあり、その際は笑顔がみられているが、会話は成り立たない。

特別養護老人ホーム○○　ショートステイ

月に２回程度、２泊３日のペースで利用していたが、夜間不穏を理由に受け入れを断られている。２か月半経過。

2 アセスメント

❶健康状態	高血圧の既往はあるが軽度であり、治療はしていない。
❷ADL	歩行は可能だが屋外ではバランスを崩しやすい。食事は自力摂取。入浴はデイサービス利用時のみ。洗身、更衣は促すも理解できず、ほとんど介助を受けている。
❸IADL	生活全般に家族の援助が必要。
❹認知	短期記憶はできない。自宅や同居家族は認識しているが、娘と妻を混同しているときがある。
❺コミュニケーション能力	会話は成り立つときもあるが意味が通じていない。「あれ」「それ」などの指示語が多い。
❻社会との関わり	週３回のデイサービスのみ。職員のほか知人があいさつする程度。
❼排尿・排便	少量の尿失禁があり、パンツタイプの紙オムツを使用。娘が毎朝トイレに誘導するが排便は不定期。後始末ができずトイレを汚してしまうことがある。軟便が多い。
❽じょく瘡・皮膚の問題	問題なし。
❾口腔衛生	義歯だが自宅では洗浄せず、デイサービス利用時に洗浄している。
❿食事摂取	時々むせこみがあり、見守りが必要。自宅ではあまり食べないとのこと。
⓫行動・心理症状	外出すると自宅には戻れない。夜間、自室で衣類や多量の本などを出して散らかす。その際独語もある。
⓬介護力	同居娘夫婦のみ。ほとんど娘が介護。
⓭居住環境	店舗兼自宅に居住。住宅改修は以前妻のために実施済み。手すり設置と段差解消（玄関以外）を行っている。
⓮特別な状況	妻は施設入居中。同居時は本人が献身的に介護した。娘が面会に行っているが、本人はほぼ１年間会っていない。

3 当初ケアプラン

第1表

居宅サービス計画書(1)

作成年月日　○○年○○月○○日

(初回)・紹介・継続　　(認定済)・申請中

利用者名　B　殿　　生年月日　○○年○○月○○日　　住所　○○市○○町

居宅サービス計画作成者氏名　○○　○○

居宅介護支援事業者・事業所名及び所在地

居宅サービス計画作成(変更)日　○○年○○月○○日　　初回居宅サービス計画作成日　○○年○○月○○日

認定日　○○年○○月○○日　　認定の有効期間　○○年○○月○○日 ～ ○○年○○月○○日

要介護状態区分	要介護1 ・ 要介護2 ・ (要介護3) ・ 要介護4 ・ 要介護5
利用者及び家族の生活に対する意向	本人：家族や近所の人と安心して暮らしたい。 家族：できるだけ自宅で過ごさせてあげたい。 ただし仕事が忙しいので、入浴はデイサービスですませて、ショートステイも使っていきたい。
介護認定審査会の意見及びサービスの種類の指定	
総合的な援助の方針	認知症の症状を把握し、変化があればできることを一緒に考えます。 体調の変化、異常の早期発見に努め、緊急時の連絡体制を整えて安心してサービスを利用できるようにします。 デイサービスの利用を継続し、生活リズムの安定と入浴での清潔保持ができるように支援します。 介護負担の軽減のために、必要に応じてショートステイを利用します。
生活援助中心型の算定理由	1. 一人暮らし　2. 家族等が障害、疾病等　3. その他（　　）

認知症の専門医との連携も検討しましょう。

第2表

居宅サービス計画書（2）

作成年月日　〇〇年　〇〇月　〇〇日

利用者名　B　殿

居宅サービス計画作成者　氏名　〇〇　〇〇

生活全般の解決すべき課題（ニーズ）	援助目標				援助内容					
	長期目標	（期間）	短期目標	（期間）	サービス内容	※1	サービス種別	※2	頻度	期間
認知症の症状はあるが大きな混乱はない。これからも安心して落ち着いた生活を送りたい。	認知症の進行を緩やかにし、安全に生活できる。	〇〇.7.1～ 〇〇.6.30 （12ヵ月）	デイサービスの利用を継続し健康管理をしながら刺激のある生活を送る。	〇〇.7.1～ 〇〇.12.31 （6ヵ月）	他者との交流支援 レクリエーション 行事参加 個別機能訓練 バランス運動 口腔機能訓練 精神状態の観察 食事提供：普通食 送迎		通所介護	〇〇デイサービス	週３回 （月水金）	〇〇.7.1～ 〇〇.12.31 （6ヵ月）
			介護者の負担を軽減することができる。	〇〇.7.1～ 〇〇.12.31 （6ヵ月）	バイタルチェック 一般状態観察 排泄介助・定期トイレ誘導 入浴の提供・食事・送迎		短期入所生活介護	特養◇◇苑	適宜	〇〇.7.1～ 〇〇.12.31 （6ヵ月）
			清潔な環境で安心して生活できる。	〇〇.7.1～ 〇〇.12.31 （6ヵ月）	掃除・洗濯・調理 更衣介助		家族	長女夫婦		〇〇.7.1～ 〇〇.12.31 （6ヵ月）
自宅での入浴は困難なので、介助を受けて安心して入りたい。	清潔を保ち快適に過ごす。	〇〇.7.1～ 〇〇.6.30 （12ヵ月）	介助を受けて安全に入浴できる。	〇〇.7.1～ 〇〇.12.31 （6ヵ月）	バイタルチェック 洗身介助 着脱介助 リハビリパンツ交換		通所介護	〇〇デイサービス	週３回	〇〇.7.1～ 〇〇.12.31 （6ヵ月）

訓練やレクリエーション内容は認知症の状態にあったものかどうか確認します。

夜間の不穏状態について正しく情報収集し、専門医等の治療につなげる必要があります。

短期入所以外にも介護負担の軽減と、必要なサービス提供の手段を検討します。

※１「保険給付の対象となるかどうかの区分」について、保険給付対象内サービスについては○印を付す。
※２「当該サービス提供を行う事業所」について記入する。

4 課題整理総括表・評価表

課題整理総括表

利用者名　B　殿

作成日　〇〇年〇〇月〇〇日

自立した日常生活の阻害要因（心身の状態、環境等）	①認知症	②筋力低下	③嚥下、咀嚼力低下
	④	⑤	⑥

利用者及び家族の生活に対する意向	介護サービスを利用しながらなるべく長く自宅で過ごしたい。

状況の事実※1		現在※2	要因※3	改善/維持の可能性※4	備考（状況・支援内容等）
移動	室内移動	**自立**　見守り　一部介助　全介助	①	改善　**維持**　悪化	玄関に施錠しており外出困難。
	屋外移動	自立　**見守り**　一部介助　全介助	①②	改善　**維持**　悪化	段差や傾斜でバランスを崩しやすい。
食事	食事内容	**支障なし**　支障あり		改善　**維持**　悪化	普通食。
	食事摂取	自立　**見守り**　一部介助　全介助	③	改善　**維持**　悪化	ときどきむせこむ。それをきっかけに中断してしまうことが多い。体重も減少気味。
	調理	自立　見守り　**一部介助**　全介助	①	改善　**維持**　悪化	
排泄	排尿・排便	支障なし　**支障あり**	①	改善　**維持**　悪化	尿失禁があり、リハビリパンツ使用。
	排泄動作	自立　見守り　**一部介助**　全介助	①	改善　**維持**　悪化	誘導にて自然排便。始末が不十分。
口腔	口腔衛生	支障なし　**支障あり**	①	改善　**維持**　悪化	夕食後家族が義歯洗浄。
	口腔ケア	自立　見守り　一部介助　**全介助**	①	改善　**維持**　悪化	
服薬		自立　見守り　一部介助　**全介助**	①	改善　**維持**　悪化	手渡すと可（現在服薬なし）。
入浴		自立　見守り　**一部介助**　全介助	①	改善　**維持**　悪化	デイサービス利用時のみ。指示入らず洗身不可。
更衣		自立　見守り　**一部介助**　全介助	①	改善　**維持**　悪化	失行あり協力動作のみ。
掃除		自立　見守り　一部介助　**全介助**	①	改善　**維持**　悪化	家族実施中。
洗濯		自立　見守り　一部介助　**全介助**	①	改善　**維持**　悪化	〃
整理・物品の管理		自立　見守り　一部介助　**全介助**	①	改善　**維持**　悪化	〃
金銭管理		自立　見守り　一部介助　**全介助**	①	改善　**維持**　悪化	〃
買物		自立　見守り　一部介助　**全介助**	①	改善　**維持**　悪化	〃
コミュニケーション能力		支障なし　**支障あり**	①	改善　**維持**　悪化	失語があり会話にならないが簡単な指示は理解。
認知		支障なし　**支障あり**	①	**改善**　維持　悪化	受診にて改善の可能性あり。
社会との関わり		支障なし　**支障あり**	①	改善　**維持**　悪化	デイサービス利用時のみ職員や知人と交流。
褥瘡・皮膚の問題		**支障なし**　支障あり		改善　**維持**　悪化	
行動・心理症状（BPSD）		支障なし　**支障あり**	①	**改善**　維持　悪化	受診にて改善の可能性あり。
介護力（家族関係含む）		支障なし　**支障あり**	①②	改善　**維持**　悪化	協力的だが仕事との両立が困難になってきた。
居住環境		支障なし　**支障あり**	①	改善　**維持**　悪化	玄関に施錠しており外出困難。
				改善　維持　悪化	

見通し※5	生活全般の解決すべき課題（ニーズ）【案】	※6
家族の協力は今後も可能だが、娘の負担が重ならないような工夫が必要。適宜ショートステイを利用して負担軽減につなげることで継続性が保てる。	認知症はあるが落ち着いており、これからも自宅で安心して暮らしたい。	
デイサービスで対人交流や心身状況のチェックを行いつつ、入浴で清潔保持をしながら安定した生活が継続できる。	自宅での入浴は困難なので支援してほしい。知人と会うのも楽しく安心できる。	

認知症とそれ以外の基礎疾患を再確認し、適切な治療につなげることを優先すべき時期ではないでしょうか。
夜間不穏の緩和の可能性や認知機能と身体機能の専門的評価を受けるために、専門医の受診が必要と思われます。
介護負担が増えているとすれば、介護不足になっていないかの点検をしながらショートステイ以外の資源も検討する必要があると思われます。

対人交流やレクリエーションによる精神機能への働きかけは、適切な方法と環境について専門医等の助言のもとに実施されることが重要です。

※1　本書式は総括表でありアセスメントツールではないため、必ず別に詳細な情報収集・分析を行うこと。なお「状況の事実」の各項目は課題分析標準項目に準拠しているが、必要に応じて追加して差し支えない。
※2　介護支援専門員が収集した客観的事実を記載する。選択肢に〇印を記入。
※3　現在の状況が「自立」あるいは「支障なし」以外である場合に、そのような状況をもたらしている要因を、様式上部の「要因」欄から選択し、該当する番号（丸数字）を記入する（複数の番号を記入可）。
※4　今回の認定有効期間における状況の改善／維持／悪化の可能性について、介護支援専門員の判断として選択肢に〇印を記入する。
※5　「要因」および「改善／維持の可能性」を踏まえ、要因を解決するための援助内容と、それが提供されることによって見込まれる事後の状況（目標）を記載する。
※6　本計画期間における優先順位を数字で記入。ただし、解決が必要だが本計画期間に取り上げることが困難な課題には「－」印を記入。

評　価　表

利用者名　　B　殿　　　　　　　　　　作成年月日　○○年　○○月　○○日

短期目標	（期間）	援助内容			結果 ※2	コメント（効果が認められたもの／見直しを要するもの）
		サービス内容	サービス種別	※1		
デイサービスの利用を継続し健康管理をしながら刺激のある生活を送る。	○○.7.1～ ○○.12.31 （6ヵ月）	他者との交流支援 レクリエーション行事参加 個別機能訓練バランス運動 口腔機能訓練 精神状態の観察 食事提供：普通食 送迎	通所介護	○○デイサービス	△	対人交流において、失語のため会話がつながらないが、職員がこまめに声がけし、笑顔が増えてきた。知人も症状を理解し、短い挨拶などで交流できている。 筋力低下の改善や口腔機能の改善は著効ないが、低下もなく維持されていると判断し継続が必要。
介護者の負担を軽減することができる。	○○.7.1～ ○○.12.31 （6ヵ月）	バイタルチェック一般状態観察 排泄介助 定期トイレ誘導 入浴の提供 食事の提供 送迎の提供	短期入所	特養◇◇苑	△	夜間不穏を理由に利用できていない。介護者の疲労が蓄積している。
清潔な環境で安心して生活できる。	○○.7.1～ ○○.12.31 （6ヵ月）	掃除・洗濯・調理 更衣	家族	長女夫婦	△	家族（長女）が生活全般の支援をしている。基本的な支援につき今後も継続。仕事との両立に加え施設入所中の母親への面会などで精神的に余裕がないとのこと。
介助を受けて安全に入浴できる。	○○.7.1～ ○○.12.31 （6ヵ月）	バイタルチェック 洗身介助 着脱介助 リハビリパンツ交換	通所介護	○○デイサービス	○	手の届く範囲は洗身動作があるが不完全。洗髪洗身はほぼ全介助であるが抵抗もなく機嫌はよい。着衣も失行あり全介助だが協力動作があり、スムーズにできている。自宅の浴室は段差あり介助も難しいことから、継続する。

受診して症状を緩和することで、利用再開につなげる試みが必要です。

介護負担の軽減策は、直接の介護サービスのほかに介護者の精神的サポートも含まれます。

※1 「当該サービスを行う事業所」について記入する。　※2　短期目標の実現度合いを５段階で記入する（◎：短期目標は予想を上回って達せられた、○：短期目標は達せられた（再度アセスメントして新たに短期目標を設定する）、△：短期目標は達成可能だが期間延長を要する、×1：短期目標の達成は困難であり見直しを要する、×2：短期目標だけでなく長期目標の達成も困難であり見直しを要する）

5 多職種連携の視点からの修正ケアプラン

第1表

居宅サービス計画書（1）

作成年月日　〇〇年〇〇月〇〇日

（初回）・紹介・継続　　（認定済）・申請中

利用者名　B　殿　　生年月日　〇〇年〇〇月〇〇日　　住所　〇〇市〇〇町

居宅サービス計画作成者氏名　〇〇　〇〇

居宅介護支援事業者・事業所名及び所在地

居宅サービス計画作成（変更）日　〇〇年 〇〇月 〇〇日　　初回居宅サービス計画作成日　〇〇年 〇〇月 〇〇日

認定日　〇〇年〇〇月〇〇日　　認定の有効期間　〇〇年 〇〇月〇〇日　～　〇〇年〇〇月〇〇日

要介護状態区分	要介護１　・　要介護２　・　（要介護３）　・　要介護４　・　要介護５
利用者及び家族の生活に対する意向	本人：家族や近所の人と安心して暮らしたい。 家族：できるだけ自宅で過ごさせてあげたい。 ただし仕事が忙しいので、入浴はデイサービスですませて、ショートステイも使っていきたい。
介護認定審査会の意見及びサービスの種類の指定	
総合的な援助の方針	専門医療機関などの受診をしながら、認知症の症状を把握し、変化があればできることを一緒に考えます。 体調の変化、異常の早期発見に努め、緊急時の連絡体制を整えて安心してサービスを利用できるようにします。 デイサービスの利用を継続し、生活リズムの安定と入浴での清潔保持ができるように支援します。 介護負担の軽減のために、~~必要に応じてショートステイを利用します~~。必要な介護サービス等の利用を支援します。
生活援助中心型の算定理由	1.　一人暮らし　　2.　家族等が障害、疾病等　　3.　その他　（　　　）

第2表

居宅サービス計画書（2）

作成年月日　○○年　○○月　○○日

利用者名　　Ｂ　殿

居宅サービス計画作成者　氏名　○○　○○

生活全般の解決すべき課題（ニーズ）	援助目標 長期目標	（期間）	短期目標	（期間）	援助内容 サービス内容	※1	サービス種別	※2	頻度	期間
認知症の症状はあるが大きな混乱はない。これからも安心して落ち着いた生活を送りたい。	認知症の進行を緩やかにし、安全に生活できる。	○○.7.1～ ○○.6.30 （12ヵ月）	認知症とそのほかの基礎疾患が管理できる。	○○.7.1～ ○○.12.31 （6ヵ月）	治療・療養指導（介護方法や訓練内容）		認知症専門医・認知症疾患医療センター	長女	月１回	○○.7.1～ ○○.12.31 （6ヵ月）
			デイサービスの利用を継続し健康管理をしながら刺激のある生活を送る。	○○.7.1～ ○○.12.31 （6ヵ月）	他者との交流支援 レクリエーション 行事参加 個別機能訓練 バランス運動 口腔機能訓練 精神状態の観察 食事提供・送迎 定期的に本人の認知症状を評価		通所介護	○○デイサービス	週３回 （月水金）	○○.7.1～ ○○.12.31 （6ヵ月）
			介護者の負担を軽減することができる。	○○.7.1～ ○○.12.31 （6ヵ月）	バイタルチェック 一般状態観察 排泄介助・定期トイレ誘導 入浴の提供・食事・送迎		短期入所生活介護	特養◇◇苑	適宜	○○.7.1～ ○○.12.31 （6ヵ月）
					医療・介護・福祉等の相談		家族会「つどい」	▽▽センター	月１回	○○.7.1～ ○○.12.31 （6ヵ月）
			清潔な環境で安心して生活できる。	○○.7.1～ ○○.12.31 （6ヵ月）	掃除・洗濯・調理 排泄・更衣介助		家族	長女夫婦		○○.7.1～ ○○.12.31 （6ヵ月）
					排泄・更衣介助		訪問介護	△△訪問介護	週３回 （火木土）	○○.7.1～ ○○.12.31 （6ヵ月）
自宅での入浴は困難なので、介助を受けて安心して入りたい。	清潔を保ち快適に過ごす。	○○.7.1～ ○○.6.30 （12ヵ月）	介助を受けて安全に入浴できる。	○○.7.1～ ○○.12.31 （6ヵ月）	バイタルチェック 洗身・着脱介助 リハビリパンツ交換		通所介護	○○デイサービス	週３回	○○.7.1～ ○○.12.31 （6ヵ月）

※１「保険給付の対象となるかどうかの区分」について、保険給付対象内サービスについては○印を付す。
※２「当該サービス提供を行う事業所」について記入する。

6 まとめ

● 当初ケアプランにおける多職種連携の課題・ポイント

「できるだけ自宅で過ごさせたい」という長女の思いは、この事例における「強み」として高く評価できる要素であるが、それを尊重した結果として適切な医療や必要な介護が提供されていたかといえば疑問が残る。夜間不穏のために短期入所が使えずレスパイトができないという悪循環に加え、デイサービス利用日以外は施錠による外出制限があるなど、介護者のバーンアウトによる介護放棄に発展しかねない状況と判断できる。利用者支援の基本である健康管理のための医療アクセスと、介護者支援としての過不足のない介護サービスと精神的な支えについて再点検しながら、認知症の特性に合わせた生活支援の具体的方策について専門医等の指導助言を取り入れていくことが必要と思われる。

● モニタリングにおける多職種連携のポイント

デイサービスにおいては、訓練等の内容が本人の認知機能に合っているかどうかの確認を行う。

短期入所においては、問題となった夜間不穏の状態を具体的に確認する。

家族の思いや介護負担について、改めて聞き取りを行う。

自宅での1日の生活と介護の内容について確認を行う。

● 課題整理総括表・評価表により明らかになった多職種連携の課題

認知症の治療を自己判断で中止していたことから、専門医等への再受診でBPSDの緩和が期待できる。また、デイサービスでの訓練内容等についても専門的見地からの確認と助言を受けることが必要である。

主介護者である長女の介護負担について、精神的な支援も必要である。

● 多職種連携によるケアプランの見直しポイント

・病状の把握と適切な治療、療養指導によるBPSDの緩和と精神機能の維持。
・過不足のない介護サービスの提供。
・主介護者の心身両面に対する介護負担の軽減。

● まとめ（多職種連携の視点から）

・専門医の診断をもとに適切な治療と療養指導を受けることが基本となる。受診にあたっては、認知症疾患医療センターの窓口を活用するとともに、以後の在宅療養面のフォローアップにおいてもチームの一員として協働していく。
・介護負担軽減については、夜間不穏が緩和されることで短期入所によるレスパイトが再開できるほか、デイサービス利用日以外に訪問介護を活用することで介護不足も回避できる。
・介護者の精神的支援として「家族の会」等の自助グループへの参加を促してみる。

・介護支援専門員は自身を含め、かかわるチームメンバーから本人の言動に関する情報を積極的に収集しながら、本人の思いを代弁・共有する努力を継続する。

3 筋骨格系疾患と廃用症候群に関する事例

1 事例の概要

氏名：C さん

年齢：83 歳

性別：女性

要介護度：要介護 1

障害高齢者の日常生活自立度：A2

認知症である高齢者の日常生活自立度：Ⅰ

家族構成：夫とは離婚しており、子どもは長男、
長女ともに関東方面に在住。
現在 1 人暮らし。

ジェノグラム

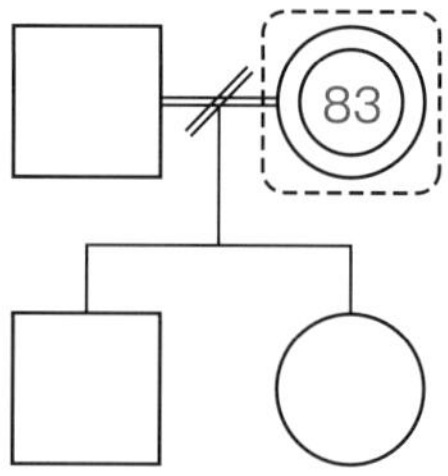

相談経路

心疾患、高血圧等で近医に通院していた。両膝関節痛で近医に通い局部注射を受けていた。両眼白内障で 2 年前に手術し、同時期に膀胱がんがみつかり手術した。1 年前に外出先で転倒し、左大腿骨頸部骨折で骨頭置換術が施行され、リハビリテーション病院でリハビリテーションを受け、退院した。生活面の不安などがあり、当居宅介護支援事業所に紹介となった。

生活歴

A 市で看護師として働いていた。夫とは離婚し、子どもが独立してからは 1 人暮らしであった。68 歳まで看護師として働き、その後は年金暮らしで、80 歳ごろからいろいろな病気にかかることが多くなった。両膝変形性股関節症があり、最近は歩行する距離が減ってきていた。

現在の生活状況

ベッド上の寝返り、起き上がりは自立しており、ベッド端座位は不安定ながら可能な状態である。左膝に－ 60°程の屈曲拘縮があり、立ち上がり、立位は右足中心で、つかまってなんとか可能。移乗動作は一部介助で、病院での車いす自操は可能である。

トイレ動作は自立しているが、尿意・便意が不確かであるため粗相をすることがあり、通常はオムツを使用している。整容動作と更衣動作はほぼ自立だが、入浴動作は一部介助である。食事動作

は自立している。

現在利用しているサービス

週3回40分の訪問介護と週2回のデイサービス。

2 アセスメント

❶健康状態	良好。身長150cm、体重62kg、BMI27.6と肥満度1。
❷ADL	食事、ベッド上の寝返り起き上がりは自立。入浴は一部介助、そのほかの目的動作は一部介助。
❸IADL	未遂行。
❹認知	良好。
❺コミュニケーション能力	問題なし。
❻社会との関わり	デイサービスでの職員および他利用者とのかかわりのみ。
❼排尿・排便	尿意便意が不確かなため、オムツ使用。
❽褥瘡・皮膚の問題	問題なし。
❾口腔衛生	問題なし。
❿食事摂取	自立。
⓫行動・心理症状	自発的な行動はほとんどなし。
⓬介護力	なし。
⓭居住環境	持ち家であるが、狭く、車いす生活に障壁が多い。
⓮特別な状況	特になし。

3 当初ケアプラン

第1表

居宅サービス計画書(1)

作成年月日　○○年○○月○○日

〔初回〕・紹介・継続　〔認定済〕・申請中

利用者名　C　殿　生年月日　○○年○○月○○日　住所　○○市○○町

居宅サービス計画作成者氏名　○○　○○

居宅介護支援事業者・事業所名及び所在地

居宅サービス計画作成(変更)日　○○年○○月○○日　初回居宅サービス計画作成日　○○年○○月○○日

認定日　○○年○○月○○日　認定の有効期間　○○年○○月○○日　～　○○年○○月○○日

要介護状態区分	〔要介護１〕・要介護２・要介護３・要介護４・要介護５
利用者及び家族の生活に対する意向	本人：転倒し、骨折、入院になった。リハビリを頑張り、なんとか自宅で生活できるようにもう少し特に歩行状態をよくしたい。 家族：自宅で１人暮らしができるように、本人が困らないように相談に乗ってほしい。
介護認定審査会の意見及びサービスの種類の指定	状態が安定しているため、認定有効期間を12か月に延長する。
総合的な援助の方針	本人、家族の意思を尊重してサービスの検討、調整をしていきます。 本人の状態に合わせて負担を軽減できるように、各サービスの調整を整えて支援していきます。
生活援助中心型の算定理由	1. 一人暮らし　2. 家族等が障害、疾病等　3. その他（　）

誰にでも当てはまることではなくてその人に本当に必要な援助の方針を書きます。

第2表

居宅サービス計画書（2）

利用者名　　C　殿　　　　　　　　　　作成年月日　○○年　○○月　○○日

生活全般の解決すべき課題（ニーズ）	援助目標 長期目標	（期間）	短期目標	（期間）	援助内容 サービス内容	※1	サービス種別	※2	頻度	期間
1人で暮らしていると、できないこともあって不安になることがある。家族に心配かけず、元気に過ごせるようにしたい。	自宅で自立した生活をすることができる。	○○.4.1～ ○○.3.31 (12ヵ月)	1日3食食べて、体力の維持ができる。	○○.4.1～ ○○.9.30 (6ヵ月)	訪問介護（生活援助） ・全身状態の観察 ・掃除、洗濯干し、買物、ゴミ出し等の家事	○	訪問介護		3回／週	○○.4.1～ ○○.9.30 (6ヵ月)
			健康に生活をすることができる。	○○.4.1～ ○○.9.30 (6ヵ月)	訪問介護（身体介護） ・受診前準備 ・車両乗降時、車中見守りおよび介助 ・受診援助（会計、主治医との情報交換） ・代理受診	○	訪問介護		受診時・希望時	○○.4.1～ ○○.9.30 (6ヵ月)
			身体に負担なく寝起きすることができる。	○○.4.1～ ○○.9.30 (6ヵ月)	福祉用具貸与 ・特殊寝台 ・特殊寝台付属品	○	福祉用具貸与		7回／週	○○.4.1～ ○○.9.30 (6ヵ月)
リハビリを頑張り、1人でできることが増えており、歩くことに不安は感じるが今の体調を維持して生活したい。	杖を使用せずに歩くことができる。	○○.4.1～ ○○.3.31 (12ヵ月)	施設の階段昇降を2往復できる。	○○.4.1～ ○○.9.30 (6ヵ月)	通所リハ ・健康状態の確認 身体機能に合わせた機能訓練の実施 ・送迎の提供 ・活動参加の促進	○	通所リハ		2回／週	○○.4.1～ ○○.9.30 (6ヵ月)
					下肢挙上等の運動 自宅付近や自宅内での歩行訓練		本人		随時	○○.4.1～ ○○.9.30 (6ヵ月)
デイサービスのお風呂には1人では入れるが、自宅では自信がない。知り合いもできており、通っていきたい。	日常を意欲的に過ごすことができる。	○○.4.1～ ○○.3.31 (12ヵ月)	定期的に他者とかかわることができる。	○○.4.1～ ○○.9.30 (6ヵ月)	通所介護 ・送迎 ・乗降、車中見守り ・入浴一部介助および見守り ・他者交流 ・食事提供 ・日常生活動作の向上支援	○	通所介護		2回／週	○○.4.1～ ○○.9.30 (6ヵ月)

期間は変化がありそうなら短く設定します。

全体的に頻度も検討します。

リハビリテーションの内容をもう少し具体的にわかりやすくします。

入浴ができないからやってあげるプランや受け身的プランは、ADLの維持・改善につながりません。積極的に本人が自ら動くプランにしましょう。

※1 「保険給付の対象となるかどうかの区分」について、保険給付対象内サービスについては○印を付す。
※2 「当該サービス提供を行う事業所」について記入する。

4 課題整理総括表・評価表

課題整理総括表

利用者名　C　殿

作成日　〇〇年〇〇月〇〇日

自立した日常生活の阻害要因（心身の状態、環境等）	① 歩行の不安定性	② 入浴の不安	③ IADL一部介助
	④ 不活動性	⑤ 1人暮らし	⑥

利用者及び家族の生活に対する意向	

状況の事実※1		現在※2	要因※3	改善/維持の可能性※4	備考（状況・支援内容等）
移動	室内移動	(自立)　見守り　一部介助　全介助		改善　(維持)　悪化	・室内移動は杖歩行でゆっくり行うならば可能。ただし、屋外歩行は不安定なため、見守りが必要である。
	屋外移動	自立　(見守り)　一部介助　全介助	①④	(改善)　維持　悪化	
食事	食事内容	(支障なし)　支障あり		改善　(維持)　悪化	・食事は自立しているが、調理に難がある。簡単なお惣菜などの移し替え、電子レンジの使用は可能である。
	食事摂取	(自立)　見守り　一部介助　全介助		改善　(維持)　悪化	
	調理	自立　見守り　(一部介助)　全介助	③	改善　(維持)　悪化	
排泄	排尿・排便	(支障なし)　支障あり		改善　(維持)　悪化	・身のまわりのことはほとんど可能であるが、手段的日常生活活動は行うことができていない。積極的に動くことをしておらず、依存的である。
	排泄動作	(自立)　見守り　一部介助　全介助		改善　(維持)　悪化	
口腔	口腔衛生	(支障なし)　支障あり		改善　(維持)　悪化	
	口腔ケア	(自立)　見守り　一部介助　全介助		改善　(維持)　悪化	
服薬		(自立)　見守り　一部介助　全介助		改善　(維持)　悪化	
入浴		自立　見守り　(一部介助)　全介助	②	(改善)　維持　悪化	・入浴はデイサービスで1人で入浴しているが、見守られている安心感があり、自宅では入浴していない。
更衣		(自立)　見守り　一部介助　全介助		改善　(維持)　悪化	
掃除		自立　見守り　(一部介助)　全介助	③④	改善　(維持)　悪化	
洗濯		自立　見守り　(一部介助)　全介助	③④	改善　(維持)　悪化	
整理・物品の管理		自立　見守り　(一部介助)　全介助	③④	改善　(維持)　悪化	
金銭管理		自立　見守り　(一部介助)　全介助	③④	改善　(維持)　悪化	
買物		自立　見守り　(一部介助)　全介助	③④	改善　(維持)　悪化	
コミュニケーション能力		(支障なし)　支障あり		改善　(維持)　悪化	
認知		(支障なし)　支障あり		改善　(維持)　悪化	
社会との関わり		(支障なし)　支障あり		改善　(維持)　悪化	
褥瘡・皮膚の問題		(支障なし)　支障あり		改善　(維持)　悪化	
行動・心理症状（BPSD）		(支障なし)　支障あり		改善　(維持)　悪化	
介護力（家族関係含む）		支障なし　(支障あり)	⑤	改善　(維持)　悪化	・夫とはずいぶん前に離婚しており、2人の子どもは関東地方に在住しており、独居である。
居住環境		支障なし　(支障あり)	①④	改善　(維持)　悪化	・家は持ち家であるが、古い住居で段差が多く、手すりの設置などはされていない。
				改善　維持　悪化	

見通し※5	生活全般の解決すべき課題（ニーズ）【案】	※6
・独居により1人で生活するのに不安を感じている。 ・調理はできず、栄養面を考えると、援助していく必要がある。	1人で暮らしていると、できないこともあって不安になることがある。家族に心配をかけず、元気に過ごせるようにしたい。	1
	今まで頑張ってリハビリをしてきて、1人でもできることが多くなったと思う。歩くことに不安は感じるが、今の体調を維持して、頑張って生活したい。	2
・入浴は不安を解消しなければならず、清潔を心がけることも含め、支援が必要である。	デイサービスのお風呂には1人で入ることができるようになった。自宅ではまだ不安なので続けたい。また、知り合いと会うことが楽しみなので、これからも続けていきたい。	3
・1人で生活するためには、IADLなどの応用的な日常生活活動の支援をしていく必要がある。		

※1　本書式は総括表でありアセスメントツールではないため、必ず別に詳細な情報収集・分析を行うこと。なお「状況の事実」の各項目は課題分析標準項目に準拠しているが、必要に応じて追加して差し支えない。
※2　介護支援専門員が収集した客観的事実を記載する。選択肢に○印を記入。
※3　現在の状況が「自立」あるいは「支障なし」以外である場合に、そのような状況をもたらしている要因を、様式上部の「要因」欄から選択し、該当する番号（丸数字）を記入する（複数の番号を記入可）。
※4　今回の認定有効期間における状況の改善／維持／悪化の可能性について、介護支援専門員の判断として選択肢に○印を記入する。

※5　「要因」および「改善／維持の可能性」を踏まえ、要因を解決するための援助内容と、それが提供されることによって見込まれる事後の状況（目標）を記載する。
※6　本計画期間における優先順位を数字で記入。ただし、解決が必要だが本計画期間に取り上げることが困難な課題には「－」印を記入。

評　価　表

利用者名　　C　殿　　　　　　　　　　　　　　作成年月日　○○年　○○月　○○日

短期目標	（期間）	援助内容			結果	コメント
		サービス内容	サービス種別	※1	※2	（効果が認められたもの／見直しを要するもの）
1日3食食べて、体力の維持ができる。	○○.4.1～○○.9.30（6ヵ月）	全身状態の観察	訪問介護	A 訪問介護	◎	全身状態の観察が問題なくできていた。
		掃除、洗濯干し、買物、ゴミ出し等の家事			◎	買い出し等の家事援助が滞りなくできていた。
健康に生活をすることができる。	○○.4.1～○○.9.30（6ヵ月）	受診前準備	訪問介護	A 訪問介護	◎	受診前準備をしっかり遂行していた。
		車両乗降時車中見守り・介助			◎	けがなく車両乗降ができていた。
		受診援助			◎	トラブルなく受診援助ができていた。
身体に負担なく寝起きすることができる。	○○.4.1～○○.9.30（6ヵ月）	特殊寝台	福祉用具貸与	B 福祉用具業者	◎	特殊寝台、および付属品を有効に使用していた。
		特殊寝台付き付属品			◎	
施設の階段昇降を2往復できる。	○○.4.1～○○.9.30（6ヵ月）	健康状態確認	通所リハ	C 通所リハ	◎	身体機能を確認しての運動を行っていた。
		身体機能に合わせた機能訓練			◎	階段昇降を中心に機能訓練ができていた。
		送迎提供　活動参加の促進 下肢挙上等の運動 自宅付近・自宅内での歩行訓練	本人		◎ △	活動にしっかり参加できた。 下肢挙上運動は行わないことが多かった。 自宅付近での歩行は行わないことが多かった。
定期的に他者とかかわることができる。	○○.4.1～○○.9.30（6ヵ月）	送迎　乗降　車内見守り	通所介護	D 通所介護	◎	送迎時、車内では、他者との会話があった。
		入浴一部介助および、見守り			◎	入浴も一部介助と見守りで行った。
		他者交流　食事提供 日常生活動作の向上支援（機能訓練） 自らできるよう声かけ。環境整備			◎ ◎	食事時に他の利用者と交流する様子がみられた。 日常生活動作の向上のための支援を継続した。

※1 「当該サービスを行う事業所」について記入する。　※2　短期目標の実現度合いを5段階で記入する（◎：短期目標は予想を上回って達せられた、○：短期目標は達せられた（再度アセスメントして新たに短期目標を設定する）、△：短期目標は達成可能だが期間延長を要する、×1：短期目標の達成は困難であり見直しを要する、×2：短期目標だけでなく長期目標の達成も困難であり見直しを要する）

5 多職種連携の視点からの修正ケアプラン

第1表

居宅サービス計画書(1)

作成年月日　○○年○○月○○日

初回・紹介・継続　　認定済・申請中

利用者名　C　殿　　生年月日　○○年○○月○○日　　住所　○○市○○町

居宅サービス計画作成者氏名　○○　○○

居宅介護支援事業者・事業所名及び所在地

居宅サービス計画作成(変更)日　○○年 ○○月 ○○日　　初回居宅サービス計画作成日　○○年 ○○月 ○○日

認定日　○○年○○月○○日　　認定の有効期間　○○年 ○○月○○日　～　○○年○○月○○日

要介護状態区分	要介護1・要介護2・要介護3・要介護4・要介護5
利用者及び家族の生活に対する意向	本人：転倒し、骨折、入院になった。リハビリを頑張り、なんとか自宅で生活できるようにもう少し特に歩行状態をよくしたい。 家族：自宅で1人暮らしができるように、本人が困らないように相談に乗ってほしい。
介護認定審査会の意見及びサービスの種類の指定	状態が安定しているため、認定有効期間を12か月に延長する。
総合的な援助の方針	~~本人、家族の意思を尊重してサービスの検討、調整をしていきます。~~ ~~本人の状態に合わせて負担を軽減できるように、各サービスの調整を整えて支援していきます。~~ 本人が不安なく在宅生活を送れるように、移動能力を高め、自宅内での行動範囲が広くなるよう自立生活を支援していきます。 移動能力の向上を意欲へ結びつけ、いきいきと在宅生活をするために支援していきます。
生活援助中心型の算定理由	1. 一人暮らし　2. 家族等が障害、疾病等　3. その他（　）

第2表

居宅サービス計画書（2）

利用者名　　C　殿　　　　　　　　　　　　　　作成年月日　〇〇年　〇〇月　〇〇日

生活全般の解決すべき課題（ニーズ）	援助目標 長期目標	（期間）	短期目標	（期間）	援助内容 サービス内容	※1	サービス種別	※2	頻度	期間
1人で暮らしているとできないこともあって不安になることがある。家族に心配かけず、元気に過ごせるようにしたい。	自宅で自立した生活をすることができる。	〇〇.4.1～ ~~〇〇.3.31~~ 〇〇.9.30 ~~(12ヵ月)~~ (6ヵ月)	1日3食食べて、体力の維持ができる。	〇〇.4.1～ ~~〇〇.9.30~~ 〇〇.6.30 ~~(6ヵ月)~~ (3ヵ月)	訪問介護（生活援助） ・全身状態の観察 ・掃除、洗濯干し、買物、ゴミ出し等の家事	○	訪問介護		~~3回／週~~ 2回／週	〇〇.4.1～ ~~〇〇.9.30~~ 〇〇.6.30 ~~(6ヵ月)~~ (3ヵ月)
			健康に生活をすることができる。	〇〇.4.1～ ~~〇〇.9.30~~ 〇〇.6.30 ~~(6ヵ月)~~ (3ヵ月)	訪問介護（身体介護） ・受診前準備 ・車両乗降時、車中見守りおよび介助 ・受診援助（会計、主治医との情報交換） ・代理受診	○	訪問介護		受診時・希望時	〇〇.4.1～ ~~〇〇.9.30~~ 〇〇.6.30 ~~(6ヵ月)~~ (3ヵ月)
			身体に負担なく寝起きすることができる。	〇〇.4.1～ ~~〇〇.9.30~~ 〇〇.6.30 ~~(6ヵ月)~~ (3ヵ月)	福祉用具貸与 ・特殊寝台 ・特殊寝台付属品	○	福祉用具貸与		7回／週	〇〇.4.1～ ~~〇〇.9.30~~ 〇〇.6.30 ~~(6ヵ月)~~ (3ヵ月)
リハビリを頑張り、1人でできることが増えており、歩くことに不安は感じるが今の体調を維持して生活したい。	杖を使用せずに歩くことができる。	〇〇.4.1～ ~~〇〇.3.31~~ 〇〇.9.30 ~~(12ヵ月)~~ (6ヵ月)	施設の階段昇降を2往復できる。	〇〇.4.1～ ~~〇〇.9.30~~ 〇〇.6.30 ~~(6ヵ月)~~ (3ヵ月)	通所リハ ・健康状態の確認 ~~・身体機能に合わせた機能訓練の実施~~ ~~・送迎の提供~~ ~~・活動参加の促進~~ ・下肢筋力強化訓練 ・立位バランス訓練 ・杖歩行訓練 ・階段昇降訓練	○	通所リハ		2回／週	〇〇.4.1～ ~~〇〇.9.30~~ 〇〇.6.30 ~~(6ヵ月)~~ (3ヵ月)
					~~下肢挙上等の運動~~ ~~自宅付近や自宅内での歩行訓練~~		~~本人~~		~~随時~~	~~〇〇.4.1～~~ ~~〇〇.9.30~~ ~~(6ヵ月)~~
~~デイサービスのお風呂には1人では入れるが、自宅では自信がなく、知り合いもできており、通っていきたい。~~ 1人で生活するのに自信がない。入浴ができるか、自宅では自信がないので、支援してほしい。	日常を意欲的に過ごすことができる。	〇〇.4.1～ ~~〇〇.3.31~~ 〇〇.9.30 ~~(12ヵ月)~~ (6ヵ月)	定期的に他者とかかわることができる。	〇〇.4.1～ ~~〇〇.9.30~~ 〇〇.6.30 ~~(6ヵ月)~~ (3ヵ月)	~~通所介護~~ ~~・送迎~~ ~~・乗降、車中見守り~~ ~~・入浴　一部介助および見守り~~ ~~・他者交流~~ ~~・食事提供~~ ~~・日常生活動作の向上支援~~ 訪問リハビリ ・食事の準備・片づけ訓練 ・掃除・洗濯などの日常生活訓練 ・入浴動作訓練 ・自宅周辺での応用歩行訓練	○	~~通所介護~~ 訪問リハビリ		~~2回／週~~ 1回／週	〇〇.4.1～ ~~〇〇.9.30~~ 〇〇.6.30 ~~(6ヵ月)~~ (3ヵ月)

※1 「保険給付の対象となるかどうかの区分」について、保険給付対象内サービスについては○印を付す。
※2 「当該サービス提供を行う事業所」について記入する。

6 まとめ

● 当初ケアプランにおける多職種連携の課題・ポイント

当初のケアプランでは、日常生活を養護して在宅生活を継続していこうという意向が強く、自立支援の観点が少なかった。リハビリテーションにおいては、何が問題で歩行ができないのか、歩行の予後予測が全体的に認識されていなかった。理学療法士等からの申し出を有効に活用することも大切である。

● モニタリングにおける多職種連携のポイント

今回の左大腿骨頸部骨折による人工骨頭置換術の他に、心疾患を中心に、膀胱がんなどいろいろな疾患の既往歴がある。さらに、膝痛での通院があり、アセスメント表では明らかになっていないが、おそらく両膝変形性膝関節症と考える。BMI が肥満度 1 であり、体重をコントロールし、活動的な生活を行うようにすることが重要である。

● 課題整理総括表・評価表により明らかになった多職種連携の課題

今の生活をこのまま維持していきたいという消極的な課題整理になっており、活動をしてもらうような意識がみられず、不安解消のための手厚いケアをしていく方向性になっている。特に、不活発な活用によって、ややロコモティブシンドロームの様相を呈している利用者であり、そういう認識を各専門職がもつことが重要である。

● 多職種連携によるケアプランの見直しポイント

介護保険によるフォーマルサービスとしては、訪問介護、通所リハビリテーション、訪問リハビリテーションとした。訪問介護については、生活を援助するということで、あくまでも利用者の手伝いをするようなケアを心がけるようにした。通所リハビリテーションでは、主に理学療法士による、身体機能をしっかりと評価をして、筋力強化やバランス訓練などの歩行に結びつく基本的な身体能力の回復を中心にアプローチすることになった。また、訪問リハビリテーションでは、主に作業療法士により、家事動作などの IADL と入浴、応用歩行を中心にアプローチし、基本的な身体能力を実際場面で使えるようにしようと考えた。

● まとめ（多職種連携の視点から）

後期高齢者の 83 歳、1 人暮らしの利用者で、一部の生活が不安だという訴えがある事例である。しかし、利用者の言うことをそのまま受け取ってケアプランを立ててしまうと、やってあげるケアプランになってしまう。

まずは、身体機能の評価により、何が原因でこのような状態になってしまったのかを分析し、しっかりと身体機能を向上するようなアプローチをしながら、在宅生活を活動的にすることを前提に、支えていくプランを立案することが必要である。そのためには、身体機能を評価できる理学療法士等のリハビリテーション職の評価と身体機能に対する見解を参考にしていく必要がある。

　さらに、定期的なモニタリングにおいて、身体機能を中心とした評価をしっかりと行い、効果判定をして次のプランに結びつけるようにしていくことが重要である。

4 内臓の機能不全に関する事例

1 事例の概要

氏名：Ｄさん

年齢：65歳

性別：男性

要介護度：要介護２

障害高齢者の日常生活自立度：B1

認知症である高齢者の日常生活自立度：Ⅱａ

家族構成：本人・妻・次女家族との５人暮らし

ジェノグラム

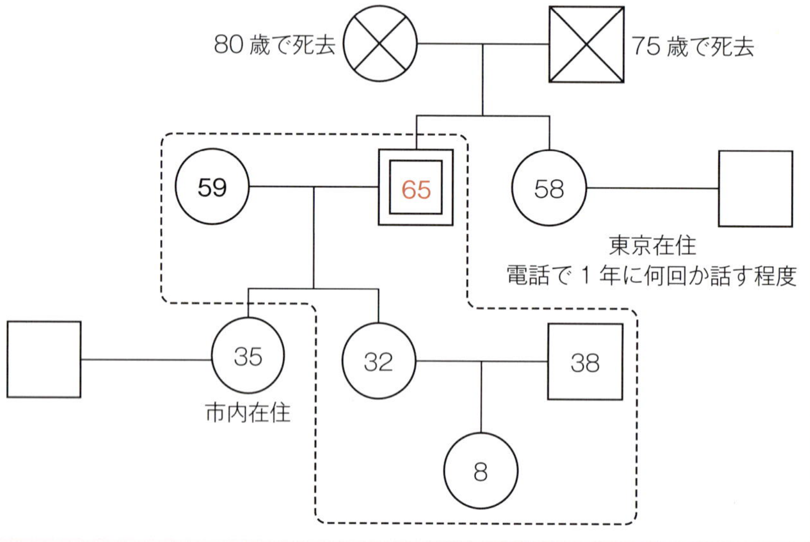

相談経路

平成29年８月７日、胃がんにて手術目的でＫ病院外科に入院し、10日に胃全摘出術が施行された。術後入院中８月27日に脳梗塞を発症し、すぐに同病院脳外科にて血栓除去術が施行されたが、右片麻痺・軽度の構音障害が残った。半月の治療後、９月20日には在宅復帰を目的として回復期病院であるＣ病院へ転院となった。

10月13日、Ｃ病院医療連携室ソーシャルワーカーから当居宅介護支援センターへ、自宅住所地が近いこと、家族が担当を希望しているということから居宅介護支援の依頼の電話連絡があった。10月下旬には退院予定とのことで、介護保険は要介護２との通知が来たということであった。

妻に電話で連絡をとり、病院での初回面接日程を調整し、10月16日に病院を訪問しアセスメントを施行した。

生活歴

昭和 28 年に B 市で生まれ、高校卒業後は水産加工会社に勤務し生計を立て、23 歳で結婚、娘 2 人が生まれる。生活は朝早く 5 時に出勤し昼過ぎには帰宅。それから 16 時ぐらいから飲酒するという生活が、胃がんを発症するまで続いて、休日は家族でドライブや旅行をするのが好きだった。また、花が好きで、自宅の庭でも花壇の手入れなどを妻と一緒に楽しんでいた。長女は結婚し市内に在住。次女家族と同居しているが、次女夫婦は会社員で日中不在。妻はパートで仕事をしていたが、D さんの入院を機に退職。胃がんは 6 月に妻の勧めで受けた健康診断でみつかり、治療が開始となる。

現在の生活状況

入院中は規則正しい生活をしているので、朝の 6 時に起床し 22 時消灯。今後のことをあれこれ考えて眠れない日もあり睡眠導入剤を服用している。

食事は 1 回量が多すぎて嘔吐することもある。また、体力が低下しているのでふらつきもあり歩行不安定で院内移動は車いす自操。元の身体に戻れるのか不安だが、1 日も早く家に帰って好きなものを食べたい。

現在利用しているサービス

通所リハビリ　週 2 回

福祉用具貸与　特殊寝台・特殊寝台付属品貸与（ベッド柵 2 本・テーブル）・車いす

2 アセスメント

❶健康状態	平成 29 年 8 月 10 日、胃がんにて胃全摘出術施行。入院中は 1 日 5 回食（常食 3 回・ゼリーなどの補食 2 回）。嘔吐することもある。 8 月 27 日、脳梗塞を発症し血栓除去術施行。高血圧症の治療もその後開始となる。降圧剤服用中（アムロジピン 5mg 朝服用）。脳梗塞再発予防薬服用中（チクロピジン塩酸塩錠 100mg 朝夕）。 右上下肢に中度の麻痺、感覚障害、注意力低下、構音障害あり。リハビリ中。 40 歳代のころ、ラクナ脳梗塞で後遺症なし。高血圧を指摘されたが内服薬治療は 50 歳代には治ったと自己判断で中止。 体重減少あり。入院前身長 170cm、体重 67kg。現在体重 58kg。

❷ADL	移動：車いすを自操し院内移動。リハビリでは1本杖で歩行訓練中だがふらつきあり。長距離・段差は1人では困難。退院後の屋内移動について検討必要。
❸IADL	入院中により全介助。退院後は妻と2人の娘が生活に必要な身のまわりの介助をする予定。退院後も麻痺側のリハビリが継続されることで、自分でできることがあるのではと思われる。入院前は家事全般は妻が行っていたが、買い物や金銭管理は自分で行うこともあった。
❹認知	認知機能は比較的保たれてはいる。病識についての理解力が低いのか、塩辛いものが好きなので退院したら食べたいとの発言がある。
❺コミュニケーション能力	軽度の構音障害から聞き取りにくい言葉があるが、聞き返したりゆっくり話してもらうことで日常会話は可能。言葉が思うように出ないときや相手に伝わらないときはもどかしい気持ちになる。
❻社会との関わり	入院中なので同室者や看護師との会話は弾んで社交的。入院前は職場や近所の友人といつも宴会や食事を楽しむ機会があり交流が多かった。退院後は、そのような付き合いも前のようにできないのかと苦笑している。
❼排尿・排便	尿意・便意はあるが、間に合わないことがあるのでリハビリパンツ使用。排尿は、日中はトイレへ車いすを自操し移動。1人でトイレに入る。ズボンの上げ下ろしについて介助すると、1人で便座に座って用を足すことができる。夜間の排尿は病院では尿器使用。使いこなすことはできている。後始末に介助必要。
❽じょく瘡・皮膚の問題	問題なし。かさつきがあれば保湿クリームを自分か妻が塗布。
❾口腔衛生	毎食後歯みがきを自分で行っている。部分入れ歯もあるが自分で洗浄している。
❿食事摂取	1日5回食（常食3回・ゼリーなどの補食2回）。 仕事柄もともと早く食べる習慣があり、胃術後食だと特に1回量が少なく、口に入れる量が多くてあっという間に食べてしまう。その後、嘔吐することもあるのでゆっくり噛んで食べることを病院で指導されている。退院後も家族が見守っていないと嘔吐する可能性あり。食後すぐにリハビリすると嘔吐がみられる。
⓫行動・心理症状	今後のことを考えて眠れないことがある。寝る前にハルシオン0.25mg服用中。病院食は飽きてしまった、ラーメンが食べたい、美味しい食事がしたい、味のついた食事を帰ったら食べる等の発言が聞かれる。1日も早く退院したいと話している。

⑫介護力	入院後、妻はパートの仕事を辞めて、毎日身のまわりの世話をするために面会に来ている。夫は家族と過ごす時間がとても好きだったので、退院後は自分が介護を頑張りたいと考えている。同居の次女は仕事があり介護は難しいが、休みが合えば通院などは頼みたいと思っている。長女は別居だが市内に住むので、仕事が休みのときは介護に協力したいと話している。ただ、どの程度の介護が必要でどうすればいいのかがわからないので不安である。屋内移動・入浴・調理・外出等妻 1 人では大変だと感じていて自信がないとのこと。家族関係は良好。
⑬居住環境	玄関前に砂利があって 10cm の段差。玄関上がり框段差 27cm、寝室・トイレの出入り口に 6cm 段差。自宅内に手すりなし。
⑭特別な状況	特になし。

3 当初ケアプラン

第1表

居宅サービス計画書(1)

作成年月日　○○年○○月○○日

初回・紹介・継続　　認定済・申請中

利用者名　D　殿　　生年月日　○○年○○月○○日　　住所　○○市○○町

居宅サービス計画作成者氏名　○○　○○

居宅介護支援事業者・事業所名及び所在地

居宅サービス計画作成(変更)日　○○年○○月○○日　　初回居宅サービス計画作成日　○○年○○月○○日

認定日　○○年○○月○○日　　認定の有効期間　○○年○○月○○日　～　○○年○○月○○日

要介護状態区分	要介護1　・　要介護2　・　要介護3　・　要介護4　・　要介護5
利用者及び家族の生活に対する意向	本人：1日も早く退院したい。 妻：家に帰ってからの生活が不安。食事ができてトイレへ行けるようになってほしい。
介護認定審査会の意見及びサービスの種類の指定	なし
総合的な援助の方針	自宅の生活に慣れ、楽しみを持ちながら過ごすことができるように支援します。 ①玄関やトイレ、洗面所の住環境を整えます。　主治医：○○○－○○○－○○○○ ②リハビリを行い機能訓練をします。　通所リハビリ：○○○－○○○－○○○○ ③入浴ができるようにします。　緊急連絡先：○○○－○○○－○○○○ 住宅改修・福祉用具：○○○－○○○－○○○○
生活援助中心型の算定理由	1.　一人暮らし　　2.　家族等が障害、疾病等　　3.　その他（　　　）

退院して何をしたいのか。退院後どう暮らしていきたいのか。意向を具体的に確認します。

何に対する不安があるのか。夫とどう生きていきたいのか。他の家族の思いはどうなのか。意向を具体的に確認します。

リハビリと入浴と住宅改修と福祉用具があれば本人は自立した生活ができ、その生活に満足できるのかを考えてみましょう。

第2表

居宅サービス計画書（2）

利用者名　　D　殿　　　　　　作成年月日　○○年　○○月　○○日

生活全般の解決すべき課題（ニーズ）	援助目標 長期目標	（期間）	短期目標	（期間）	援助内容 サービス内容	※1	サービス種別	※2	頻度	期間
転倒せずに移動したい。	転倒せずに自宅内を移動できる。	○○.11.1～○○.1.31（3ヵ月）	自宅の環境に慣れる。	○○.11.1～○○.1.31（3ヵ月）	自宅内での環境に合わせて歩行訓練を行う。	○	通所リハビリ	Cセンター	週2回	○○.11.1～○○.1.31（3ヵ月）
					転倒予防のための段差解消と手すり設置。	○	住宅改修	D事業所		○○.11.1～○○.1.31（3ヵ月）
					特殊寝台とテーブル・ベッド柵レンタル・車いす。	○	福祉用具貸与	Eレンタル		○○.11.1～○○.1.31（3ヵ月）
					トイレ移動と排泄介助と妻への指導。		妻	妻		○○.11.1～○○.1.31（3ヵ月）
					トイレ移動と排泄介助。	○	通所リハビリ	Cセンター	週2回	○○.11.1～○○.1.31（3ヵ月）
体調を崩さないようにしたい。	健康管理を心がけて体調が安定する。	○○.11.1～○○.1.31（3ヵ月）	食事量や薬の飲み忘れがなく体調がよい。	○○.11.1～○○.1.31（3ヵ月）	食事は時間をかけてゆっくり食べる。		本人	本人	毎日	○○.11.1～○○.1.31（3ヵ月）
					薬の飲み忘れがないよう手渡す。		妻	妻	毎日	○○.11.1～○○.1.31（3ヵ月）
			定期的に通院できる。	○○.11.1～○○.1.31（3ヵ月）	通院介助。		長女・妻	家族	適宜	○○.11.1～○○.1.31（3ヵ月）
お風呂に入って清潔にしたい。	定期的に入浴や着替えができる。	○○.11.1～○○.1.31（3ヵ月）	身体や衣類が清潔である。	○○.11.1～○○.1.31（3ヵ月）	入浴準備・洗身介助・浴室での移動介助。	○	通所リハビリ	Cセンター	週2回	○○.11.1～○○.1.31（3ヵ月）
					入浴準備・洗身介助・浴室での移動介助。		妻	妻	週2回	○○.11.1～○○.1.31（3ヵ月）
					シャワーチェアー・すべり止めマット購入。	○	福祉用具購入	Eレンタル		○○.11.1～○○.1.31（3ヵ月）

自宅内だけの移動で良いのか。家とリハビリの移動だけで家での生活を生きがいの持てるものにできるのかどうか、どんな生活をしていきたいのかアセスメントします。

健康管理の心がけとは具体的にどんな目標かが不明です。薬を服用しゆっくり食べることができるような働きかけは他にないか考えてみましょう。

移動・外出に妻・家族は不安を抱いているので、車いすでの通院介助が家族だけでできるか確認が必要です。

自宅での入浴介助の妻の不安はどこにあるのかを把握して課題ニーズとして解決できる方法を考えてみましょう。

※1　「保険給付の対象となるかどうかの区分」について、保険給付対象内サービスについては○印を付す。
※2　「当該サービス提供を行う事業所」について記入する。

4 課題整理総括表・評価表

課題整理総括表

利用者名　D　殿

作成日　〇〇年 〇〇月〇〇日

自立した日常生活の阻害要因（心身の状態、環境等）	① 胃全摘出術後で消化機能が悪い。 ② 脳梗塞後遺症で院内移動車いす生活。 ③ 軽度構音障害で言葉が聞き取りにくい。 ④ 脳梗塞再発の恐れがある。 ⑤ 今後のことを考えると不眠がち。 ⑥ 家族が介護に不安がある。

利用者及び家族の生活に対する意向	本人：1日も早く退院したい。また、おいしい食事を食べたい。家族で出かけたい。 妻：家に帰ってからの生活が不安。食事ができてトイレに行けるようにリハビリをして欲しい。

状況の事実※1		現在※2	要因※3	改善/維持の可能性※4	備考（状況・支援内容等）
移動	室内移動	自立　見守り　**一部介助**　全介助	②	**改善**　維持　悪化	8月10日胃全摘出術施行し、その後脳梗塞発症右片麻痺あり。1本杖歩行リハビリ訓練中だがふらつきあり。院内フラット床面であれば車いす自操可能。屋外は押してもらう。
	屋外移動	自立　見守り　一部介助　**全介助**	②	**改善**　維持　悪化	
食事	食事内容	支障なし　**支障あり**	①	改善　**維持**　悪化	
	食事摂取	自立　**見守り**　一部介助　全介助	①	**改善**　維持　悪化	5回食（3回常食+2回間食）だが早く食べる習慣・口に入れる量が多いことからダンピング症候群あり。
	調理	自立　見守り　一部介助　**全介助**	②	改善　**維持**　悪化	
排泄	排尿・排便	支障なし　**支障あり**	②	改善　**維持**　悪化	尿意・便意あるが間に合わないことがあるのでリハビリパンツ使用。汚れると取り替えるが上げ下げに妻やナースが介助。車いすで1人でトイレへ行きズボンの上げ下げを妻やナースが介助すると便器へ座って用を足せる。夜間は尿器使用し使いこなせるが後始末は妻やナースが介助。
	排泄動作	自立　見守り　**一部介助**　全介助	②	改善　**維持**　悪化	
口腔	口腔衛生	支障なし　**支障あり**	②	改善　**維持**　悪化	毎食後車いすで洗面所へ行き歯みがき自立。部分入歯洗浄自立。虫歯があるが今のところ痛みなし。
	口腔ケア	**自立**　見守り　一部介助　全介助		改善　**維持**　悪化	
服薬		自立　見守り　**一部介助**　全介助	②④	改善　**維持**　悪化	病院ではナースが1回分ずつ手渡したのを自分で服用している。
入浴		自立　見守り　一部介助　**全介助**	②	改善　**維持**　悪化	入院中は、入浴介助はナースが行っている。更衣は右麻痺があるためズボンの上げ下げ・ボタン掛け・袖を通すのに介助あり。
更衣		自立　見守り　**一部介助**　全介助	②	**改善**　維持　悪化	
掃除		自立　見守り　一部介助　**全介助**	②	改善　**維持**　悪化	
洗濯		自立　見守り　一部介助　**全介助**	②	改善　**維持**　悪化	
整理・物品の管理		自立　見守り　一部介助　**全介助**	②	改善　**維持**　悪化	家事は元々全て妻が行っていた。金銭管理や買い物は移動できないので1人で行けない。代行して妻が介助。
金銭管理		自立　見守り　一部介助　**全介助**	②	改善　**維持**　悪化	
買物		自立　見守り　一部介助　**全介助**	②	改善　**維持**　悪化	
コミュニケーション能力		支障なし　**支障あり**	③	**改善**　維持　悪化	軽度の構音障害があり聞き取りにくい言葉があるが、聞き返したり確認しながら話してもらうと聞き取れる。言葉が思うように伝わらないともどかしい気持ちになる。病識理解が乏しいので食事指導をしても忘れてパクパク食べて吐いたりしている。
認知		支障なし　**支障あり**	②	**改善**　維持　悪化	
社会との関わり		支障なし　**支障あり**	②③	**改善**　維持　悪化	同室者やナースと会話し社交的。入院前は家に人が集まっていたが、退院後は同じような付き合いができないと感じている。今後のことを考えて眠れないので入眠導入剤服用中。
褥瘡・皮膚の問題		**支障なし**　支障あり		改善　**維持**　悪化	
行動・心理症状（BPSD）		支障なし　**支障あり**	⑤	**改善**　維持　悪化	1日も早く退院して家に帰りたいと感じている。
介護力（家族関係含む）		支障なし　**支障あり**	①②③④⑥	**改善**　維持　悪化	妻が日中1人で介護することや転ばせたらどうしようかと不安である。
居住環境		支障なし　**支障あり**	②⑤	**改善**　維持　悪化	段差があり手すりがないので移動困難。
				改善　維持　悪化	

見通し※5	生活全般の解決すべき課題（ニーズ）【案】	※6
右下肢の機能が回復し移動が安定すると庭の手入れができるようになる。また、家族でドライブを楽しむこともできるようになる。	転倒せずに移動したい。 65歳という年齢から、退院後の生活の回復に向けて意欲を向上できるよう、現実的な目標に向かう見通しを立てることで、専門職がどうかかわるかがみえてきます。	1
消化のよいものをよく噛んでゆっくり少しずつ食事を摂ることができれば、嘔吐がなくなりおいしく食事を楽しむことができるようになる。体力も回復できる。	おいしく食事を楽しみたい。 おいしく楽しんで食事ができるようになるためには、胃切除術後の食事摂取方法や調理方法等、退院後継続して相談できる体制をつくると、家族や本人も安心します。	2
右上肢の機能が回復すれば、排泄時のズボン上げ下げや更衣・入浴時の洗身について自分でできるようになる。	自分でできることは自分でするようになりたい。 入浴介助に対する不安を妻が抱えています。どうなれば安全にスムーズに入浴できるようになるのかをイメージできれば妻も安心できると思います。	3
玄関・自宅内の段差がなく転倒の危険性がなくなると安定した移動ができ、自分でできることが増えて妻の介護負担も軽減できる。	元気に自宅で暮らし続けたい。 院内の移動とは違い、自宅での移動が困難になると、行動範囲が狭くなり機能低下が予想されます。生活リハビリテーションや環境整備は専門職からの助言が必要です。	4
会話がスムーズで病気前のように友人や家族と交流することができれば、楽しい時間を過ごせ悩みが解消されて元気になる。	友人や家族と楽しく過ごしたい。	5
脳梗塞再発を防ぎ、健康に過ごすことができる。	元気に自宅で暮らし続けたい。	4

※1　本書式は総括表でありアセスメントツールではないため、必ず別に詳細な情報収集・分析を行うこと。なお「状況の事実」の各項目は課題分析標準項目に準拠しているが、必要に応じて追加して差し支えない。
※2　介護支援専門員が収集した客観的事実を記載する。選択肢に〇印を記入。
※3　現在の状況が「自立」あるいは「支障なし」以外である場合に、そのような状況をもたらしている要因を、様式上部の「要因」欄から選択し、該当する番号（丸数字）を記入する（複数の番号を記入可）。
※4　今回の認定有効期間における状況の改善／維持／悪化の可能性について、介護支援専門員の判断として選択肢に〇印を記入する。
※5　「要因」および「改善／維持の可能性」を踏まえ、要因を解決するための援助内容と、それが提供されることによって見込まれる事後の状況（目標）を記載する。
※6　本計画期間における優先順位を数字で記入。ただし、解決が必要だが本計画期間に取り上げることが困難な課題には「ー」印を記入。

評　価　表

利用者名　　D　殿　　　　　　　　　　　　作成年月日　○○年　○○月　○○日

短期目標	（期間）	援助内容			結果 ※2	コメント（効果が認められたもの / 見直しを要するもの）
		サービス内容	サービス種別	※1		
自宅の環境に慣れる。	○○.11.1～○○.1.31（3ヵ月）	自宅内での環境に合わせて歩行訓練を行う。	通所リハビリ	C センター	×	週２回の通所リハビリだけではなかなか筋力低下予防にならず、家ではベッド上で過ごすため退院した直後よりも歩行はできなくなっている。見直し必要。
		転倒予防のための段差解消と手すり設置。	住宅改修	D 事業所	○	通所リハビリ迎え時の移動や通院介助時、玄関前と玄関の上がり框の段差が解消されてスムーズに車いすで対応できる。 また、寝室・トイレの段差も解消されて、廊下・トイレに手すりが付き、立ち上がりや移動が容易になるはずだったが、両下肢の力が入らず、屋内歩行ができていない。
		特殊寝台とテーブル・ベッド柵レンタル・車いす。	福祉用具貸与	E レンタル	△	ほとんどをベッド上で過ごし、トイレ移動排便時のみ妻が連れて行こうと試みたが、重すぎて支えられず紙パンツを使用している。排泄の後始末や清拭で介護負担が大きく、妻は疲れ果てている。排尿は尿器使用。車いすはほとんど使用されていない。家族で移乗難しい。
		トイレ移動と排泄介助。	妻	妻	×	妻が１人で体重を支えることができず、トイレ移動はできていない。尿器と紙パンツ使用して後始末は妻が行う。介護負担が大きい。見直し必要。
			通所リハビリ	C センター	△	通所リハビリ利用時週２回、トイレ移動は車いすで移動し便器前で介助で立ち上がり、手すりにつかまってスタッフに支えられながら便座へ移動。家ではできていない。下肢筋力低下みられる。見直し必要。
食事量や薬の飲み忘れがなく体調がよい。	○○.11.1～○○.1.31（3ヵ月）	食事は時間をかけてゆっくり食べる。	本人	本人	×	早飲みや口に詰める量が多く、突き上げや嘔吐がときどきみられる。食欲低下し体重減少あり。BMI18.7（退院時 19.7） 妻が好きなものを食べさせたいと、ラーメンを食べさせて嘔吐する。見直し必要。
		薬の飲み忘れがないよう手渡す。	妻	妻	○	朝夕、寝る前の内服薬があり、妻が１回分ずつベッドへ運んで手渡し、自分で口に入れる。正しい服用はできていた。
定期的に通院できる。	○○.11.1～○○.1.31（3ヵ月）	通院介助。	長女・妻	家族	×	退院時処方が２週間分出て通院が必要になったが、通院介助する介護力が不足して（長女と妻だけでは支えられない）、次女夫婦も仕事を休んで車に乗せるなど負担が大きかった。通院介助について見直し必要。
身体や衣類が清潔である。	○○.11.1～○○.1.31（3ヵ月）	入浴準備・洗身介助・浴室での移動介助。	通所リハビリ	C センター	△	週２回の通所リハビリ利用時に入浴できた。継続必要。
		シャワーチェアー・すべり止めマット購入。	福祉用具購入	E レンタル	○	福祉用具を準備できたが自宅での入浴まではいかなかった。今後、使用することになると思うが、体力低下あり、入浴介助も大変である。夏場はシャワー浴できると思うが・・・。

※１「当該サービスを行う事業所」について記入する。　※２　短期目標の実現度合いを５段階で記入する（◎：短期目標は予想を上回って達せられた、○：短期目標は達せられた（再度アセスメントして新たに短期目標を設定する）、△：短期目標は達成可能だが期間延長を要する、×１：短期目標の達成は困難であり見直しを要する、×２：短期目標だけでなく長期目標の達成も困難であり見直しを要する）

第1表

居宅サービス計画書（1）

作成年月日　○○年○○月○○日

（初回）・紹介・継続　　（認定済）・申請中

利用者名　D　殿　　生年月日　○○年○○月○○日　　住所　○○市○○町

居宅サービス計画作成者氏名　○○　○○

居宅介護支援事業者・事業所名及び所在地

居宅サービス計画作成（変更）日　○○年 ○○月 ○○日　　初回居宅サービス計画作成日　○○年 ○○月 ○○日

認定日　○○年○○月○○日　　認定の有効期間　○○年 ○○月○○日 ～ ○○年○○月○○日

要介護状態区分	要介護 1 ・ （要介護 2） ・ 要介護 3 ・ 要介護 4 ・ 要介護 5
利用者及び家族の生活に対する意向	本人：1日も早く退院~~したい。~~して美味しく食事を食べられるようになって家族で外食したい。以前のように家族で出かけられるようになりたい。妻や子どもたちに負担をかけて申し訳ないので負担をかけたくない。 妻：~~家に帰ってからの生活が不安。~~何を食べさせたらいいのか、食べさせても嘔吐したり食べてくれないのではと不安です。 食事ができてトイレへ行けるようになってほしい。 長女・次女：母に負担が大きいので協力したいがどうすればいいのかわからないのでわかって役割分担したい。
介護認定審査会の意見及びサービスの種類の指定	なし
総合的な援助の方針	自宅生活に慣れ、楽しみを持ちながら過ごすことができるように支援します。 ①玄関やトイレ、洗面所の住環境を整え~~ます~~、自宅内で安全に移動できるように支援します。 ②リハビリを行い機能訓練をします。外出を目標にして下肢筋力向上ができるよう支援します。 ③入浴ができるようにします。　④おいしく食事ができて必要な栄養を摂取できるよう支援します。 ⑤脳梗塞後遺症の治療を継続しながら予防に努めます。 福祉用具：○○○－○○○－○○○○　主治医：○○○－○○○－○○○○　通所リハビリ：○○○－○○○－○○○○ 緊急連絡先：○○○－○○○－○○○○　栄養指導：○○○－○○○－○○○○　長女：○○○－○○○－○○○○
生活援助中心型の算定理由	1.　一人暮らし　　2.　家族等が障害、疾病等　　3.　その他（　　　）

第2表

居宅サービス計画書（2）

利用者名　　D　殿

作成年月日　○○年　○○月　○○日

生活全般の解決すべき課題（ニーズ）	援助目標				援助内容					
	長期目標	（期間）	短期目標	（期間）	サービス内容	※1	サービス種別	※2	頻度	期間
転倒せずに移動したい。	~~転倒せずに自宅内を移動できる。~~ 家族でドライブを楽しめるようになる。	○○.11.1～ ○○.1.31 (3ヵ月)	~~自宅の環境に慣れる。~~ 右下肢の機能が回復し両下肢の筋力も向上することで、ベッドからトイレまで歩行できるようになる。	○○.11.1～ ○○.1.31 (3ヵ月)	自宅内での環境に合わせて歩行訓練・車いす移乗練習を行う。	○	通所リハビリ	Gセンター	週2回	○○.11.1～ ○○.1.31 (3ヵ月)
					転倒予防のための段差解消と手すり設置。	○	住宅改修	D事業所		〃
					自宅でのベッドからのトイレ移動について見守りや声がけおよび誘導。 トイレ移動と排泄介助と妻への指導。 車いす移乗練習。	○	訪問介護 生活機能向上連携加算	F事業所	週2回	〃
					特殊寝台とテーブル・ベッド柵レンタル・車いす。	○	福祉用具貸与	Eレンタル		〃
					トイレ移動と排泄介助と妻への指導。		妻	妻		〃
					トイレ移動と排泄介助。	○	通所リハビリ	Gセンター	週2回	〃
美味しく食事を食べることができ、栄養を摂りたい。	食事を美味しく楽しむことができ、体力も回復できる。	○○.11.1～ ○○.1.31 (3ヵ月)	嘔吐がなく消化のよいものをゆっくり噛んで少しずつ食事を摂ることができる。	○○.11.1～ ○○.1.31 (3ヵ月)	食事栄養指導	○	管理栄養士による居宅療養指導	C病院	月1回	〃
					妻への献立指導		管理栄養士・保健師	C病院 保健所・地域包括支援センター	月1回	〃
自分でできることは自分でするようになりたい。	1人で更衣ができるようになる。	○○.11.1～ ○○.1.31 (3ヵ月)	ズボンの上げ下げが1人でできる。	○○.11.1～ ○○.1.31 (3ヵ月)	右上肢の機能訓練	○	通所リハビリ	Gセンター	週2回	〃
	1人で入浴時の移動・洗身ができるようになる。	○○.11.1～ ○○.1.31 (3ヵ月)	見守られて浴室内移動し、届く範囲で身体を洗うことができる。	○○.11.1～ ○○.1.31 (3ヵ月)	入浴準備・洗身介助・浴室での移動介助	○	通所リハビリ	Gセンター	週2回	〃
					入浴準備・洗身介助・浴室での移動介助・妻への精神的な支援と指導	○	訪問介護	F事業所	週1回	〃
							妻・長女・次女	家族	週1回	〃
元気に自宅で家族と一緒に暮らし続けたい。	友人や家族と楽しく過ごすことができる。 庭で花の手入れへのアドバイスができる。	○○.11.1～ ○○.1.31 (3ヵ月)	友人や家族と会話をしながら交流できる。 庭で花を眺めることができる。	○○.11.1～ ○○.1.31 (3ヵ月)	言語リハビリ	○	言語聴覚士・言語療法士・看護師等による居宅療養管理指導	C病院	週1回	〃
					友人や家族とのおしゃべり・友人や家族の訪問 妻との花の手入れ・庭へ出るための練習		友人や家族・親戚 妻・長女家族・次女家族	家族	週1回	〃
	脳梗塞再発を防ぎ健康に過ごすことができる。	○○.11.1～ ○○.1.31 (3ヵ月)	受診し治療を継続できる。	○○.11.1～ ○○.1.31 (3ヵ月)	診察と状態観察・治療 通院介助		居宅療養管理指導 介護タクシー 長女・妻	C病院 Pタクシー 家族	月1回 必要時	〃
					内服管理	○	薬剤師による居宅療養管理指導 妻	家族	月1回 1日2回	〃

※1 「保険給付の対象となるかどうかの区分」について、保険給付対象内サービスについては○印を付す。
※2 「当該サービス提供を行う事業所」について記入する。

6 まとめ

● 当初ケアプランにおける多職種連携の課題・ポイント

第１表

・「利用者・家族の生活に対する意向」に思いのみが記載されていて、その思いの方向性が明確でない。かかわる家族の思いは、これからどうなりたいのかがわかるように記載する。

・「総合的な援助の方針」は、サービスだけの記載になっている。どのような支援をしていくのかをかかわるすべての連携機関や家族が具体的にわかるように記載する。

第２表

・自宅内を安全に移動するために、住宅改修と通所リハビリ、福祉用具を利用し、妻が介助する計画になっているが、本人が自立へ向けて目標へ向かってリハビリを頑張れる計画にする必要がある。

・食事をおいしく楽しく摂取できるような支援を計画するために、どんな職種と連携すればいいのか。

・入浴は、福祉用具があれば自宅で入浴が可能なのかを確かめるアセスメントが必要。入浴介助に対する妻の不安を解決できる計画になっているか。

・脳梗塞再発予防と胃切除後のダンピング症候群予防について支援するための連携は必要ないか。

第３表

・かかわる職種・家族がすべて週間計画表に反映されることで、多職種連携が目でみえてくる。

● モニタリングにおける多職種連携のポイント

初回計画での生活に課題がないのか、１か月後というのではなく早い時期に確認し、課題があれば解決するために計画を変更しなければならない。かかわっている多職種から、支援の様子や問題となっていることはないか情報収集する。

● 課題整理総括表・評価表により明らかになった多職種連携の課題

・阻害要因を解決する見通しを本人の望む生活にできるだけ近づけるようなものにできれば、自立に向けてかかわる本人・家族そして多職種が連携しながら支援できると考えられる。

・物理的な準備ができただけでは本当の自立に向けた支援ができないので、課題整理総括表では、できるだけ具体的に掘り下げることでニーズがみえてくる。

・医療的な視点をもつことで、かかわる必要性のある多職種がみえてくる。

・評価表では、サービス事業所からの情報をもとに、単に行われたかどうかだけの評価ではなく、結果を分析して評価する。トイレ移動できるための計画だったがベッド上での排泄になってしまっているので、計画は変更必要。通所リハビリだけでは解決できないと思われる。

・自宅での入浴介助も福祉用具があればできるというものではなく、介護者にどのような支援が必要なのかを分析する必要がある。

・食事について、摂取する本人と調理する妻、そして支援するサービス提供者が理解する必要がある。そのためにどんな連携が必要なのか。

● 多職種連携によるケアプランの見直しのポイント

・本人の満足できる、目指す生活を明確にする。
・家族が利用者とどう生きていきたいのかを確認したうえで、方向性を一緒に考える。
・長期目標は、目指す方向性をはっきりさせる。それをかなえるために短期目標を設定する。健康管理を心がけるという言い方は、抽象的でよくわからない。どのような状態になりたいのか具体的に記載する。そのためにどんな専門職がどうかかわるのかを分析して計画する。

● まとめ（多職種連携の視点から）

・生活における機能訓練を向上させるためには、週２回の通所リハビリだけでは不足である。専門職のアドバイスを受けながら生活の中でどう訓練できるのかがポイント。
・胃全摘出術施行後の食事指導は、病院で終了ではなく、自宅へ帰ってからのほうが本人も介護者も不安である。そこに誰がどうかかわるのかを計画に入れる必要がある。
・家族で外出することができるようにするためには、医療と介護が連携する必要がある。

5 看取りに関する事例

1 事例の概要

氏名：E さん

年齢：69 歳

性別：女性

要介護度：要介護 2

障害高齢者の日常生活自立度：A1

認知症である高齢者の日常生活自立度：自立

家族構成：夫（74 歳）

次男（39 歳）夫婦と同居

ジェノグラム

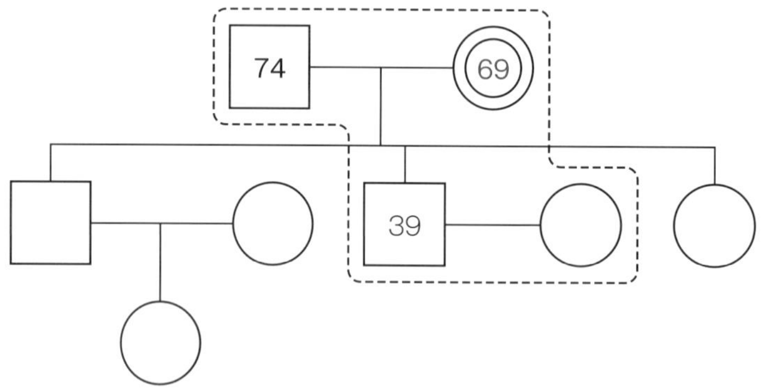

相談経路

平成 28 年 5 月、T 病院の地域医療連携室 MSW より電話。4 月末に食欲不振、めまい、頭痛でかかりつけ医より紹介され、検査目的で入院。脳腫瘍の疑いで精査をする。腫瘍は転移性のもので肺にも転移があった。原発を探すが意識レベルが低下し、寝たきり状態となる。脳腫瘍に対し放射線治療を行い、腫瘍が縮小したことで意識レベルが改善し、ADL が向上した。本人が退院を希望したため、退院後の居宅介護支援の依頼を受ける。6 月 16 日に初回面接をし、要介護認定代行申請をする。

生活歴

T 市に 3 人兄妹の長女として生まれる。高校卒業後、家事手伝いをし、20 歳で結婚、専業主婦となり２男１女をもうける。夫は５人兄妹、本人は３人兄妹でそれぞれに交流があり、年１度の家族旅行、それぞれの子どもたちの結婚式などで頻回に顔を合わせる機会があった。育児をしながら自分の両親、夫の両親の介護をする。また就労していなかったために兄妹の介護の手伝いなど率先して引き受けていた。遠方に住む長男夫婦の孫の世話に出かけるなど、自宅で過ごすことがほとんどない人だった。

現在の生活状況

夫と次男夫婦の４人暮らし。子育てが一段落してから飼い始めた愛犬と過ごすことが日課であった。就労している夫や次男夫婦に代わり家事一切を行っていた。平成 28 年１月ごろより頭痛があり、夫が受診を勧めるが「寝ていれば治る」と拒否。元々健康で、病院受診をしたがらなかった。４月に動けないほどの頭痛、食欲不振、めまいがあり、渋々かかりつけ医を受診し、T 病院を受診し、そのまま入院となる。病院と自宅が近いこともあり、夫は仕事を休みにし、毎日面会に来ている。本人の兄妹や夫の兄妹も頻回に面会に来ている。

現在利用しているサービス

・訪問看護（医療保険）：週１回
・福祉用具貸与：ベッド、床ずれ予防用具、歩行器
・福祉用具購入：シャワーチェア、浴槽用手すり

2 アセスメント

❶健康状態	・19 歳　虫垂炎 ・60 歳　高血圧、高脂血症 ・69 歳　脳腫瘍、肺がん
❷ADL	・起居動作：ベッド柵につかまり寝返り、起き上がり可。 ・座位：短時間であれば自分で支えながら座位保持可。背もたれを使用。 ・歩行：点滴スタンドにつかまり移動。検査など長距離の移動は車いす、自宅では車いすまたは歩行器を使用する。 ・移乗：めまいが継続してあり、転倒の危険があるため自宅で１人で過ごす時間を少なくするよう医師より言われている。（見守り程度） ・更衣：おおむね自分でできる。

❸IADL	・電話の利用：可（携帯電話保持） ・内服管理：可 ・金銭管理：自立だが、収納などは夫に任せている。 ・買い物：すべて家族に任せている。 ・調理：自分としてはできると思っているが、退院後は次男夫婦や夫が行う。 ・掃除：全介助
❹認知	・病名告知を夫とともに受けるが、脳腫瘍により意識レベルが低下していたために「覚えていない」と話す。 ・現在は理解力に問題はない。
❺コミュニケーション能力	・支障なし。
❻社会との関わり	・夫や自分の兄妹、隣近所との交流が盛んにある。
❼排尿・排便	・自立。 ・トイレまでの移動には車いすまたは歩行器を使用。
❽じょく瘡・皮膚の問題	・現在はないが、放射線治療後で脱毛がある。皮膚が弱いため刺激を加えないよう指導されている。
❾口腔衛生	・自立、入れ歯なし。
❿食事摂取	・自立。
⓫行動・心理症状	・特になし。
⓬介護力	・夫はオムツ交換などをする自信はないが、いざとなったら指導を受ける意欲はある。 ・同居の次男夫婦は就労しているが、医師からの説明などは仕事を休んで同席してくれる。 ・市内に住む娘は、仕事帰りや休みの際には面会に来ている。退院後も頻回に訪問する予定。
⓭居住環境	・結婚当初より住んでおり隣近所も顔なじみ。子どもも同年代で家族ぐるみの交流がある。 ・夫が大工をしているため、段差の解消などを済ませている。 ・トイレに近い部屋を居室とし、移動には車いすまたは歩行器を使用。 ・またぎが大きい浴槽で出入りのために浴槽用手すりを設置し、シャワーチェアを購入する。

⓮特別な状況	・脳腫瘍に対して放射線治療を行い腫瘍は縮小しているが、肺転移は大きくなっている。急変がおおいに予想されると医師より説明されている。 ・病名告知は受けているが、本人が正しく理解をしているかは不明。改めて末期状態であることを伝えることはしないと家族間で決めている。

3 当初ケアプラン

第1表

居宅サービス計画書（1）

作成年月日　○○年○○月○○日

（初回）・紹介・継続　　認定済・（申請中）

利用者名　E　殿　生年月日　○○年○○月○○日　住所　○○市○○町

居宅サービス計画作成者氏名　○○　○○

居宅介護支援事業者・事業所名及び所在地

居宅サービス計画作成（変更）日　○○年 ○○月 ○○日　初回居宅サービス計画作成日　○○年 ○○月 ○○日

認定日　○○年○○月○○日　認定の有効期間　○○年 ○○月○○日 ～ ○○年○○月○○日

要介護状態区分	要介護 1 ・ （要介護 2） ・ 要介護 3 ・ 要介護 4 ・ 要介護 5
利用者及び家族の生活に対する意向	本人：入院してすぐのことは覚えていないが、めまいがして動けなかった。 5 月 15 日から入院していて（入院期間が長くなって）飽きてしまった。家に帰ったらパッチワークをやりたい。 夫：ここ 1 週間で調子が戻ってきたが、入院したときは急に動けなくなっていったので心配した。 家に帰ってみないとわからないことが多いので、その都度相談をするようにしたい。
介護認定審査会の意見及びサービスの種類の指定	
総合的な援助の方針	ここ 1 週間で体調も安定してきたため、自宅で療養することにしました。めまいがひどくあるときは動くことができない状態だったと聞いておりますので、体調が悪くなったときに楽な姿勢で過ごすことができるよう福祉用具を導入します。 医療面は訪問看護が支援いたします。本人様の体調やご家族様の介護状況に合わせてサービスを調整いたします。 緊急連絡先　T 病院　E 訪問看護ステーション（24 時間対応） T（夫：携帯）　Y（次男：携帯）
生活援助中心型の算定理由	1.　一人暮らし　2.　家族等が障害、疾病等　3.　その他　（　）

趣味の活動や、これまで行ってきた家事を再開させるという視点がなく、身体的問題の解決を優先したケアプランとなっています。「役割」の回復といった視点での支援が手薄になったのは、病名・予後を本人がどのように受け止めているかのアセスメントが不十分だったことと、家族が望んでいないことで、積極的な提案ができていません。

第2表

居宅サービス計画書（2）

在宅で看取るために、医療を中心とした多職種や家族との連携を意識します。

利用者名　E　殿

作成年月日　○○年　○○月　○○日

生活全般の解決すべき課題（ニーズ）	援助目標				援助内容					
	長期目標	（期間）	短期目標	（期間）	サービス内容	※1	サービス種別	※2	頻度	期間
具合が悪くなったときに専門の人に相談できる体制を整えて、安心して自宅で過ごしたい。	苦痛な症状（めまい、吐き気など）が少ない状態で療養することができる。	○○.6.22～ ○○.12.31 （6ヵ月）	病状が安定する。	○○.6.22～ ○○.12.31 （6ヵ月）	・診察 ・内服薬処方 ・必要な検査の実施		医療	T病院	受診時	○○.6.22～ ○○.12.31 （6ヵ月）
					・いつもと体調が違うときは家族または訪問看護へ連絡をする		本人	本人	適宜	○○.6.22～ ○○.12.31 （6ヵ月）
			病気に関する不安を解消することができる。	○○.6.22～ ○○.12.31 （6ヵ月）	・全身状態の観察 ・医療処置（本人の状態に合わせて） ・緊急時の対応 【24時間対応体制加算算定】 ・医療に関する相談 ・医療機関との連携		訪問看護（医療）	E訪問看護ステーション	週1回 必要時	○○.6.22～ ○○.12.31 （6ヵ月）
			安楽な体勢で過ごすことができる。	○○.6.22～ ○○.12.31 （6ヵ月）	・めまいが強いときはベッド上で過ごすことが多いので、楽な姿勢を保持することができるよう電動ベッドを利用する ・起き上がりや移乗時に転倒等を防止するために、介助バーを使用する ・皮膚トラブルを防止するため床ずれ予防用具を使用する	○	福祉用具貸与	Sサービス	毎日	○○.6.22～ ○○.12.31 （6ヵ月）
	転倒せずに生活できる。	○○.6.22～ ○○.12.31 （6ヵ月）	ふらつかずに移動できる。	○○.6.22～ ○○.12.31 （6ヵ月）	・転倒に留意するよう指示があるため、車いすまたは歩行器を使用する	○	福祉用具貸与	Sサービス	毎日	○○.6.22～ ○○.12.31 （6ヵ月）
					・受診同行 ・移動時の見守り ・環境整備（動線に物を置かない）		家族	家族	適宜	○○.6.22～ ○○.12.31 （6ヵ月）
風呂に入って気持ちよく過ごしたい。	自分が入浴したいときに入浴することができる。	○○.6.22～ ○○.12.31 （6ヵ月）	浴室内の移動が安全にできる。	○○.6.22～ ○○.12.31 （6ヵ月）	・住環境に合わせた福祉用具の提案と選定 ・浴槽の出入りに手すりを使用する ・シャワーチェアは本人の体格に合わせた高さに設定する	○	福祉用具購入	Sサービス	購入時	○○.6.22～ ○○.12.31 （6ヵ月）
					・入浴時の見守り ・必要時介助		家族	家族	入浴時	○○.6.22～ ○○.12.31 （6ヵ月）

家族の介護負担にも配慮します。

※1 「保険給付の対象となるかどうかの区分」について、保険給付対象内サービスについては○印を付す。
※2 「当該サービス提供を行う事業所」について記入する。

4 課題整理総括表・評価表

課題整理総括表

利用者名　E　殿

作成日　〇〇年〇〇月〇〇日

自立した日常生活の阻害要因（心身の状態、環境等）		
①浴槽のまたぎが大きく手すりがない。	②脳転移によるめまいがある。	③家事機能は家族へ移行。
④入院期間が長期化したことによる両下肢の筋力低下がある。		⑤脳・肺転移がある末期状態。

利用者及び家族の生活に対する意向	安心して自宅で療養できる。

（丸で囲まれた選択肢は**太字**で示す）

状況の事実※1		現在※2	要因※3	改善/維持の可能性※4	備考（状況・支援内容等）
移動	室内移動	自立 **見守り** 一部介助 全介助	②	**改善** 維持 悪化	1週間前より、点滴スタンドを歩行器代わりにして病室内を移動している。めまいがある。
	屋外移動	自立 **見守り** 一部介助 全介助	②	**改善** 維持 悪化	
食事	食事内容	**支障なし** 支障あり		改善 **維持** 悪化	
	食事摂取	**自立** 見守り 一部介助 全介助		改善 **維持** 悪化	
	調理	自立 見守り 一部介助 **全介助**	③	改善 **維持** 悪化	
排泄	排尿・排便	**支障なし** 支障あり		改善 **維持** 悪化	
	排泄動作	**自立** 見守り 一部介助 全介助		改善 **維持** 悪化	
口腔	口腔衛生	**支障なし** 支障あり		改善 **維持** 悪化	
	口腔ケア	**自立** 見守り 一部介助 全介助		改善 **維持** 悪化	
服薬		**自立** 見守り 一部介助 全介助		改善 **維持** 悪化	
入浴		自立 見守り **一部介助** 全介助	①②④	改善 **維持** 悪化	入院前は2日おきに入浴しており、自宅へ帰ったら自分のペースで入浴したい。
更衣		**自立** 見守り 一部介助 全介助		改善 **維持** 悪化	
掃除		自立 見守り 一部介助 **全介助**	③	改善 **維持** 悪化	
洗濯		自立 見守り 一部介助 **全介助**	③	改善 **維持** 悪化	入院中に家事機能が家族へ移行。余命半年という説明を家族は受けており、無理をさせたくない思いがある。入院前はめまい・吐き気が強く、現在はないが、そのような状態になることに対する不安感が強く、本人も家族に任せたい思いがある。
整理・物品の管理		自立 見守り **一部介助** 全介助	③	改善 **維持** 悪化	
金銭管理		自立 見守り **一部介助** 全介助	③	改善 **維持** 悪化	
買物		自立 見守り 一部介助 **全介助**	③	改善 **維持** 悪化	
コミュニケーション能力		**支障なし** 支障あり		改善 **維持** 悪化	
認知		**支障なし** 支障あり		改善 **維持** 悪化	
社会との関わり		**支障なし** 支障あり		改善 **維持** 悪化	
褥瘡・皮膚の問題		支障なし **支障あり**	⑤	改善 **維持** 悪化	放射線治療後で脱毛あり。外的な刺激にて表皮剥離などが容易に起きる可能性がある。
行動・心理症状（BPSD）		**支障なし** 支障あり		改善 **維持** 悪化	
介護力（家族関係含む）		**支障なし** 支障あり		改善 **維持** 悪化	
居住環境		**支障なし** 支障あり		改善 **維持** 悪化	
				改善 維持 悪化	

見通し※5	生活全般の解決すべき課題（ニーズ）【案】	※6
脳・肺転移があり、急変する可能性がおおいにあるという説明を受けている。告知を受け、末期状態であるという説明を医療機関からはされているが、脳腫瘍により意識状態が低下していたため、本人は覚えておらず、また改めて余命を告げることはしたくないと家族が希望している。ADLはおおむね自立している状態だが、今後どのような経過をたどるのか予想がつかないことに対する不安が強くある。	具合が悪くなったときなどに専門の人に相談できるような体制を整えて、安心して自宅で過ごしたい。	1
病院では週1回の入浴となっているが、退院後は福祉用具を活用し、自分の都合のよい時間に入浴したい希望がある。洗身等は自分でできるため見守り程度で入浴できる。	風呂に入って気持ちよく過ごしたい。	2

関係職種は本人の複雑な思いを受け止めながら支援にあたる必要があります。

※1　本書式は総括表でありアセスメントツールではないため、必ず別に詳細な情報収集・分析を行うこと。　なお「状況の事実」の各項目は課題分析標準項目に準拠しているが、必要に応じて追加して差し支えない。
※2　介護支援専門員が収集した客観的事実を記載する。選択肢に○印を記入。
※3　現在の状況が「自立」あるいは「支障なし」以外である場合に、そのような状況をもたらしている要因を、様式上部の「要因」欄から選択し、該当する番号（丸数字）を記入する（複数の番号を記入可）。
※4　今回の認定有効期間における状況の改善／維持／悪化の可能性について、介護支援専門員の判断として選択肢に○印を記入する。
※5　「要因」および「改善／維持の可能性」を踏まえ、要因を解決するための援助内容と、それが提供されることによって見込まれる事後の状況（目標）を記載する。
※6　本計画期間における優先順位を数字で記入。ただし、解決が必要だが本計画期間に取り上げることが困難な課題には「－」印を記入。

評　価　表

利用者名　　E　殿

作成年月日　〇〇年　〇〇月　〇〇日

短期目標	（期間）	援助内容			結果 ※2	コメント （効果が認められたもの / 見直しを要するもの）
		サービス内容	サービス種別	※1		
病状が安定する。	〇〇.6.22～ 〇〇.12.31 (6ヵ月)	・診察 ・内服薬処方 ・必要な検査の実施	医療	T 病院	×1	退院1週間後の受診は、夫の運転する車で受診できた。 意識状態が低下しており、訪問診療へ移行となる。
		・いつもと体調が違う場合は家族または訪問看護へ連絡をする。	家族	家族	×1	痛みが出現したことを訪問看護へ相談し、訪問看護が主治医に連絡、受診の指示がありそのまま入院となる。
病気に関する不安を解消することができる。	〇〇.6.22～ 〇〇.12.31 (6ヵ月)	・全身状態の観察 ・医療処置（本人の状態に合わせて） ・緊急時の対応 【24 時間対応体制加算】 ・医療に関する相談 ・医療機関との連携	訪問看護 （医療保険）	E 訪問看護 ステーション	×2	本人からの苦痛等の訴えがないため全身状態の観察の中で判断していくことになる。看取り支援となるため家族への支援が重要になる。 持続点滴（高カロリー輸液 24 時間）となるなど医療処置が増える可能性がある。
安楽な体勢で過ごすことができる。	〇〇.6.22～ 〇〇.12.31 (6ヵ月)	・めまいが強いときはベッド上で過ごすことが多いので、楽な姿勢を保持することができるよう電動ベッドを利用する ・起き上がりや移乗時に転倒等を防止するため介助バーを使用する ・皮膚トラブルを防止するため床ずれ予防用具を使用する	福祉用具貸与	S サービス	×1	急変が予想されていいたため、3モーターベッドを導入していた。今後移乗は入浴時に事業所が全介助で行うため、介助バーは返却。寝返りができないため体圧分散機能付きのエアマットへ変更する。
ふらつかずに移動できる。	〇〇.6.22～ 〇〇.12.31 (6ヵ月)	・転倒に留意するよう指示があるため、車いすまたは歩行器を使用する	福祉用具貸与	S サービス	×2	意識障害あり、寝たきり状態。今後移動することはない。
		・受診同行 ・移動時の見守り ・環境整備（動線に物を置かない）	家族	家族	×2	退院に当たり訪問診療へ移行となる。
浴室内の移動が安全にできる。	〇〇.6.22～ 〇〇.12.31 (6ヵ月)	・住環境に合わせた福祉用具の選定 ・浴槽の出入りに手すりを使用する ・シャワーチェアは本人の体格に合わせた高さに設定する	福祉用具貸与	S サービス	×2	頭部拳上、座位保持できず。仰臥位で入浴するよう変更。
		・入浴時の見守り ・必要時介助	家族	家族	×2	〃

※1 「当該サービスを行う事業所」について記入する。　※2　短期目標の実現度合いを5段階で記入する（◎：短期目標は予想を上回って達せられた、〇：短期目標は達せられた（再度アセスメントして新たに短期目標を設定する）、△：短期目標は達成可能だが期間延長を要する、×1：短期目標の達成は困難であり見直しを要する、×2：短期目標だけでなく長期目標の達成も困難であり見直しを要する）

5 多職種連携の視点からの修正ケアプラン

第1表

居宅サービス計画書（1）

作成年月日　〇〇年〇〇月〇〇日

初回・紹介・継続（継続に丸）　　認定済・申請中（申請中に丸）

利用者名　E　殿　　生年月日　〇〇年〇〇月〇〇日　　住所　〇〇市〇〇町

居宅サービス計画作成者氏名　〇〇　〇〇

居宅介護支援事業者・事業所名及び所在地

居宅サービス計画作成（変更）日　〇〇年〇〇月〇〇日　　初回居宅サービス計画作成日　〇〇年〇〇月〇〇日

認定日　〇〇年〇〇月〇〇日　　認定の有効期間　〇〇年〇〇月〇〇日　～　〇〇年〇〇月〇〇日

要介護状態区分	要介護１・要介護２・要介護３・要介護４・要介護５（要介護５に丸）　※区分変更、暫定
利用者及び家族の生活に対する意向	本人：（確認できず） （前回退院時に「自宅へ戻ったらお父さんとおしゃべりしたい」と話していた。住み慣れた自宅で家族や愛犬と共に暮らしたい意向があると判断した。） 夫：入院したら急に悪くなって個室へ移った。面会に行った人が「帰りたいか」と尋ねると「うん」と頷く。点滴をして１人病室で過ごしているのなら、自宅へ連れて帰ろうと思う。介護などしたことがないのでだめ（できない）だったら病院へ戻りたい。
介護認定審査会の意見及びサービスの種類の指定	
総合的な援助の方針	疼痛コントロールのために入院したが、意識状態が低下。痛みはあったものの歩いて入院をしたために、ご家族様のとまどいは大きく、在宅と病院での看取りのどちらがよいのかを相談し、点滴をして１人病室で過ごすのであれば、自宅で過ごさせたいと退院を選択しました。 サービス提供事業所で情報を共有しながら、不安が少ない状態で在宅介護ができるよう支援させていただきます。 緊急連絡先　T病院　E訪問看護ステーション（24時間対応） ヘルパーステーションT　Sサービス T（夫：携帯）　Y（次男：携帯）
生活援助中心型の算定理由	1.　一人暮らし　2.　家族等が障害、疾病等　3.　その他（　　）

第2表

居宅サービス計画書（2）

利用者名　E　殿　　　　　　　　　　作成年月日　〇〇年　〇〇月　〇〇日

生活全般の解決すべき課題（ニーズ）	援助目標 長期目標	（期間）	短期目標	（期間）	援助内容 サービス内容	※1	サービス種別	※2	頻度	期間
病室で1人過ごすよりも、家族や愛犬のそばで過ごさせてやりたい（家族希望）。	自宅で最期のときを迎えたい。	~~〇〇.6.22～〇〇.12.31（6ヵ月）~~ 〇〇.7.31～〇〇.12.31（5ヵ月）	苦痛が少ない状態で過ごすことができる。	~~〇〇.6.22～〇〇.12.31（6ヵ月）~~ 〇〇.7.31～〇〇.12.31（5ヵ月）	・診察 ・内服薬処方 ・必要な検査の実施		訪問診療	T病院	受診時	~~〇〇.6.22～〇〇.12.31（6ヵ月）~~ 〇〇.7.31～〇〇.12.31（5ヵ月）
					・処方薬（臨時薬含む）の配達 ・薬剤使用状況の確認 ・医療機関との連携	○	居宅療養管理	S薬局	処方時	~~〇〇.6.22～〇〇.12.31（6ヵ月）~~ 〇〇.7.31～〇〇.12.31（5ヵ月）
					・全身状態の観察 ・医療処置（点滴ヒューバ針交換　等） ・緊急時の対応 【24時間対応体制加算算定】 ・医療に関する相談 ・医療機関との連携		訪問看護（医療）	E訪問看護ステーション	毎日 必要時	~~〇〇.6.22～〇〇.12.31（6ヵ月）~~ 〇〇.7.31～〇〇.12.31（5ヵ月）
					・普段と様子が違うと思ったら訪問看護へ連絡をする		家族	家族	適宜	~~〇〇.6.22～〇〇.12.31（6ヵ月）~~ 〇〇.7.31～〇〇.12.31（5ヵ月）
					・ベッド上で過ごすことがほとんどなので、楽な姿勢を保持することができるよう電動ベッドを使用する ・皮膚トラブルを防止するため床ずれ予防用具を使用する ・本人の状態に合わせた福祉用具の選定とメンテナンスの実施		福祉用具貸与	Sサービス	毎日	~~〇〇.6.22～〇〇.12.31（6ヵ月）~~ 〇〇.7.31～〇〇.12.31（5ヵ月）
	清潔にして過ごしたい。	~~〇〇.6.22～〇〇.12.31（6ヵ月）~~ 〇〇.7.31～〇〇.12.31（5ヵ月）	清潔に関する介助を受けることができる。	~~〇〇.6.22～〇〇.12.31（6ヵ月）~~ 〇〇.7.31～〇〇.12.31（5ヵ月）	・オムツ交換（陰部洗浄含む） ・全身清拭 ・口腔ケア	○	訪問看護（医療）	E訪問看護ステーション	毎日	~~〇〇.6.22～〇〇.12.31（6ヵ月）~~ 〇〇.7.31～〇〇.12.31（5ヵ月）
					・更衣介助 ※家族で対応できない排泄介助が必要な場合は、訪問看護が対応する	○	訪問介護	ヘルパーステーションT	毎日	~~〇〇.6.22～〇〇.12.31（6ヵ月）~~ 〇〇.7.31～〇〇.12.31（5ヵ月）
					・全身状態の観察 ・入浴介助 ・更衣介助 ※身体を動かすと顔をしかめるので、様子観察をしながら介助する	○	訪問入浴	H訪問入浴事行所	週1回	~~〇〇.6.22～〇〇.12.31（6ヵ月）~~ 〇〇.7.31～〇〇.12.31（5ヵ月）

※1 「保険給付の対象となるかどうかの区分」について、保険給付対象内サービスについては○印を付す。
※2 「当該サービス提供を行う事業所」について記入する。

6 まとめ

● 当初ケアプランにおける多職種連携の課題・ポイント

当初ケアプランでは、退院時の ADL がおおむね自立していたため、今後介護が必要になった場合のサービスについて説明し、事業所を選定するにとどめていた。急変の可能性があると説明は受けていたものの、退院後半月で急変し、再入院となった。一度は病院での看取りを希望したが、本人の最後の場所が 1 人で過ごす病院の個室でよいものなのか、家族間で意見が分かれ話し合っているうちに、本人の意向を確認することができない状態となった。家族の揺れる思いに寄り添い、在宅看取りを決めてからは、1 日でも長く自宅で過ごす時間を確保するために多職種連携の視点から修正ケアプランを立案し、あらかじめ選定していた事業所の専門職にも協力を得て、早急な退院前カンファレンス、担当者会議の開催ができた。

● モニタリングにおける多職種連携のポイント

自宅での移動手段は車いすまたは歩行器を予定しており、退院後実際に本人に使用してもらった状態を評価して選定することにしていたため、早期に訪問をし用具を選定した。

担当者会議開催時（在宅看取りを決めた退院時の会議）に家族の精神面のフォローをするよう病院より依頼があったため、言葉として表出されることはもちろん、表情などを観察するよう留意した。

● 課題整理総括表・評価表により明らかになった多職種連携の課題

退院当初は ADL が自立しており、入院によって家事機能が家族へ移行していたが、もともと専業主婦で就労する家族の代わりに家事一切を行っていた本人の役割の回復という視点が弱かった。がん告知は受けているものの、末期状態であることを本人が理解しているかの確認をしておらず、そのことで本人の真のニーズを把握しきれなかった思いがある。

● 多職種連携によるケアプランの見直しポイント

本人の状態悪化により多職種がかかわることになり、在宅看取りに向かって支援をする状態となったため、担当者会議時に家族の思いを表出していただくよう心がけた。家族はオムツ交換などの介護指導を受けていたが、家族だけで実施できるほど十分な指導は受けていなかった。それによって在宅看取りを躊躇することがないよう清潔に関する介助（オムツ交換、全身清拭、口腔ケア、更衣）は訪問看護、訪問介護が、入浴は訪問入浴事業所が行うことで、そばで過ごすことに専念してもらうようにしたが、そのことが家族の介護への参加の機会を削いでしまったのではないかという反省もある。

● まとめ（多職種連携の視点から）

在宅看取りを決めた時点で、すでに残された時間が少ない状態だった。自宅へ帰り 3 日目に自宅で永眠されたため、多職種で連携をする機会が少なかった。死後１か月後に自宅を訪問し、夫より亡くなる際の話を聞くことができた。亡くなる１時間前に呼吸状態が悪化し､訪問看護に連絡。訪問看護師より会わせたい人を呼ぶよう言われ、近くに住む親戚を呼んだ。呼びかけに返答がない状態で過ごしていたが、子どもや親戚が集まり、本人を呼んだ際に一度大きく目を開けて一同を見回した後呼吸が止まった。家族で見送ることができ、満足していること、介護の指導は受けたが、実際は訪問介護や訪問看護に介護してもらうことで、家族は介護に追われることなくそばで過ごすことができた、病室で１人で逝かせなくてよかったと言われた。

訪問介護、訪問入浴（利用はしなかった）事業所は短い期間の援助であったが、看取り介護の経験が多い事業所を選定していたため、連携はスムーズだった。

6 リハビリテーションおよび福祉用具に関する事例

1 事例の概要

氏名：F さん
年齢：58 歳
性別：女性
要介護度：要介護 3
障害高齢者の日常生活自立度：B2
認知症である高齢者の日常生活自立度：Ⅱ b
家族構成：夫（62 歳）との 2 人暮らし。
県外に娘が 2 人いる。

ジェノグラム

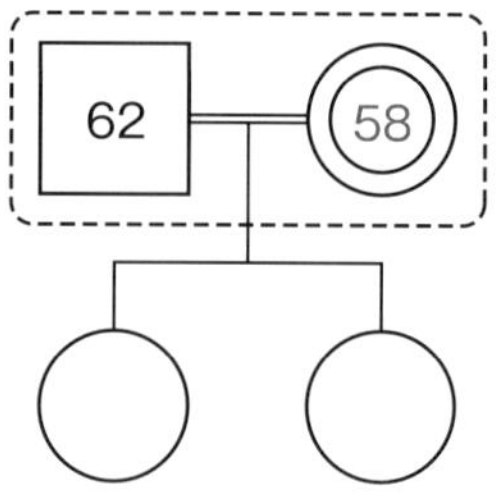

相談経路

7 か月前、外出しようと玄関を出たところで左片麻痺が出現して転倒し、隣人に発見され救急車にて A 病院に搬送された。右被殻出血と診断され、同日開頭血腫除去術が施行された。3 週間後にリハビリ目的で B 病院に入院し、理学療法、作業療法、言語療法が行われた。発症から 7 か月経過し、自宅での生活が可能になったということで退院となった。在宅生活を継続するために、ホームヘルパーと機能訓練ができるデイサービスの希望があり、B 病院地域連携室から紹介を受けた。

生活歴

A 市で高校を卒業後、一般企業の事務職として働いていた。その後、現在の夫と結婚し 2 女をもうける。夫はサラリーマンで、専業主婦の傍ら、ときどき実家の商店の手伝いをして生活していた。脳出血になる前は、大病もせずに生活していた。

現在の生活状況

ベッド上の寝返り、起き上がりは自立しており、ベッド端座位は不安定ながら可能な状態である。左膝に－ 60°ほどの屈曲拘縮があり、立ち上がり、立位は右足中心で、つかまってなんとか可能である。移乗動作は一部介助で、病院での車いす自操は可能である。

トイレ動作は一部介助で、尿意・便意が不確かだったため粗相をすることがあり、通常はオムツを使用している。整容動作はほぼ自立だが、更衣動作は一部介助である。

入浴動作は全介助で、食事動作は自立している。

現在利用しているサービス

週２回30分×２の訪問介護と週３回のデイサービス。

2 アセスメント

❶健康状態	安定している。
❷ADL	食事、ベッド上の寝返り起き上がりは自立。入浴は全介助、そのほかの目的動作は一部介助。
❸IADL	未遂行。
❹認知	安定している。
❺コミュニケーション能力	問題なし。
❻社会との関わり	デイサービスでの職員および他利用者とのかかわりのみ。
❼排尿・排便	尿意便意が不確かなため、オムツ使用。
❽褥瘡・皮膚の問題	オムツによる陰部のただれあり。
❾口腔衛生	口腔内衛生管理ができておらず、汚れが目立つ。
❿食事摂取	自立。
⓫行動・心理症状	自発的な行動が少ない。
⓬介護力	夫。
⓭居住環境	持ち家であるが、狭く、車いす生活に障壁が多い。
⓮特別な状況	特になし。

3 当初ケアプラン

第1表

居宅サービス計画書(1)

作成年月日　〇〇年〇〇月〇〇日

(初回)・紹介・継続　(認定済)・申請中

利用者名　F　殿　生年月日　〇〇年〇〇月〇〇日　住所　〇〇市〇〇町

居宅サービス計画作成者氏名　〇〇　〇〇

居宅介護支援事業者・事業所名及び所在地　〇〇

居宅サービス計画作成(変更)日　〇〇年 〇〇月 〇〇日　初回居宅サービス計画作成日　〇〇年 〇〇月 〇〇日

認定日　〇〇年〇〇月〇〇日　認定の有効期間　〇〇年 〇〇月〇〇日 ～ 〇〇年〇〇月〇〇日

要介護状態区分	要介護1 ・ 要介護2 ・ (要介護3) ・ 要介護4 ・ 要介護5
利用者及び家族の生活に対する意向	ご本人：寝たきりになりたくない。少しでも自分のことをできるようになって家で暮らしたい。 ご家族：寝起きが自分でできるようになってほしい。家での生活ができるようにリハビリテーションをしてほしい。
介護認定審査会の意見及びサービスの種類の指定	
総合的な援助の方針	在宅での生活ができるように、日常生活を訪問介護やご家族で支援していきます。 また、ベッドでの起床動作ができるようにリハビリテーションを継続するために、訪問看護でのリハビリテーションや通所介護での機能訓練を実施していきます。 緊急連絡先　A クリニック　B 医師(主治医)：〇〇〇－〇〇〇－〇〇〇〇 C(夫)：〇〇〇－〇〇〇－〇〇〇〇
生活援助中心型の算定理由	1. 一人暮らし　2. 家族等が障害、疾病等　3. その他（　）

どのように支援していくのかが重要と考えます。
支援内容や方針をもう少し詳しく書きましょう。

第2表

居宅サービス計画書（2）

利用者名　　F　殿　　　　　　　　　　　　作成年月日　○○年　○○月　○○日

生活全般の解決すべき課題（ニーズ）	援助目標				援助内容					
	長期目標	（期間）	短期目標	（期間）	サービス内容	※1	サービス種別	※2	頻度	期間
オムツを１人で替えられないので、交換の手伝いをしてほしい。	オムツ交換にて清潔保持ができる。	○○.3.1～ ○○.8.31 （6ヵ月）	定期的なオムツ交換をする。	○○.3.1～ ○○.8.31 （6ヵ月）	オムツ交換 陰部洗浄を含めた清拭	○ ○	訪問介護 通所介護 家族		2回／週 3回／週 随時	○○.3.1～ ○○.8.31 （6ヵ月）
寝たきりになりたくないのでリハビリしたい。	外出や対人交流の機会を設け、生活の楽しみをみつけることができる。	○○.3.1～ ○○.8.31 （6ヵ月）	会話の機会をつくる。趣味的な活動をみつけることができる。	○○.3.1～ ○○.8.31 （6ヵ月）	レクリエーション活動、行事活動への参加	○	通所介護		3回／週	○○.3.1～ ○○.8.31 （6ヵ月）
	移乗・移動動作が実施できる。	○○.3.1～ ○○.8.31 （6ヵ月）	立ち上がりができる。	○○.3.1～ ○○.8.31 （6ヵ月）	移乗練習 立ち上がり練習 関節可動域運動	○	通所介護 訪問看護		3回／週	○○.3.1～ ○○.8.31 （6ヵ月）
入浴したい。	入浴にて清潔保持ができる。	○○.3.1～ ○○.8.31 （6ヵ月）	安全に入浴できる。	○○.3.1～ ○○.8.31 （6ヵ月）	入浴（リフト浴）介助 洗身	○	通所介護		3回／週	○○.3.1～ ○○.8.31 （6ヵ月）
自力で移動したい。	車いすで安全に移動ができるようになる。	○○.3.1～ ○○.8.31 （6ヵ月）	車いすを自操する。	○○.3.1～ ○○.8.31 （6ヵ月）	車いす貸与	○	福祉用具貸与		毎日	○○.3.1～ ○○.8.31 （6ヵ月）

※１「保険給付の対象となるかどうかの区分」について、保険給付対象内サービスについては○印を付す。
※２「当該サービス提供を行う事業所」について記入する。

立位がつかまって何とか可能なのでトイレでの排泄を検討しましょう。その際に機能評価も意識しましょう。

口腔内へのアプローチをプランに入れます。

移乗を入れ、サービス内容をより具体的に記載します。

4 課題整理総括表・評価表

課題整理総括表

利用者名　F　殿

作成日　○○年○○月○○日

自立した日常生活の阻害要因（心身の状態、環境等）	①左片麻痺重度	②左膝屈曲拘縮重度	③ベッド上起床動作介助
	④活動性低下	⑤ADL介助	⑥介護力低下

利用者及び家族の生活に対する意向	寝たきりにならないよう、少しでも自分のことをできるようになって、家で暮らす。

（表中の太字は○印で囲まれた選択肢）

状況の事実※1		現在※2	要因※3	改善/維持の可能性※4	備考（状況・支援内容等）
移動	室内移動	自立　見守り　一部介助　**全介助**	①②④⑤	**改善**　維持　悪化	・車いす
	屋外移動	自立　見守り　一部介助　**全介助**	①②④⑤	**改善**　維持　悪化	・車いす
食事	食事内容	**支障なし**　支障あり		改善　**維持**　悪化	
	食事摂取	自立　**見守り**　一部介助　全介助	①⑤	改善　**維持**　悪化	
	調理	自立　見守り　一部介助　**全介助**	①③⑤	改善　**維持**　悪化	・夫
排泄	排尿・排便	支障なし　**支障あり**	①③⑤	改善　**維持**　悪化	・尿便意あるも、失敗することもある
	排泄動作	自立　見守り　**一部介助**　全介助	①③⑤	改善　**維持**　悪化	・終日：オムツ使用
口腔	口腔衛生	支障なし　**支障あり**	①③⑤⑥	改善　**維持**　悪化	・歯肉炎あり
	口腔ケア	自立　見守り　**一部介助**　全介助	①③⑤	改善　**維持**　悪化	・左側歯磨き不十分
服薬		自立　見守り　**一部介助**　全介助	①⑤	改善　**維持**　悪化	
入浴		自立　見守り　一部介助　**全介助**	①③⑤⑥	改善　**維持**　悪化	・自宅浴室未改修
更衣		自立　見守り　**一部介助**　全介助	①③⑤	改善　**維持**　悪化	
掃除		自立　見守り　一部介助　**全介助**	①③⑥	改善　**維持**　悪化	・夫
洗濯		自立　見守り　一部介助　**全介助**	①③⑥	改善　**維持**　悪化	・夫
整理・物品の管理		自立　見守り　一部介助　**全介助**	①③⑥	改善　**維持**　悪化	・夫
金銭管理		自立　見守り　一部介助　**全介助**	①③⑥	改善　**維持**　悪化	・夫
買物		自立　見守り　一部介助　**全介助**	①③⑥	改善　**維持**　悪化	・夫
コミュニケーション能力		**支障なし**　支障あり		改善　**維持**　悪化	
認知		**支障なし**　支障あり		改善　**維持**　悪化	
社会との関わり		支障なし　**支障あり**	①③④	改善　**維持**　悪化	・入院後は友人との交流少ない
褥瘡・皮膚の問題		支障なし　**支障あり**	①③⑤⑥	改善　**維持**　悪化	・陰部、臀部に汚れによる発赤
行動・心理症状（BPSD）		**支障なし**　支障あり		改善　**維持**　悪化	
介護力（家族関係含む）		支障なし　**支障あり**	①⑥	改善　**維持**　悪化	・夫のみ
居住環境		支障なし　**支障あり**	①⑥	改善　**維持**　悪化	・段差あり、段差等は未改修
				改善　維持　悪化	

たとえ重度であったとしても、現状の機能維持のため、リハビリ専門職の評価も検討しましょう。

見通し※5	生活全般の解決すべき課題（ニーズ）【案】	※6
起床動作や移乗動作が向上することで、車いすでの移動ができるようになる。	寝たきりになりたくないのでリハビリしたい。	
尿便意があるので、移乗動作能力の向上を図り、トイレでの排泄ができるようになる。	オムツを1人で替えられないので交換の手伝いをしてほしい。	
ADLや座位・立位動作が不安定であることや未改修のため、自宅での入浴は難しい。	入浴したい。	
定期的な排泄の支援でオムツによる皮膚のタダレが軽減する。	移動できる。	
夫と2人暮らし。長女、次女は仕事のため介護への協力が難しい。夫は就労しているが営業のため仕事の合間で様子をみにきたり食事等の介助ができる。		

※1　本書式は総括表でありアセスメントツールではないため、必ず別に詳細な情報収集・分析を行うこと。なお「状況の事実」の各項目は課題分析標準項目に準拠しているが、必要に応じて追加して差し支えない。
※2　介護支援専門員が収集した客観的事実を記載する。選択肢に○印を記入。
※3　現在の状況が「自立」あるいは「支障なし」以外である場合に、そのような状況をもたらしている要因を、様式上部の「要因」欄から選択し、該当する番号（丸数字）を記入する（複数の番号を記入可）。
※4　今回の認定有効期間における状況の改善／維持／悪化の可能性について、介護支援専門員の判断として選択肢に○印を記入する。

※5　「要因」および「改善／維持の可能性」を踏まえ、要因を解決するための援助内容と、それが提供されることによって見込まれる事後の状況（目標）を記載する。
※6　本計画期間における優先順位を数字で記入。ただし、解決が必要だが本計画期間に取り上げることが困難な課題には「－」印を記入。

評　価　表

利用者名　　F　殿

作成年月日　○○年　○○月　○○日

短期目標	（期間）	援助内容			結果 ※２	コメント （効果が認められたもの / 見直しを要するもの）
		サービス内容	サービス種別	※１		
定期的なオムツ交換をする。	○○.3.1～ ○○.8.31 （6ヵ月）	オムツ交換 陰部洗浄を含めた正式	家族 訪問介護 通所介護	夫 A 訪問介護 B 通所介護	△	オムツ交換が定期的に実施され、陰・殿部の皮膚状態も改善している。尿便意があり、移乗動作能力向上により、ポータブルトイレでの排泄を検討していく。継続。
会話の機会をつくる。趣味的な活動をみつけることができる。	○○.3.1～ ○○.8.31 （6ヵ月）	レクリエーション活動 行事活動への参加	通所介護	B 通所介護	○	行事参加では他利用者との交流もみられ、表情もよくなり会話量も増えた。料理活動では、メニュー提案や片手でできることを実施し楽しんでいた。継続。
立ち上がりができる。	○○.3.1～ ○○.8.31 （6ヵ月）	移乗練習 立ち上がり練習 関節可動域運動	通所介護 訪問看護	B 通所介護 C 訪問介護	○	左膝関節屈曲拘縮が改善され、手すり等につかまり立ち上がりが一部介助で実施可能となった。さらに安全性を高め、PT に生活場面で実施指導を依頼する。継続。
安全に入浴できる。	○○.3.1～ ○○.8.31 （6ヵ月）	入浴（リフト浴）介助 洗身介助	通所介護	B 通所介護	○	洗身動作で右手を使用し、できるところを自分で実施するように職員が声かけする。継続。
車いすを自操する。	○○.3.1～ ○○.8.31 （6ヵ月）	車いす貸与	福祉用具貸与	D 福祉用具事業所	△	通所介護時には一部自分で操作していた。

※１「当該サービスを行う事業所」について記入する。　※２　短期目標の実現度合いを５段階で記入する（◎：短期目標は予想を上回って達せられた、○：短期目標は達せられた（再度アセスメントして新たに短期目標を設定する）、△：短期目標は達成可能だが期間延長を要する、×１：短期目標の達成は困難であり見直しを要する、×２：短期目標だけでなく長期目標の達成も困難であり見直しを要する）

5 多職種連携の視点からの修正ケアプラン

第1表

居宅サービス計画書(1)

作成年月日　○○年○○月○○日

(初回)・紹介・継続　　(認定済)・申請中

利用者名　F　殿　　生年月日　○○年○○月○○日　　住所　○○市○○町

居宅サービス計画作成者氏名　○○　○○

居宅介護支援事業者・事業所名及び所在地　○○

居宅サービス計画作成(変更)日　○○年 ○○月 ○○日　　初回居宅サービス計画作成日　○○年 ○○月 ○○日

認定日　○○年○○月○○日　　認定の有効期間　○○年 ○○月○○日 ～ ○○年○○月○○日

要介護状態区分	要介護1 ・ 要介護2 ・ (要介護3) ・ 要介護4 ・ 要介護5
利用者及び家族の生活に対する意向	ご本人：寝たきりになりたくない。少しでも自分のことをできるようになって家で暮らしたい。 ご家族：寝起きが自分でできるようになってほしい。家での生活ができるようにリハビリテーションをしてほしい。
介護認定審査会の意見及びサービスの種類の指定	
総合的な援助の方針	在宅での生活ができるように日常生活を訪問介護やご家族で支援していきます。 また、ベッドでの起床動作ができるようにリハビリテーションを~~継続するために、訪問看護でのリハビリテーションや通所介護での機能訓練を実施していきます。~~実施し、理学療法士より、ご本人へ生活場面での起床動作や移乗動作方法を、訪問介護員やご家族へ適切な介助方法を指導してもらいます。それにより、生活内でできる動作が増えるように、そして生活空間の拡大を図っていけるよう支援していきます。 緊急連絡先　Aクリニック　B医師(主治医)：○○○－○○○－○○○○ C(夫)：○○○－○○○－○○○○
生活援助中心型の算定理由	1. 一人暮らし　2. 家族等が障害、疾病等　3. その他（　　）

第2表

居宅サービス計画書（2）

利用者名　　F　殿　　　　　　　　　　作成年月日　○○年　○○月　○○日

生活全般の解決すべき課題（ニーズ）	援助目標 長期目標	(期間)	短期目標	(期間)	援助内容 サービス内容	※1	サービス種別	※2	頻度	期間
オムツを１人で替えられないので、交換の手伝いをしてほしい。	~~オムツ交換にて清潔保持ができる。~~トイレで気持ちよく排泄ができるようになる。	○○.3.1～ ○○.8.31 (6ヵ月)	~~定期的なオムツ交換をする。~~安全にトイレで排泄する。	○○.3.1～ ○○.8.31 (6ヵ月)	~~オムツ交換~~ ~~陰部洗浄を含めた清拭~~ トイレへの移乗介助とズボンの上げ下げ介助	○ ○	訪問介護 通所介護 家族		2回/週 3回/週 随時	○○.3.1～ ○○.8.31 (6ヵ月)
寝たきりになりたくないのでリハビリしたい。	外出や対人交流の機会を設け、生活の楽しみをみつけることができる。	○○.3.1～ ○○.8.31 (6ヵ月)	会話の機会をつくる。趣味的な活動をみつけることができる。	○○.3.1～ ○○.8.31 (6ヵ月)	レクリエーション活動、行事活動への参加	○	通所介護		3回/週	○○.3.1～ ○○.8.31 (6ヵ月)
	移乗・移動動作が実施できる。	○○.3.1～ ○○.8.31 (6ヵ月)	立ち上がり~~ができる。~~や車いすでの移動ができる。	○○.3.1～ ○○.8.31 (6ヵ月)	~~移乗練習~~ ~~立ち上がり練習~~ ~~関節可動域運動~~ 理学療法士等によるリハビリテーション 動作方法の指導 日常生活動作への指導 訪問介護員やご家族への介助指導 トイレへの適切な移乗動作介助	○	通所介護 訪問看護 訪問介護		3回/週	○○.3.1～ ○○.8.31 (6ヵ月)
	口腔の清潔保持ができる	○○.3.1～ ○○.8.31 (6ヵ月)	口腔ケアが１人でできる。	○○.3.1～ ○○.8.31 (6ヵ月)	機能訓練指導員によるリハビリ	○	通所介護 家族		3回/週 毎日	○○.3.1～ ○○.8.31 (6ヵ月)
入浴したい。	入浴にて清潔保持ができる。	○○.3.1～ ○○.8.31 (6ヵ月)	安全に入浴できる。	○○.3.1～ ○○.8.31 (6ヵ月)	入浴（リフト浴）介助 洗身	○	通所介護		3回/週	○○.3.1～ ○○.8.31 (6ヵ月)
自力で移動したい。	車いすで安全に移動ができるようになる。	○○.3.1～ ○○.8.31 (6ヵ月)	車いすを自操する。	○○.3.1～ ○○.8.31 (6ヵ月)	車いす貸与	○	福祉用具貸与		毎日	○○.3.1～ ○○.8.31 (6ヵ月)

※１「保険給付の対象となるかどうかの区分」について、保険給付対象内サービスについては○印を付す。
※２「当該サービス提供を行う事業所」について記入する。

6 まとめ

● 当初ケアプランにおける多職種連携の課題・ポイント

全体的に不活発な状況にある利用者であり、座位も安定していなかったため、在宅生活を継続するために、連携してお世話をすることが主眼であった。

● モニタリングにおける多職種連携のポイント

左片麻痺であることに加え、左膝に中等度の屈曲拘縮があり、移乗および立位動作を阻害していた。また、オムツでの陰部のかぶれ、口腔内衛生管理の不十分と、介助者のケアが不十分であり、生活を整える必要があると判断した。

● 課題整理総括表・評価表により明らかになった多職種連携の課題

座位自体も安定しておらず、明らかに活動力不足があると判断した。また、左膝の屈曲拘縮は、寝返り起き上がりなどの起居動作にも悪影響を及ぼしていた。尿便意もはっきりしておらず、全体的に覇気がない状況だった。

● 多職種連携によるケアプランの見直しポイント

膝の屈曲拘縮については、理学療法士の意見を取り入れ、膝伸展強制をリングロックで行う長下肢装具を作成し、デイケアでの機能訓練始動時に、立位歩行訓練を装具装着にて行うことになった。また、訪問看護ステーションからの訪問リハビリを行い、在宅生活における訓練指導を開始することとなった。

同時に、デイケアでは、歯みがき指導と座位を多くとることにより活動の活性化を狙い、排泄トレーニングも実施する方向性が検討された。

● まとめ（多職種連携の視点から）

リハビリテーション病院での回復期リハビリ訓練を受けて在宅復帰した事例である。左片麻痺は重度の麻痺だったが、年齢は50歳代後半と若く、少しでも自分のことを自分でできるようになりたいとの希望もあり、もっと活発な生活をしていくことが必要だと判断した。夫が普段働いていることもあり、細かいケアがおろそかになっていて、生活指導から始めることが必要と考えた。自分でできることをしっかりと行っていないことがあり、丁寧なケアの指導が必要と考えた。

本来は通所リハビリテーションでのアプローチが最適の事例だったが、リハビリテーションが充実している通所介護が近くにあったため利用した。リハビリテーション病院から退院後、在宅生活の開始からほんの少しの時間で寝たきり傾向になり、座位も不安定になったので、まずは活動的に生活をすることが必要と判断した。また、麻痺側の左膝の屈曲拘縮が強かったが、改善の余地があると判断し、長下肢装具による機能訓練指導を行うことにした。加えて実生活での生活を自分で行うように、訪問リハビリテーションでサポートすることにした。

7 入退院時等における医療との連携に関する事例

1 事例の概要

氏名：Gさん

年齢：82歳

性別：男性

要介護度：要介護３

障害高齢者の日常生活自立度：B2

認知症である高齢者の日常生活自立度：Ⅱa

家族構成：80歳になる妻との２人暮らし。
　長男、長女はともに世帯をもち県外に在住。

ジェノグラム

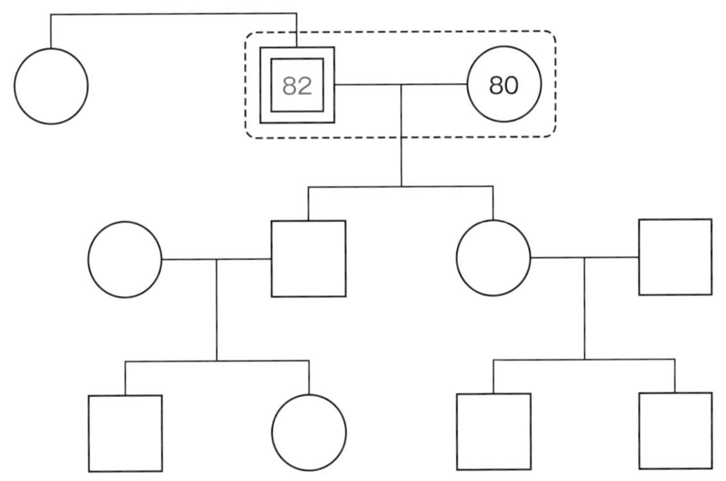

相談経路

　平成28年６月15日より発熱、19日に受診し入院となる。左肺炎であり抗生剤の投与で状態は落ち着き退院見込みとなる。７月上旬には退院予定であったが、入院中、トイレからベッドに戻る際に転倒し、右大腿部頸部骨折。貧血と慢性腎臓病により保存的治療となる。退院後に何らかのサービスが必要であろうと長女が地域包括支援センターへ相談し、明らかな要介護状態で居宅介護支援事業所へ紹介となる。

　骨折後に発熱が続き、貧血の進行もみられ酸素吸入を行った。また、誤嚥性肺炎を発症し、活気も食欲も低下したが９月初旬より状態は落ち着き、中旬から退院に向けてのリハビリが開始される。

平成28年10月に退院となった。

生活歴

昭和10年、H市に出生。20歳で結婚し、母と同居し会社勤務をしていたが、会社が倒産し、昭和45年に妻、長男、長女と4人でS町へ引っ越す。林業や農作業に従事。40歳代で糖尿病を発症し、治療せずに放置していたところ、平成14年に網膜症を発症。眼底レーザー治療を行うも回復せず。以降、狭心症、高血圧、白内障を発症する。網膜症になった時点で仕事ができなくなる。2人の子どもは高校を卒業すると自宅を出て暮らしはじめ、ともに結婚し世帯をもち、妻との2人暮らしとなる。平成25年3月に脳出血を発症したが、早期であり約2週間の入院で麻痺等なく退院。平成28年6月、肺炎で入院治療を受け、7月に入院先の病院内で転倒し、右大腿部頸部を骨折しベッド上での生活となる。現在、長男は遠方に住み、長女は近県に住んでいるが、介護のために自宅に来ることは難しい状況にある。林業に従事していたことから庭先には高山植物が多数あり、入院前まで毎日朝夕の水やり等の手入れを欠かさずに行っていた。

妻は高血圧症で、特に朝方に具合が悪くなることがある。

現在の生活状況

退院後、妻との2人暮らしである。月1回程度は長女が来て妻の愚痴を聞きながら本人（父）の状態を確認して帰る。本人は自宅で生活したい意向が強く、妻もそれを支援していきたいと思っているが、妻自身も80歳で高血圧症があり通院介助や入浴介助に難しさを感じている。長女は母の大変さを感じているが、なかなか手伝うことができず、施設利用を勧めている。

現在利用しているサービス

居宅療養管理指導（月1回、褥瘡の管理と健康相談）
訪問看護（週1回）
福祉用具貸与（電動ベッド、付属品、床ずれ予防マット）
短期入所療養介護（老健）
訪問介護（週3回）
訪問入浴介護（週1回）
特定福祉用具購入（ポータブルトイレ）
移送サービス（登録のみ）

2 アセスメント

❶健康状態	40歳代に発症したであろう糖尿病を治療せずにいたところ、平成13年に糖尿病性網膜症を発症し、翌年、眼底レーザー治療を行うも回復せず。平成25年3月に脳出血を発症したが早期であり約2週間の入院で軽快。平成28年6月、肺炎で入院していたが退院当日に病院内にて転倒し、右大腿部頸部を骨折しベッド上での生活となる。
❷ADL	視力、聴力は生活に支障ない程度で会話は可能。右下肢の機能障害があるものの左下肢は動く。つかまれば寝返り可能で、起き上がりは支えが必要。移乗は支えが必要。歩行不可。着脱衣は一部介助。入浴はほぼ全介助。
❸IADL	食事は車いすに移乗し食べている。着脱衣は、上衣は手を、下肢は左足を通すことは可能。
❹認知	障害なく、日常の意思決定ができる。
❺コミュニケーション能力	支障なく行えるが、妻との関係がよくない様子である。
❻社会との関わり	隣市に住む妹が月に1回程度、近県に住む娘が月1回程度訪問。月に1度移送サービスで通院。
❼排尿・排便	尿意がなく、留置カテーテルを7月より挿入し、オムツ使用。全介助で交換。
❽じょく瘡・皮膚の問題	右足踵にあったが治癒。現在は背部に発赤がある程度。
❾口腔衛生	自歯はあるが歯みがきせず、うがい程度で不十分。
❿食事摂取	咀嚼に問題なし。主食を粥、副食を柔らかい刻みにして自分でスプーンで食べる。急いで食べるためむせることがあり見守りが必要。
⓫行動・心理症状	精神・行動障害はない。
⓬介護力	80歳妻と同居。主たる介護者は妻で、子どもたちは県外在住により介護は不可。
⓭居住環境	一戸建て所有。1階に専用個室あり。日当たり不良。 暖房完備。トイレ洋式、浴室あり（ともに手すりは付いているが、動線に段差あり）。
⓮特別な状況	妻には高血圧症があり、特に朝方具合が悪くなることがある。

3 当初ケアプラン

第1表

居宅サービス計画書（1）

作成年月日　○○年○○月○○日

初回・紹介・継続　　認定済・申請中

利用者名　G　殿　　生年月日　○○年○○月○○日　　住所　○○市○○町

居宅サービス計画作成者氏名　○○　○○

居宅介護支援事業者・事業所名及び所在地　○○

居宅サービス計画作成（変更）日　○○年 ○○月 ○○日　　初回居宅サービス計画作成日　○○年 ○○月 ○○日

認定日　○○年○○月○○日　　認定の有効期間　○○年 ○○月○○日 ～ ○○年○○月○○日

要介護状態区分	要介護１ ・ 要介護２ ・ 要介護３ ・ 要介護４ ・ 要介護５
利用者及び家族の生活に対する意向	本人：自宅に帰りたい。正月はショートステイを利用せず自宅で過ごしたい。 妻：自分１人では、通院介助や入浴介助を行うことが難しい。できれば、老健に長期入所させたいと思う。 すぐに入所させるのは難しいと思うので、相談しながら、自宅で介護していけるようにしていきたい。
介護認定審査会の意見及びサービスの種類の指定	状態が安定しているため、認定有効期間を12か月に延長する。
総合的な援助の方針	奥様と２人暮らしですので、退院にあたりご心配なことやご家族で対応が困難なことなどについて相談支援します。 施設の空床状況について、適宜情報提供させていただき、ご家族様の介護負担が大きくならないよう対応します。 緊急連絡先　S町病院　（訪問診療・訪問看護）電話　○○○－○○○－○○○○ Y居宅介護支援事業所（ケアマネ）電話　○○○－○○○－○○○○
生活援助中心型の算定理由	1. 一人暮らし　2. 家族等が障害、疾病等　3. その他（　）

本人の思いと妻の意向のすりあわせが行われていません。課題整理総括表が反映されていません。

心配なことや困難なことを具体的に記入します。

第2表

居宅サービス計画書（2）

利用者名　　G　殿　　　　　　　　　　　作成年月日　○○年　○○月　○○日

生活全般の解決すべき課題（ニーズ）	援助目標 長期目標	（期間）	短期目標	（期間）	援助内容 サービス内容	※1	サービス種別	※2	頻度	期間
肺炎を繰り返していたり、右かかとに褥瘡ができていたりと、医療面のサポートが必要である。	健康状態が悪化しない。	○○.9.1～ ○○.8.31 （12ヵ月）	褥瘡の適切な処置ができる。	○○.9.1～ ○○.2.28 （6ヵ月）	保護材の交換		家族	家族	適宜	○○.9.1～ ○○.2.28 （6ヵ月）
						○	訪問入浴介護	A社	週1回	〃
						○	訪問看護	S病院	週1回	〃
					床ずれ予防用具の使用	○	福祉用具貸与	C社	毎日	〃
					褥瘡の状態の観察、助言	○	居宅療養管理指導	S病院	月1回	〃
						○	訪問看護	S病院	週1回	〃
			肺炎の再発を予防できる。	○○.9.1～ ○○.2.28 （6ヵ月）	正しい姿勢で誤嚥しないよう、ゆっくりと咀嚼する		本人	本人		〃
					口腔ケアを習慣化					〃
					口腔ケアの介助	○	訪問介護 家族	A社 家族	週3回 毎日	〃
					食事テーブル貸与	○	福祉用具貸与	C社	毎日	〃
					とろみ剤の紹介・介護食のサンプル提供	○	居宅介護支援	Y社	適宜	〃
					診察・健康相談	○	居宅療養管理指導	S病院	月1回	〃
						○	訪問看護	S病院	週1回	〃
					ギャッジアップできるベッドの貸与	○	福祉用具貸与	C社	毎日	〃
					やわらかめの食事の提供		家族	家族	毎日	〃
					自力摂取困難な場合の食事介助	○	訪問介護 家族	A社 家族	週3回 毎日	〃 〃
妻との2人暮らしであり、入浴介助が困難である。	定期的な入浴の機会をもち、清潔を保つことができる。	○○.9.1～ ○○.8.31 （12ヵ月）	週1回、入浴することができる。	○○.9.1～ ○○.2.28	着脱衣介助、洗身・洗髪介助、浴槽の出入り時の介助、右肩の湿疹部分への軟膏塗布	○ ○	訪問入浴介護 短期入所療養介護	A社 G施設	週1回 必要時	〃
					着替え等の必要物品の準備、シーツ交換	 ○	家族 訪問入浴介護	家族 A社	週1回 週1回	〃
					髭剃り等の整容介助	○ ○	訪問入浴介護 訪問介護	A社 A社	週1回 週3回	〃
排泄介助が必要であるが、移動・移乗時の動作が安定しない。	本人・家族ともに安楽な方法で排泄動作ができる。	○○.9.1～ ○○.8.31 （12ヵ月）	排泄動作が安定してできる。	○○.9.1～ ○○.2.28 （6ヵ月）	ベッドサイドにポータブルトイレを設置	○	特定福祉用具販売	C社		〃
					オムツ・パッドの交換	 ○ ○	家族 訪問看護 訪問介護	家族 S病院 A社	毎日 週1回 週3回	〃
					オムツ・パッド類の支給		家族介護用品支給事業	O社協	月1回	〃

歯科衛生士の訪問の検討が必要です。

嚥下テストの実施が必要です。

咀嚼、嚥下ができているようなので不要ではないでしょうか？

支えれば移乗は可能なので、支援バーが必要です。

上肢に機能障害が無いことから不要ではないでしょうか？

通所リハの検討が必要です。

左下肢、上肢は使えるので、目標を座位保持の安定とし、活動範囲の拡大を考えます。

※1 「保険給付の対象となるかどうかの区分」について、保険給付対象内サービスについては○印を付す。
※2 「当該サービス提供を行う事業所」について記入する。

4 課題整理総括表・評価表

課題整理総括表

利用者名　G　殿　　　　作成日　〇〇年〇〇月〇〇日

自立した日常生活の阻害要因（心身の状態、環境等）	①高齢者世帯である。	②妻の助言を聞き入れない。	③骨折の既往があり、右足が痛む。
	④皮膚トラブルが起きやすい。	⑤口腔ケアが不十分。	⑥寝たきりである。

利用者及び家族の生活に対する意向	本人：できるだけ自宅にいたい。 家族：妻の介護疲労が大きくならないよう、ときどき休息をとりながら在宅生活を継続したい。

状況の事実※1		現在※2	要因※3	改善/維持の可能性※4	備考（状況・支援内容等）
移動	室内移動	自立　見守り　一部介助　(全介助)	③⑥	(改善)　維持　悪化	ポータブルトイレがあるが、現状では起居動作が困難なことから、利用することが難しい。
	屋外移動	自立　見守り　一部介助　(全介助)	③⑥	(改善)　維持　悪化	
食事	食事内容	(支障なし)　支障あり		改善　(維持)　悪化	
	食事摂取	自立　(見守り)　一部介助　全介助		改善　(維持)　悪化	
	調理	自立　見守り　一部介助　(全介助)	⑥	改善　(維持)　悪化	
排泄	排尿・排便	支障なし　(支障あり)	③⑥	改善　(維持)　悪化	尿閉が起こりやすく、バルーンカテーテル留置となっている。
	排泄動作	自立　見守り　一部介助　(全介助)	③⑥	改善　(維持)　悪化	
口腔	口腔衛生	支障なし　(支障あり)	⑤⑥	(改善)　維持　悪化	咀嚼、飲み込み状況など専門職に確認が必要です。
	口腔ケア	自立　見守り　(一部介助)　全介助	⑤⑥	(改善)　維持　悪化	
服薬		自立　見守り　(一部介助)　全介助	⑥	改善　(維持)　悪化	機能の状態から服薬自立できそうですが、どんなことに介助が必要なのでしょうか？ 数や大きさであれば薬剤師に相談します。
入浴		自立　見守り　一部介助　(全介助)	⑥	改善　(維持)　悪化	
更衣		自立　見守り　(一部介助)　全介助	⑥	改善　(維持)　悪化	
掃除		自立　見守り　一部介助　(全介助)	⑥	改善　(維持)　悪化	
洗濯		自立　見守り　一部介助　(全介助)	⑥	改善　(維持)　悪化	
整理・物品の管理		自立　見守り　一部介助　(全介助)	⑥	改善　(維持)　悪化	
金銭管理		自立　見守り　一部介助　(全介助)	⑥	改善　(維持)　悪化	
買物		自立　見守り　一部介助　(全介助)	⑥	改善　(維持)　悪化	
コミュニケーション能力		(支障なし)　支障あり		改善　(維持)　悪化	
認知		(支障なし)　支障あり	②	改善　(維持)　悪化	
社会との関わり		支障なし　(支障あり)	①⑥	改善　(維持)　悪化	
褥瘡・皮膚の問題		支障なし　(支障あり)	⑥	改善　(維持)　悪化	
行動・心理症状（BPSD）		(支障なし)　支障あり		改善　(維持)　悪化	
介護力（家族関係含む）		支障なし　(支障あり)		改善　(維持)　悪化	
居住環境		支障なし　(支障あり)		改善　(維持)　悪化	
				改善　維持　悪化	

見通し※5	生活全般の解決すべき課題（ニーズ）【案】	※6
年金生活であり、各種サービス利用における自己負担出費に対し強い不安感があるため、家族介護用品支給事業や特別障害者手当の申請を勧める。	妻の介護負担が大きくならないよう、入所サービスの利用を適宜ケアプランに入れる。	1
状態に応じて、徐々にリハビリをすすめ、起居動作の向上を図り、妻の介護負担が軽減されるようにする。 座位保持訓練を行うことで、移動の範囲が広がるように思えます。	移動において介助を必要とするため、妻1人では通院介助が困難である。	2
	右大腿骨頸部骨折のため、自力で移動できず、入浴全般において介助が必要である。	3
	長男・長女が遠方に住んでおり、在宅介護の状況をリアルタイムで知ることができない。MCSの利用で字面だけでなく、画像等から本人の状況を知ることで、介護サービスへの要望を気軽に発信できるようにする。 肺炎を繰り返したり、皮膚状態が不安定であることを解決することが必要です。	4

※1 本書式は総括表でありアセスメントツールではないため、必ず別に詳細な情報収集・分析を行うこと。なお「状況の事実」の各項目は課題分析標準項目に準拠しているが、必要に応じて追加して差し支えない。
※2 介護支援専門員が収集した客観的事実を記載する。選択肢に○印を記入。
※3 現在の状況が「自立」あるいは「支障なし」以外である場合に、そのような状況をもたらしている要因を、様式上部の「要因」欄から選択し、該当する番号（丸数字）を記入する（複数の番号を記入可）。
※4 今回の認定有効期間における状況の改善／維持／悪化の可能性について、介護支援専門員の判断として選択肢に○印を記入する。
※5 「要因」および「改善／維持の可能性」を踏まえ、要因を解決するための援助内容と、それが提供されることによって見込まれる事後の状況（目標）を記載する。
※6 本計画期間における優先順位を数字で記入。ただし、解決が必要だが本計画期間に取り上げることが困難な課題には「－」印を記入。

評　価　表

利用者名　　G　殿　　　　　　　　　　作成年月日　○○年　○○月　○○日

短期目標	（期間）	援助内容 サービス内容	サービス種別	※1	結果 ※2	コメント（効果が認められたもの／見直しを要するもの）
褥瘡の適切な処置ができる。	○○.9.1～○○.2.28（6ヵ月）	保護材（シルキーポア）の交換	家族	家族	○	褥瘡はほぼ治癒しており、サービス内容は終了とする。
			訪問入浴介護	A社	○	褥瘡はほぼ治癒しており、サービス内容は終了。次月より訪問入浴を週２回へ増やし、身体清潔保持の継続が可能となるよう支援する。
			訪問看護	B社	○	褥瘡はほぼ治癒しており、サービス内容は終了とする。
		床ずれ予防用具の使用	福祉用具貸与	K社	△	リハビリモードの利用により、オムツ交換や起居動作が可能となっているも、起き上がりに力を入れるとマットがへこむため介助は大きいままで経過。本人は硬いマットとの方が起きることができると思うとのこと。妻は褥瘡が心配なため、マットの種類変更に躊躇している。
		褥瘡の状態の観察、助言等	居宅療養管理指導	H病院	△	背部の発赤はあるが、褥瘡はない。継続して予防できるよう支援する。
			訪問看護	B社	△	背部の発赤はあるが、褥瘡はない。継続して予防できるよう支援する。
肺炎の再発を予防できる。	○○.9.1～○○.2.28（6ヵ月）	正しい姿勢で誤嚥しないよう、ゆっくりと咀嚼する。口腔ケアを習慣づける	本人 訪問介護	本人 A社	△ △	妻の助言は聞き入れないが、訪問看護師の指導で自分で口腔ケアを行うことができていた。
		口腔ケアの介助	家族	家族	△	妻の助言は聞き入れず、自分で口腔ケアをすることはないとのこと。
		食事用テーブル貸与	短期入所療養介護 福祉用具貸与	G施設 C社	○ △	今年１月に数日間利用し、目標は達成できたものの本人・家族より以降の利用希望はない。
		とろみ剤の紹介・介護食のサンプル提供	居宅介護支援	H事業所	○	介護食のサンプルを提供しているも、妻の調理した普通食で特変なく経過している。肺炎の再発もみられておらず、プランより外すこととする。
		ギャッジアップできるベッドの貸与	福祉用具貸与	K事業所		
		診察・健康相談等	居宅療養管理指導	H病院	△	４月13日、尿道カテーテルを交換しようとするも入らず、カテーテルを入れず様子みる。その後、自尿がみられており様子観察としている。
			訪問看護	H社	△	血圧低めで経過している。特に体調不良等の訴えなし。
		やわらかめの食事の提供	家族	家族		
			短期入所療養介護	G施設	○	今年１月に数日間利用され、目標は達成できたが、本人・家族より以降の利用希望はなく、次回計画から外すこととする。
		自力摂取困難な場合の食事介助	訪問介護 家族 短期入所療養介護	A社 家族 G施設	○ ○ ○	今年１月に数日間利用したが、以降本人からの利用希望はなく、次回計画から外すこととする。 インフルエンザが流行したことにより、家族より利用辞退があり、実際の利用につながることはなかった。食事摂取は自力でできているため次回より計画より外すこととする。

※１「当該サービスを行う事業所」について記入する。　※２　短期目標の実現度合いを５段階で記入する（◎：短期目標は予想を上回って達せられた、○：短期目標は達せられた（再度アセスメントして新たに短期目標を設定する）、△：短期目標は達成可能だが期間延長を要する、×１：短期目標の達成は困難であり見直しを要する、×２：短期目標だけでなく長期目標の達成も困難であり見直しを要する）

評 価 表

利用者名　　G　殿　　　　　　　　　　作成年月日　○○年　○○月　○○日

短期目標	（期間）	援助内容			結果 ※2	コメント （効果が認められたもの / 見直しを要するもの）
		サービス内容	サービス種別	※1		
週１回、入浴することができる。	○○.9.1～○○.2.28 (6ヵ月)	着脱介助、洗身・洗髪介助、浴槽の出入り時の介助、右肩の湿疹部分への軟膏塗布	訪問入浴介護	C社	○	トラブル等なく、スタッフとのコミュニケーションをとりながら楽しく入浴を楽しむことができている。本人・妻の希望により５月より週２回へ増やしていく予定。
			短期入所療養介護	G施設	○	今年１月に数日間利用したが、以降本人からの利用希望はなく、次回計画から外すこととする。
		着替え等の必要物品の準備、シーツ交換	家族	家族	△	その都度家族に手伝ってもらいながら、準備できている。
			訪問入浴介護	C社	△	
		髭剃り等の整容介助	訪問入浴介護	C社	△	剃り方が悪い等、本人から注文があることがあるものの、コミュニケーションをとりながら整容できている。
			訪問介護	A社	△	
排泄動作が安定してできる。	○○.9.1～○○.2.28 (6ヵ月)	ベッドサイドにポータブルトイレを設置	特定福祉用具販売	L社	×1	リハビリではポータブルトイレへの移乗ができることを目的としているが、現状では達成困難。見直しとする。
		オムツ・パッドの交換	家族	家族	△	
			訪問看護	B社	△	シーツまで汚染時は、看護師が交換している。
			訪問介護	A社	△	妻からは徐々に排泄介助に慣れてきたとのコメントあり。連日の訪問サービス利用により気疲れするとのことで土曜日の訪問介護利用を減らしている。
		機能訓練の実施	訪問リハビリテーション	G社	△	離床が徐々に可能になってきているものの、妻のみでは離床介助は困難なことを説明している。本人の離床動作支援のため、L字バーや車いすの貸与について家族と相談していく予定。
			訪問看護	B社	×1	主に排尿障害へのケアでの介入となっており、機能訓練に関しては訪問リハビリでの対応が中心のため見直しとする。
			短期入所療養介護	G施設	×1	本人・妻からは老健入所サービスを利用してのリハビリ希望が強く聞かれていたが、空床状況やインフルエンザの流行等の諸事情により、計画には入れていたものの実際の利用につながることはなかった。次月以降、長期入所利用を含めて相談予定。
		オムツ・パッド類の支給	家族介護用品支給事業	O町社協	△	家計的にも助かると妻よりコメントあり。バルーンカテーテル抜去により、今後はパッド類の消費量が増えていくと思われるが、適宜相談対応していく。

※1 「当該サービスを行う事業所」について記入する。　※2　短期目標の実現度合いを５段階で記入する（◎：短期目標は予想を上回って達せられた、○：短期目標は達せられた（再度アセスメントして新たに短期目標を設定する）、△：短期目標は達成可能だが期間延長を要する、×1：短期目標の達成は困難であり見直しを要する、×2：短期目標だけでなく長期目標の達成も困難であり見直しを要する）

5 多職種連携の視点からの修正ケアプラン

第1表

居宅サービス計画書（1）

作成年月日　○○年○○月○○日

初回・紹介・継続　　認定済・申請中

利用者名　G　殿　　生年月日　○○年○○月○○日　　住所　○○市○○町

居宅サービス計画作成者氏名　○○　○○

居宅介護支援事業者・事業所名及び所在地　○○

居宅サービス計画作成（変更）日　○○年 ○○月 ○○日　　初回居宅サービス計画作成日　○○年 ○○月 ○○日

認定日　○○年○○月○○日　　認定の有効期間　○○年 ○○月○○日 ～ ○○年○○月○○日

要介護状態区分	要介護１　・　要介護２　・　要介護３　・　要介護４　・　要介護５
利用者及び家族の生活に対する意向	本人：~~自宅に帰りたい。正月はショートステイを利用せず自宅で過ごしたい。~~ できるだけ自宅にいたい。 妻：自分１人では、通院介助や入浴介助を行うことが難しい。~~できれば、老健に長期入所させたいと思う。~~ ~~すぐに入所させるのは難しいと思うので、相談しながら、~~介護疲労が大きくならないよう、ときどき休息を取り入れながら自宅で介護していけるようにしていきたい。
介護認定審査会の意見及びサービスの種類の指定	状態が安定しているため、認定有効期間を１２か月に延長する。
総合的な援助の方針	奥様と２人暮らしですので、退院にあたりご心配なことやご家族で対応が困難なことなどについて相談支援します。 ~~施設の空床状況について、適宜情報提供させていただき、~~ご家族様の介護負担が大きくならないよう対応します。 リハビリで機能維持向上を図り、活動範囲を広げ、好きなことがまたできるようになる。 緊急連絡先　Ｓ町病院（訪問診療・訪問看護）電話　○○○－○○○－○○○○ Ｙ居宅介護支援事業所（ケアマネ）電話　○○○－○○○－○○○○　妹　電話　○○○－○○○－○○○○
生活援助中心型の算定理由	1.　一人暮らし　2.　家族等が障害、疾病等　3.　その他（　）

第2表

居宅サービス計画書（2）

利用者名　G　殿　　　　作成年月日　○○年　○○月　○○日

生活全般の解決すべき課題（ニーズ）	援助目標				援助内容					
	長期目標	（期間）	短期目標	（期間）	サービス内容	※1	サービス種別	※2	頻度	期間
肺炎を繰り返していたり、右かかとに褥瘡ができていたりと、医療面のサポートが必要である。	健康状態が悪化しない。	○○.9.1～○○.8.31（12ヵ月）	褥瘡の適切な処置ができる。	○○.9.1～○○.2.28（6ヵ月）	保護材の交換		家族	家族	適宜	○○.9.1～○○.2.28（6ヵ月）
						~~○~~	~~訪問入浴介護~~	~~A社~~	~~週1回~~	〃
					褥瘡の状態確認	○	訪問看護	S病院	週1回	〃
					床ずれ予防用具の使用	○	福祉用具貸与	C社	毎日	〃
					褥瘡の状態の観察、助言、栄養状態の確認	○	居宅療養管理指導（訪問診療）	S病院	月1回	〃
						○	訪問看護	S病院	週1回	〃
			口腔ケアをしっかり行い肺炎の再発を予防できる。	○○.9.1～○○.2.28（6ヵ月）	正しい姿勢で誤嚥しないよう、ゆっくりと咀嚼する		本人	本人		〃
					口腔ケアの習慣化指導と確認		居宅療養管理指導（歯科衛生士）	N歯科	隔週	〃
					口腔ケアの介助	○ ○	訪問介護 訪問看護 家族	A社 S病院 家族	週3回 週2回 毎日	〃
					食事テーブル貸与	○	福祉用具貸与	C社	毎日	〃
					~~とろみ剤の紹介・介護食のサンプル提供~~	~~○~~	~~居宅介護支援~~	~~Y社~~	~~適宜~~	~~〃~~
					診察・健康相談	○	居宅療養管理指導	S病院	月1回	〃
						~~○~~	~~訪問看護~~	~~S病院~~	~~週1回~~	~~〃~~
					~~ギャッジアップできるベッドの貸与~~	~~○~~	~~福祉用具貸与~~	~~C社~~	~~毎日~~	~~〃~~
					やわらかめの食事の提供		家族	家族	毎日	〃
					~~自力摂取困難な場合の食事介助~~	~~○~~	~~訪問介護~~ ~~家族~~	~~A社~~ ~~家族~~	~~週3回~~ ~~毎日~~	~~〃~~ ~~〃~~
妻との2人暮らしであり、入浴介助が困難である。	定期的な入浴の機会をもち、清潔を保つことができる。	○○.9.1～○○.8.31（12ヵ月）	週1回以上、入浴することができる。	○○.9.1～○○.2.28（6ヵ月）	着脱衣介助、洗身・洗髪介助、浴槽の出入り時の介助、右肩の湿疹部分への軟膏塗布	○ ○ ○	訪問入浴介護 短期入所療養介護 通所リハ	A社 G施設 G施設	週1回 必要時 週2回	〃 〃 〃
					着替え等の必要物品の準備、シーツ交換	 ○	家族 訪問入浴介護	家族 A社	週1回 週1回	〃
					シェーバーによる髭剃り等の整容介助	○ ○	訪問入浴介護 訪問介護	A社 A社	週1回 週3回	〃
~~排泄介助が必要であるが、移動・移乗時の動作が安定しない。~~ 活動範囲が広がり、社会参加や庭に出て植物の手入れができる。	陰部の清潔保持 ~~本人・家族ともに安楽な方法で排泄動作ができる。~~ 車いすを利用して移動が自由にできる。	○○.9.1～○○.8.31（12ヵ月）	バルーンの漏れによる汚染の解消。 ~~排泄動作が安定してできる。~~ 車いす上での座位安定。	○○.9.1～○○.2.28（6ヵ月）	ベッドサイドにポータブルトイレを設置	○	特定福祉用具販売	C社		〃
					オムツ・パッドの交換	 ○ ○	家族 訪問看護 訪問介護	家族 S病院 A社	毎日 週1回 週3回	〃
					オムツ・パッド類の支給		家族介護用品支給事業	O社協	月1回	〃
					ベッドおよび支援バー自走式車いすの貸与	○	福祉用具貸与	C社	毎日	〃
			座位保持が安定し、屋外に出ることができる。	○○.9.1～○○.2.28（6ヵ月）	機能訓練の実施（可動域訓練、座位の練習など）	○ ○ ○ ○	訪問リハビリテーション 訪問看護 通所リハ 短期入所療養介護	H社 S病院 G施設 G施設	週2回 週1回 週2回 適宜	〃 〃 〃 〃
妻は高血圧症で、体調が優れないことがある。	緊急時に誰かが駆けつけられる。	○○.9.1～○○.8.31（12ヵ月）	緊急時の連絡体制と見守りを行う。	○○.9.1～○○.2.28（6ヵ月）	定期的に訪問する人をみつける 毎朝、妹へ電話をする		民生委員・社協 妹	O社協	週1回	

※1 「保険給付の対象となるかどうかの区分」について、保険給付対象内サービスについては○印を付す。
※2 「当該サービス提供を行う事業所」について記入する。

6 まとめ

● 当初ケアプランにおける多職種連携の課題・ポイント

入院前の ADL、IADL の情報があればよい。

内服薬の情報が全くない。

高齢の２人暮らしであり、妻の状態がもう少し知りたい。

● モニタリングにおける多職種連携のポイント

短期入所療養介護の利用目的がはっきりしない。

● 課題整理総括表・評価表により明らかになった多職種連携の課題

課題整理総括表で出されたことが、サービス計画では記されてない。

病気の原因が身体的なことなのか、環境に起因することなのか分からない。

特に肺炎の原因について、歯科医や病院からの聞き取りが不十分。

● 多職種連携によるケアプランの見直しポイント

本人が自宅で暮らしたい、妻も在宅生活を継続したいと思っている。

機能的にもリハビリを積極的に行うことで、ベッド上の生活から車いす、そして社会との交流が図られていくと考えられる。

保険サービスが主であり、地域の資源の活用がされていない。

● まとめ（多職種連携の視点から）

この事例は退院が近くなってから介入した事例であるが、入院前の生活状況を妻や関係者から聞き取り、できるだけ元の生活に近づけられるようプランを作成する必要があると感じた。右下肢は保存治療で機能の回復は難しいが、残された機能をうまく使い、他法制度を活用していく。そのためにも、積極的に情報提供を行い、ニーズを引き出していくことが必要ではないだろうか。

見直しの修正点として、妻の介護負担に配慮し、本人には自立に向けたサービスを位置づけた。高齢者世帯であるために介護基盤が弱く、長女は施設入所の希望をもっていることから、介護支援専門員は在宅生活継続のリスクをおさえながら支援にあたる必要がある。

8 家族への支援の視点が必要な事例

1 事例の概要

氏名：Hさん

年齢：82歳

性別：女性

要介護度：要介護3

障害高齢者の日常生活自立度：A2

認知症である高齢者の日常生活自立度：Ⅲb

家族構成：本人、長男、長女（妹）と3人暮らし。本人、夫の両親はすでに死亡。
夫の妹が生存しているが、交流はない。

ジェノグラム

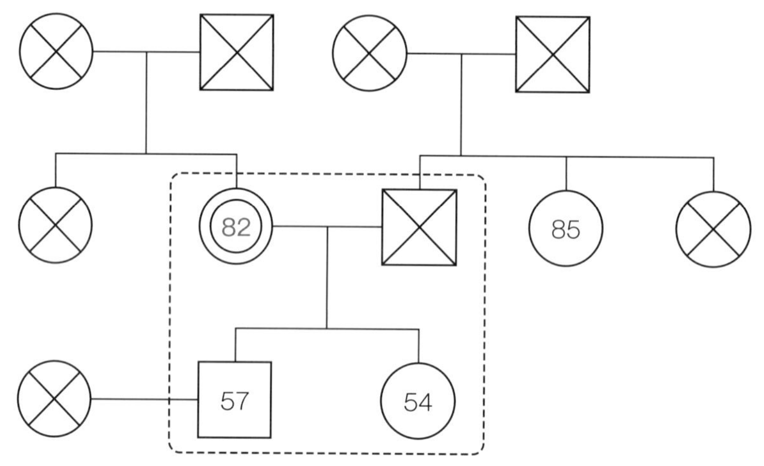

相談経路

同居している長男から、デイサービスを利用したいとの申し出がある。数十年ぶりに同居を始めた長男は、母親の認知症が今後どのように変化していくのか不安であること、また、これまですべての援助を拒否していた妹がようやく介護保険サービスの利用を考え始めたこともあり、少しでも母親の認知症の改善を図ることができればと思い、介護保険の申請をした。また、サービスを利用するために、まず居宅介護支援事業所へ相談してみるようにという市役所からの案内もあり、近隣の事業所を選び、当事業所へ連絡したと話される。

利用者は、5年前に夫が死亡してから長女と2人で暮らしていたようだが、本人の記憶障害や徘徊、作話などの症状が頻回にみられるようになり、母親の認知症が進行していることを心配した長男は、６か月前から３人同居暮らしを始めている。

これまで面倒をみていた妹とは、母親の介護のことでもめることがあり、専門家の意見を聞きたいとの申し出もあった。

生活歴

Ｃ県Ａ町で４人兄弟の末っ子として誕生。裕福な家に育ち、幼い頃からよく勉強ができていたようである。高等女学校から専門学校に通い、看護師免許を取得した後は、59歳まで公立病院に勤務。大腸がんを患ったことをきっかけに定年よりは少し早く退職。退職後は、友人や近隣との付き合いも薄く、地域の行事などへ参加することもなかったようである。

２年ほど前から記憶力の低下がみられるようになり認知症の診断を受ける。10か月ほど前からは、仕事をするといって、本人が勤務していた病院へ昼夜問わず出かけるようになり、１人で家に帰れないことも多くなった。

24歳で結婚し、2人の子どもをもうけている。夫は鉄道会社に勤務していた。両親とも夜勤があったが、助け合って子どもを育てる。夫は亭主関白ではあるが、よく子どもの面倒をみた。長男は大学卒業後Ｔ県で就職し、その後起業。母親の病状が悪化していること、妻が亡くなったことをきっかけに事業を整理し、６か月前に実家に戻っている。また長女は、短期大学を卒業後、統合失調症を発症し、実家で暮らしている。一度も就労した経験がなく、家事手伝いをしながら両親の年金で生計をたて、現在も年金の管理は長女が行い生活している。

現在の生活状況

５年前、夫が他界してから長女と２人暮らし。８年前から糖尿病、高血圧症でＹ内科から内服処方を受けていたものの、長女が家事全般を行い、日常生活に支障はなかった。２年前から物忘れが著しくなり、話した内容をすぐ忘れてしまうことが多くなったこと、活動範囲も狭くなったことから、かかりつけ医を受診し、認知症と診断を受ける。10か月ほど前から、以前勤務していた病院へ仕事だといって出かけ、自宅に帰れなくなる。家族が出かけることを止めようとすると落ち着かなくなり、暴れることもあるので、本人がソワソワし始めると長男が車に乗せ、病院の前まで連れてきている。今でも自分は仕事をしているという言動も多い。自宅の中であればなんとか移動が可能な状態だが、屋外の歩行は支えが必要な状態である。日常生活に関する動作は、一つ一つ指示することでなんとかできることも多いが、少し複雑なことは理解ができず、家族の支援が必要な状態である。食事の準備、洗濯、服薬管理、金銭管理等は長女が、通院や買い物などは長男が支援している。

長男、長女は母親のことをそれぞれ心配しているが、長女はサービスを利用せず自宅で継続して生活させる、長男は施設入所へ向けて準備するなど、対応方針が異なっている。

現在利用しているサービス

デイサービス（週２回）

ショートステイ（予定）

2 アセスメント

❶健康状態	・大腸がん（手術を受け、現在は治療していない） ・腸閉塞（数回繰り返している） ・糖尿病、高血圧症、便秘症（内容治療中） ・認知症（内服治療中）
❷ADL	・寝返り、起き上がりは何かにつかまればできる。 ・屋内の移動は、伝い歩き可能。 ・屋外の移動は、不安定でふらつきがあり、杖歩行を支えるなどの介助が必要。 ・食事摂取はセットしておけば自立。 ・排泄はときどき失禁があり、自分でリハビリパンツを交換する。 ・入浴はデイサービス利用時に行い、背部の洗身などは介助を受けている。
❸IADL	・掃除、洗濯、調理は長女が行っている。身のまわりの片づけなど、自分でできることは行おうとする。 ・ゴミの収集、ゴミ出しは長女が行う。 ・通院は長男の介助を受けて行っている。 ・内服薬は長女がセットして手渡している。 ・年金などの金銭管理は長女が行い、小遣い程度の所持。 ・買い物は長男が行うが、ときどき本人が同行し欲しいものを買ってもらうことがある。
❹認知	短期記憶の低下が著明。 以前勤務していた病院へ「仕事に出る」といって出かけようとして落ち着かなくなることは週１回程度あるが、以前より身体機能の低下がみられ、思うように動けなくなっていることから、直接病院まで行くことはできなくなった。ソワソワし始めると、長男が察して病院へ連れて行き、病院の看護師の協力を得ながらなだめるといった対応をとっている。
❺コミュニケーション能力	何度も同じ話を繰り返す。作話も多い。意思表示や言葉のやり取りは可能。
❻社会との関わり	主に家族と一緒に過ごすことが多い。 かかりつけ医や看護師、デイサービスの職員や利用者との交流はあるが、それ以外の交流は全くない。

❼排尿・排便	尿、便意はあるが、下剤を服用することがあり、まれにトイレまで間に合わず失禁することもある。
❽じょく瘡・皮膚の問題	問題なし。
❾口腔衛生	義歯の手入れは自分で行うことができる。
❿食事摂取	準備をすすめることで、自力摂取できる。
⓫行動・心理症状	仕事に行くといって落ち着かなくなる。ソワソワしたり、暴力的になることもあるため、現在は長男が病院まで連れて行って落ち着かせるようにしている。
⓬介護力	長男（57 歳）。6 か月前から実家で同居。 妻が亡くなったことをきっかけにして、これまでの住居を整理し実家へ戻ってきた。会社を経営していたため経済的には余裕があり、今後の生活にも支障はない。 長女（54 歳）。20 歳ごろ、統合失調症の診断を受けている。両親に経済的な援助を受けて生活し、現在も本人の年金を管理している。就労経験もなく収入がないため、母親がサービスを活用することでお金がかかり、自分の今後の生活がひっ迫するのではないかという不安を抱いているようである（年金はまだ受給できない）。また認知症に対する病識に欠け、対応方法にも理解不足が伺える。
⓭居住環境	持ち家。1 階に本人の居住スペースがある。リビングと寝室は隣りあわせで行き来はしやすい。トイレが廊下の端にあるため、移動に時間を要する。
⓮特別な状況	長男は、今後状態の悪化がみられた場合の施設入所を検討している。その準備のためにショートステイの利用をさせてほしいとの希望がある。しかし、長女はそのような必要はないと否定的な意見をもっている。

第1表

居宅サービス計画書（1）

作成年月日　○○年○○月○○日

（初回）・紹介・継続　（認定済）・申請中

利用者名　H　殿　生年月日　○○年○○月○○日　住所　○○市○○町

居宅サービス計画作成者氏名　D 居宅介護支援事業所

居宅介護支援事業者・事業所名及び所在地

居宅サービス計画作成（変更）日　○○年 ○○月 ○○日　初回居宅サービス計画作成日　○○年 ○○月 ○○日

認定日　○○年○○月○○日　認定の有効期間　○○年 ○○月○○日 ～ ○○年○○月○○日

要介護状態区分	要介護 1 ・ （要介護 2） ・ 要介護 3 ・ 要介護 4 ・ 要介護 5
利用者及び家族の生活に対する意向	本人：家の中で過ごすことがほとんどで、以前より歩けなくなったと感じている。物忘れがあるものの身のまわりのことはできているので、このまま自宅での生活を続けていきたい。 長男：退職し数十年ぶりに同居を始めて数か月たつが、特に朝方、以前働いていた職場に行こうとすることがあり、その都度なだめることが大変である。これ以上認知症状が悪化しないように生活ができたらと思う。 長女：これまで通りの生活ができればいいと思う。
介護認定審査会の意見及びサービスの種類の指定	なし
総合的な援助の方針	自分の力で歩行できるよう、リハビリを取り入れたサービスを提供していきます。散歩や買い物など日中の活動量を増やし、夜間十分眠ることができるような取り組みを行います。病気への理解、対応方法などを学びながら、家族が穏やかに生活していくことができるようにしていきましょう。 緊急連絡先　長男　様　TEL 主治医　様　TEL
生活援助中心型の算定理由	1．一人暮らし　2．家族等が障害、疾病等　3．その他（　）

問題行動に関しては、本人への配慮から具体的に記載していません。

本人の心身機能や病状の変化に応じた対応ができるよう、ケアマネジャーはアセスメントする必要があります。

第2表

居宅サービス計画書（2）

利用者名　H　殿　　　　　　　　　　　　　作成年月日　〇〇年　〇〇月　〇〇日

家族の介護負担に配慮することが必要です。

生活全般の解決すべき課題（ニーズ）	援助目標 長期目標	（期間）	短期目標	（期間）	援助内容 サービス内容	※1	サービス種別	※2	頻度	期間
自由に散歩や買い物に行きたい。	自宅内の移動をスムーズに行うことがでる。	〇〇.3.1～ 〇〇.7.31 （5ヵ月）	転倒を防ぎ、ふらつくことなく歩くことができる。	〇〇.3.1～ 〇〇.7.31 （5ヵ月）	・歩行に関する評価、筋力強化のための集団リハビリへの参加、体操 ・自宅内の動作に合わせたリハビリ ・杖を使用し歩行練習 ・移動時にふらつきがみられる場合には介護職員が付き添う	○	通所リハビリ	〇〇デイケア	週２回	〇〇.3.1～ 〇〇.7.31 （5ヵ月）
			1週間に２回は近所に散歩に出かける。	〇〇.3.1～ 〇〇.7.31 （5ヵ月）	・長男か長女が付き添い、近所の浜辺まで散歩に出かける		家族	長男	週１回	〇〇.3.1～ 〇〇.7.31 （5ヵ月）
			1週間に1回は買い物に行くことができる。	〇〇.3.1～ 〇〇.7.31 （5ヵ月）	・家族の付き添いで近所のスーパーへ行き、自分の好みのものを購入してくる ・カートを活用し、歩行を安定させる。買い物の間は長男が付き添う ・荷物などを持ち運ぶ	○	家族	長男	週１回	〇〇.3.1～ 〇〇.7.31 （5ヵ月）
健康に過ごしたい。	病気の進行を防ぎ、穏やかに日常を過ごすことができる。	〇〇.3.1～ 〇〇.7.31 （5ヵ月）	血糖値が安定する。	〇〇.3.1～ 〇〇.7.31 （5ヵ月）	・身体状況の把握および服薬の管理 ・定期的な受診と病院への付き添い、病状報告 ・体調管理などのアドバイス	○	家族 主治医	長男 〇〇病院	2週1回	〇〇.3.1～ 〇〇.7.31 （5ヵ月）
			物忘れなどの症状を改善する。	〇〇.3.1～ 〇〇.7.31 （5ヵ月）	・定期的な受診、症状の報告 ・内服薬の管理	○	家族	長男	2週1回	〇〇.3.1～ 〇〇.7.31 （5ヵ月）
身体を清潔にし、気持ちよく過ごしたい。	入浴や清拭を行い、清潔を保つことができる。	〇〇.3.1～ 〇〇.7.31 （5ヵ月）	週２回は安全に入浴したい。	〇〇.3.1～ 〇〇.7.31 （5ヵ月）	・洗身、洗髪の見守り ・背部の洗身介助 ・浴室内移動の介助	○	通所リハビリ	〇〇デイケア	週２回	〇〇.3.1～ 〇〇.7.31 （5ヵ月）
	入浴できない日は清拭を行う。	〇〇.3.1～ 〇〇.7.31 （5ヵ月）	身体を拭き、清潔を保つことができる。	〇〇.3.1～ 〇〇.7.31 （5ヵ月）	・本人の要望があった際にタオルの準備 ・背部の清拭介助	○	家族	長女	随時	〇〇.3.1～ 〇〇.7.31 （5ヵ月）

歩行状態の変化により、生活動作および範囲の変化が生じるため、専門家による定期的な評価が必要です。

糖尿病の悪化防止、改善を目指すために、医師や管理栄養士からの専門的なアドバイスが重要です。

※1 「保険給付の対象となるかどうかの区分」について、保険給付対象内サービスについては○印を付す。
※2 「当該サービス提供を行う事業所」について記入する。

4 課題整理総括表・評価表

課題整理総括表

利用者名　H　殿

作成日　〇〇年〇〇月〇〇日

自立した日常生活の阻害要因（心身の状態、環境等）	①徘徊	②下肢筋力の低下	③本人、長女の病識が低い
	④短期記憶障害	⑤失行・失認	⑥糖尿病の悪化

利用者及び家族の生活に対する意向	できる限り自宅での生活を継続したいが、認知症の進行の状況により、施設利用も考えたい

状況の事実※1		現在※2	要因※3	改善/維持の可能性※4	備考（状況・支援内容等）
移動	室内移動	自立　**見守り**　一部介助　全介助	②	**改善**　維持　悪化	・立ち上がりなど、移動の際、ふらつくことがある。屋外は転倒する恐れがあり、介助を要する。
	屋外移動	自立　見守り　**一部介助**　全介助	②⑤	**改善**　維持　悪化	
食事	食事内容	支障なし　**支障あり**	③⑥	**改善**　維持　悪化	・糖尿病食の病識に欠け、長女は好みのものを準備する。 ・自分の食べる分を取り分けることはできる。
	食事摂取	**自立**　見守り　一部介助　全介助		改善　維持　悪化	
	調理	自立　見守り　一部介助　**全介助**	③⑤⑥	改善　**維持**　悪化	
排泄	排尿・排便	**支障なし**　支障あり		改善　維持　悪化	
	排泄動作	**自立**　見守り　一部介助　全介助		改善　維持　悪化	
口腔	口腔衛生	**支障なし**　支障あり		改善　維持　悪化	
	口腔ケア	**自立**　見守り　一部介助　全介助		改善　維持　悪化	
服薬		自立　見守り　**一部介助**　全介助	③④	改善　**維持**　悪化	・内服薬の管理はできず、長女が管理し、服薬時に手渡している。
入浴		自立　見守り　**一部介助**　全介助	②	改善　**維持**　悪化	・週2回入浴。移動は見守りを要する。
更衣		**自立**　見守り　一部介助　全介助		改善　維持　悪化	
掃除		自立　見守り　一部介助　**全介助**	②④⑤	改善　**維持**　悪化	・掃除、洗濯は長女が行っている。
洗濯		自立　見守り　一部介助　**全介助**	④⑤	改善　**維持**　悪化	
整理・物品の管理		自立　見守り　一部介助　**全介助**	④⑤	改善　**維持**　悪化	・物品の整理は長女と一緒に行う。
金銭管理		自立　見守り　**一部介助**　全介助	④⑤	改善　**維持**　悪化	・年金の管理は長女が行っている。 ・小遣いを手渡し、それを管理している。 ・長男と一緒に買い物に行き、介助にて購入することができる。
買物		自立　見守り　**一部介助**　全介助	②④⑤	改善　**維持**　悪化	
コミュニケーション能力		支障なし　**支障あり**	④⑤	改善　維持　悪化	
認知		支障なし　**支障あり**	④⑤	改善　維持　悪化	・作話することがある。
社会との関わり		支障なし　**支障あり**	②④⑤	改善　**維持**　悪化	
褥瘡・皮膚の問題		**支障なし**　支障あり		改善　維持　悪化	
行動・心理症状（BPSD）		支障なし　**支障あり**	①④⑤	改善　**維持**　悪化	・自分は看護師であり、仕事をしていると話したり、職場まで行こうとし出かけることがある（徘徊）。 ・長女は統合失調症。病識に欠け気分にムラがあり、対応や考え方が都度変化する。
介護力（家族関係含む）		支障なし　**支障あり**	③	改善　維持　悪化	
居住環境		**支障なし**　支障あり		改善　維持　悪化	
				改善　維持　悪化	

見通し※5	生活全般の解決すべき課題（ニーズ）【案】	※6
・体幹、両下肢の筋力強化を図る目的で生活リハビリを実施し、立ち上がり、歩行の安定性を図る。 ・本人、長女に栄養指導を受けてもらい、病気の理解を深め、食生の改善、適切な運動を取り入れる。	買い物や散歩に行きたい。	1
・糖尿病や認知症の悪化を防ぐために、これまでと同様に長女が服薬管理を行う。	病気が悪化せず健康に過ごしたい。	2
・本人の精神状況の安定、下肢筋力の強化、糖尿病の改善を図る目的で、長男に協力を得ながら定期的に散歩など体を動かす機会を設ける。 ・受診の際に長女も同行することで、長男・長女ともに病識を深め適切な対応をとることができる。	物忘れが進行しないようにしたい。	3
・家族に認知症の会やサポーター養成講座などの情報を提供し、適切な対応を学んでもらう。 ・本人の徘徊に対しては、病院の外来、地域住民などに協力を得ながら仕事をしたいという気持ちを受け止めた対応を検討する。	家族の協力を得ながらこのまま自宅で生活したい。	4

※1　本書式は総括表でありアセスメントツールではないため、必ず別に詳細な情報収集・分析を行うこと。なお「状況の事実」の各項目は課題分析標準項目に準拠しているが、必要に応じて追加して差し支えない。
※2　介護支援専門員が収集した客観的事実を記載する。選択肢に〇印を記入。
※3　現在の状況が「自立」あるいは「支障なし」以外である場合に、そのような状況をもたらしている要因を、様式上部の「要因」欄から選択し、該当する番号（丸数字）を記入する（複数の番号を記入可）。
※4　今回の認定有効期間における状況の改善／維持／悪化の可能性について、介護支援専門員の判断として選択肢に〇印を記入する。
※5　「要因」および「改善／維持の可能性」を踏まえ、要因を解決するための援助内容と、それが提供されることによって見込まれる事後の状況（目標）を記載する。
※6　本計画期間における優先順位を数字で記入。ただし、解決が必要だが本計画期間に取り上げることが困難な課題には「－」印を記入。

評 価 表

利用者名　H　殿　　　　作成年月日　○○年　○○月　○○日

短期目標	(期間)	援助内容			結果 ※2	コメント (効果が認められたもの / 見直しを要するもの)
		サービス内容	サービス種別	※1		
転倒を防ぎふらつきなく歩くことができる。	○○.3.1～ ○○.7.31 (5ヵ月)	・杖を使った歩行練習 ・筋力強化のためのリハビリ、体操を行う ・歩行時ふらつきがある際には、家族や職員に付き添ってもらう ・家族の付き添いで近隣まで散歩に行く	通所リハビリ 本人 家族	○○デイケア 長女・長男	△	通所リハビリは週２回利用している。リハビリには意欲的ではあるが、時折ふらつき、歩行介助が必要な場面も多々ある。散歩は、１週間に１回程度は長男と出かけているが、本人が拒否することもある。自宅内では移動範囲も少なく、本人も動作がおっくうになっている様子をみると、自宅内でもできる定期的な運動を習慣づける必要がある。
１週間に２回は近所に散歩に出かける。	○○.3.1～ ○○.7.31 (5ヵ月)	長男・長女が付き添い近所の浜辺まで散歩に出かける。	家族	長男・長女	△	本人の身体的な状況により休むこともあるが、家族からの働きかけにより実施できている。歩行の安定性を図る目的で継続が必要であると判断する。
１週間に１回は買い物に行くことができる。	○○.3.1～ ○○.7.31 (5ヵ月)	・長男の付き添いのもと買い物に行き、自分の好みのものを購入することができる	家族、本人		○	１週間に１回は、買い物に行っている。歩行動作などが不安定であることから、カートを押してもらい、長男が付き添って移動している。食材は毎回同じようなものを購入することが多い。
血糖値が安定する。	○○.3.1～ ○○.7.31 (5ヵ月)	・身体状況の把握 ・定期的な受診と病院への付き添い、病状報告 ・服薬の管理 ・体調管理などのアドバイス	家族 医師、管理栄養士	長男・長女 ○○病院	×	定期受診は行っている。現在は糖尿病の悪化はみられない。内服薬の管理は、長女が継続的に行っている。 栄養指導を受けたが、食事内容などの改善はみられない。本人が好きなものしか食べないこと、長女の病気に対する意識が低いことが原因だと考えられるため、継続的な働きかけが必要である。
物忘れ、朝方早く目覚めるなどの症状の改善を図る。	○○.3.1～ ○○.7.31 (5ヵ月)	・どのようなときに徘徊につながるか、前後の様子を詳しく観察してもらいながら認知症の症状を把握し、その対応を検討する ・定期受診、内服薬の服用 ・認知症の家族の会などの参加を促す ・本人の行動に合わせ、早朝病院に行った際などは看護師などに対応してもらい、穏やかに過ごせるよう接してもらう	医師 介護支援専門員 外来看護師や病院職員	○○病院 ○○居宅 ○○病院	×	病院受診時は長男が付き添うため、長男は医師からの説明を聞き、認知症への理解が深まっている。長女は自身の病気があることからか、外出を拒み、いまだ医師からの説明を受けていない。長男からも話を聞くように促されているが拒否している。 家族の会の情報提供をしているが、参加へはつながっていない。 週１回程度は病院へ行くといって出かけようとする。止めようとする暴力的になることから、一緒に眠っている長男が車で病院まで連れてきて、病院内へ入り、落ち着くまで待っている。どのようなときは徘徊するのか、どのようなときは落ち着いているのか、家族もまだ理解できないが、現在は病院の職員が「おはようございます」「お疲れさまです」などの対応をしてくれることで、本人の気持ちが安定する様子である。
週２回は安全に入浴ができる。	○○.3.1～ ○○.7.31 (5ヵ月)	・洗身、洗髪の際の見守り、背部の洗身介助 ・浴室内の移動介助	通所リハビリ	○○デイケア	○	週２回のデイケア利用時に入浴できている。洗身の際は、手の届かない背部は援助しているが、その他は自分で行っている。移動の際は、手を引きながら介助している。
身体を拭き、清潔を保つことができる。	○○.3.1～ ○○.7.31 (5ヵ月)	・本人の要望があった際にタオルを準備し、自分で身体を拭く	家族、本人	長女	○	本人の希望があると長女がタオルを準備し、自ら身体を拭くことができる。

※１「当該サービスを行う事業所」について記入する。　※２　短期目標の実現度合いを５段階で記入する（◎：短期目標は予想を上回って達せられた、○：短期目標は達せられた（再度アセスメントして新たに短期目標を設定する）、△：短期目標は達成可能だが期間延長を要する、×１：短期目標の達成は困難であり見直しを要する、×２：短期目標だけでなく長期目標の達成も困難であり見直しを要する）

5 多職種連携の視点からの修正ケアプラン

第1表

居宅サービス計画書（1）

作成年月日　〇〇年〇〇月〇〇日

（初回）・紹介・継続　　（認定済）・申請中

利用者名　H　殿　　生年月日　〇〇年〇〇月〇〇日　　住所　〇〇市〇〇町

居宅サービス計画作成者氏名　D居宅介護支援事業所

居宅介護支援事業者・事業所名及び所在地

居宅サービス計画作成（変更）日　〇〇年 〇〇月 〇〇日　　初回居宅サービス計画作成日　〇〇年 〇〇月 〇〇日

認定日　〇〇年〇〇月〇〇日　　認定の有効期間　〇〇年 〇〇月〇〇日 ～ 〇〇年〇〇月〇〇日

要介護状態区分	要介護 1 ・ （要介護 2） ・ 要介護 3 ・ 要介護 4 ・ 要介護 5
利用者及び家族の生活に対する意向	本人：家の中で過ごすことがほとんどで、以前より歩けなくなったと感じている。物忘れがあるものの身のまわりのことはできているので、このまま自宅での生活を続けていきたい。 長男：退職し数十年ぶりに同居を始めて数か月たつが、特に朝方、以前働いていた職場に行こうとすることがあり、その都度なだめることが大変である。これ以上認知症状が悪化しないように生活ができたらと思う。 長女：これまで通りの生活ができればいいと思う。
介護認定審査会の意見及びサービスの種類の指定	なし
総合的な援助の方針	自分の力で~~歩行~~継続的に活動できるよう、状態を確認しながら、生活リハビリを取り入れたサービスを提供していきます。 ~~散歩や買い物など日中の活動量を増やし、夜間十分眠ることができるような取り組みを行います。病気への理解、対応方法などを学びながら、家族が穏やかに生活していくことができるようにしていきましょう。~~ ご家族の協力を得ながら、環境を整える、散歩や買い物など日中活動を増やす等、日中の生活リズムをつくり、夜間十分眠ることができ、穏やかに日常を過ごせるように支援していきます。本人、ご家族とも不安なく過ごせるよう、病状の説明やそれに伴い話し合える機会をもち、共通の目標に向かいながら支援を行っていきます。 緊急連絡先　長男　様　TEL 主治医　様　TEL
生活援助中心型の算定理由	1. 一人暮らし　2. 家族等が障害、疾病等　3. その他（　　）

サービス事業所や医療機関の協力はもちろんですが、家族の役割も意識してもらえるよう提示しています。

第2表

居宅サービス計画書（2）

利用者名　　H　殿　　　　　　　　　　　　　　作成年月日　○○年　○○月　○○日

生活全般の解決すべき課題（ニーズ）	援助目標				援助内容					
	長期目標	（期間）	短期目標	（期間）	サービス内容	※1	サービス種別	※2	頻度	期間
自由に散歩や買い物に行きたい。	自宅内の移動をスムーズに行うことができる。	○○.3.1～ ○○.7.31 (5ヵ月)	転倒を防ぎ、ふらつくことなく歩くことができる。	○○.3.1～ ○○.7.31 (5ヵ月)	・歩行に関する評価、筋力強化のための集団リハビリへの参加、体操 ・自宅内の動作に合わせたリハビリを行う ・杖を使用し歩行練習 ・歩行機能の評価 ・移動時にふらつきがみられる場合には介護職員が付き添う	○	通所リハビリ	○○デイケア	週2回	○○.3.1～ ○○.7.31 (5ヵ月)
			1週間に2回は近所に散歩に出かける。	○○.3.1～ ○○.7.31 (5ヵ月)	・長男か長女が付き添い、近所の浜辺まで散歩に出かける		家族	長男・長女	週1回	○○.3.1～ ○○.7.31 (5ヵ月)
			1週間に1回は買い物に行くことができる。	○○.3.1～ ○○.7.31 (5ヵ月)	・家族の付き添いで近所のスーパーへ行き、自分の好みのものを購入してくる ・カートを活用し、歩行を安定させる。買い物の間は長男が付き添う ・荷物などを持ち運ぶ	○	家族	長男	週1回	○○.3.1～ ○○.7.31 (5ヵ月)
健康に過ごしたい。	病気の進行を防ぎ、穏やかに日常を過ごすことができる。	○○.3.1～ ○○.7.31 (5ヵ月)	血糖値が安定する。	○○.3.1～ ○○.7.31 (5ヵ月)	・身体状況の把握および服薬の管理 ・定期的な受診と病院への付き添い、病状報告 ・食事内容の確認 ・糖尿病に関する説明と食事内容に関するアドバイスを受ける	○	家族 主治医 管理栄養士	長男 長女 ○○病院	2週1回	○○.3.1～ ○○.7.31 (5ヵ月)
			物忘れ、朝方早く目覚めてしまうなどの症状を改善する。	○○.3.1～ ○○.7.31 (5ヵ月)	・どのようなときに徘徊につながるか、前後の様子を詳しく観察してもらいながら認知症の症状を把握し、その対応を検討する ・定期受診、内服薬の服用 ・認知症の家族の会などへの参加を促す ・本人の行動に合わせ、早朝病院に行った際などは看護師などに対応してもらい、穏やかに過ごせるよう接してもらう	○	家族 介護支援専門員 医師、外来看護師	長男 長女 ○○病院	2週1回 随時	○○.3.1～ ○○.7.31 (5ヵ月)
身体を清潔にし、気持ちよく過ごしたい。	入浴や清拭を行い、清潔を保つことができる。	○○.3.1～ ○○.7.31 (5ヵ月)	週2回は安全に入浴したい。	○○.3.1～ ○○.7.31 (5ヵ月)	・洗身、洗髪の見守り ・背部の洗身介助 ・浴室内移動の介助	○	通所リハビリ	○○デイケア	週2回	○○.3.1～ ○○.7.31 (5ヵ月)
	入浴できない日は清拭を行う。	○○.3.1～ ○○.7.31 (5ヵ月)	身体を拭き、清潔を保つことができる。	○○.3.1～ ○○.7.31 (5ヵ月)	・本人の要望があった際にタオルの準備 ・背部の清拭介助	○	家族	長女	随時	○○.3.1～ ○○.7.31 (5ヵ月)
在宅での生活が続けられる。	家族の介護不安が取り除かれる。	○○.3.1～ ○○.7.31 (5ヵ月)	家族の介護負担が大きくならないようにする。	○○.3.1～ ○○.7.31 (5ヵ月)	・本人の状態と病気に関する理解を深める ・症状に応じた対処療法について、都度医師から説明してもらう ・家族の要望に応じ、今後の生活に不安が生じた場合、医療、介護の相談に応じる。また介護負担や経済的な負担の心配事も合わせ、家族の状態にも配慮しながらサポートする	○	介護支援専門員 主治医、管理栄養士	○○居宅 ○○病院 ○○デイケア	適宜	○○.3.1～ ○○.7.31 (5ヵ月)

※1 「保険給付の対象となるかどうかの区分」について、保険給付対象内サービスについては○印を付す。
※2 「当該サービス提供を行う事業所」について記入する。

6 まとめ

● 当初ケアプランにおける多職種連携の課題・ポイント

数十年ぶりに帰省した長男は、本人の状態に不安を抱き、認知症の進行のため自宅での生活が困難であると考えている。一方、長く一緒に暮らしている長女は、利用者本人の状態の変化に対応できていないようである。また、施設で生活すると、これまで本人の年金で生活していた状況に変化が生じるのではないかという不安があるようだ。まず本人の心身状況を家族によく理解してもらうために、医療との連携や認知症の家族の会などへの参加つなげる支援が必要だと考えられる。

● モニタリングにおける多職種連携のポイント

認知症の進行に伴う、心身機能の低下がみられる。身体機能の低下を防ぐことができるよう、生活様式に応じた継続的なリハビリを実施していくことが必要である。そのためには、本人の状態像を細かにアセスメントしていく必要がある。

また、日常的に行うことができる生活リハビリを家族とともに行えるよう指導し、評価してくことも重要である。

● 課題整理総括表・評価表により明らかになった多職種連携の課題

家族の病気に対する理解不足から、適切な対応ができない可能性がある。認知症に対しては、主治医や介護支援専門員から説明を受け、本人の問題行動に対しては、家族、病院や通所リハビリと連携し、共通の対応をとる必要がある。また、糖尿病に関しては、主治医と管理栄養士の指導のもと、適切な食事と運動を取り入れ病気の悪化を防ぐ必要がある。

● 多職種連携によるケアプランの見直しポイント

家族に対しては、本人の病気、心身状況を理解してもらいながら、チームメンバーとして病状の悪化の防止、また症状に応じた対応ができるような働きかけが必要となる。

本人の心身状況の変化をアセスメントし、通所リハビリテーションの協力のもと適切な生活リハビリを実施し、生活機能が維持できるようにしていく。

家族の介護不安に関しては、話しやすい環境づくりに努め、本人の状態の変化に伴う家族のゆらぎに寄り添いながら、担当介護支援専門員や医師が連携を図り対応ができるよう努めていく。

● まとめ（多職種連携の視点から）

本人の望む暮らしを実現していくためには、家族の協力が不可欠である。長男、長女が共通の目標に向かって本人を支えていくことができるよう継続的な働きかけ、支援も必要となる。担当介護支援専門員は、長男・長女の生活状況や精神状況をふまえ、本人に対する思いや困りごと、介護不安なども確認しながら、家族への対応も実施していく等、利用者とその家族、地域を視点としたサービスやその役割の検討が必要となる。医師や管理栄養士、理学療法士、担当介護支援専門員などの専門家から説明を重ねることで、本人に対する理解が深まり、チームメンバーの一員として本人の望む暮らしに向けた共通の支援ができるように働きかけていくことも大切である。

徘徊などの問題行動に関しては、以前働いていた医療機関、近隣住民、通所リハビリのスタッフ、長男の協力のもと、本人の精神状況が落ち着くような対応、言葉がけ、環境、体制整備が必要だと考えられる。本人の安全の確保や家族の介護負担の軽減のためにも、早い時期に個別ケア会議につなげることができればと考えている。

歩行状態の悪化も見込まれるため、身体機能の状況をふまえ、専門家からの助言を受けながら、自宅でも行うことができる生活リハビリや散歩の習慣を身につけてもらえるような取り組みが必要である。糖尿病に関しては、病気の理解を深めつつ、長女も含めた食事指導を受けながら、家族の負担が大きくならないようなメニューの提案、適切な運動を取り入れ、今後病状が悪化しないような支援が必要だと考えられる。

9 社会資源の活用に向けた関係機関との連携に関する事例

1 事例の概要

氏名：I さん

年齢：70 歳

性別：女性

要介護度：要介護 3

障害高齢者の日常生活自立度：A2

認知症である高齢者の日常生活自立度：Ⅱ b

家族構成：1 人暮らし。夫は 1 年前に他界。子どもは現在いない。

ジェノグラム

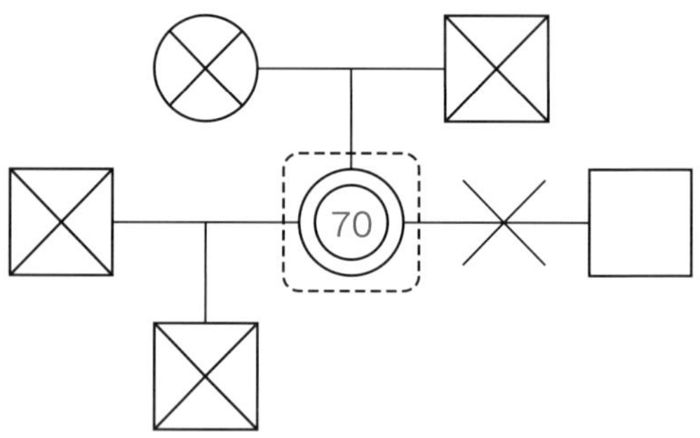

相談経路

地域包括支援センター（以下、センター）より居宅介護支援事業所に、ケアマネジメントを依頼したいという連絡が入った。

センターが実態把握で訪問した当時、玄関入り口からごみが散乱しており、食べ物や排泄物の異臭がひどい状態にあった。また、本人は汚れた衣服を着ており、保清されていない状況であるほか、認知症の疑いもあるとのことであった。

担当地域の民生委員へ近隣住民から苦情相談があり、センターで対応することになったのだが、苦情のきっかけとなった内容は、「本人宅付近を通るたびに異臭がする。小学生も家の前を通るとき、鼻をつまんで走っている。PTA でも話題になっている」というものであった。

生活歴

父母ともに教師の家系で、待望の一人娘として生まれ、父に厳しく育てられた。父は特に学業には厳しかったが、その一方でやさしい一面もあり、本人は父のことを尊敬していた。18 歳のときに上京し、有名音楽大学へ進学した。その後、大学 4 年のときに知りあった相手と 4 年の交際を経て、それまで勤めていた都内広告代理店を退社し、25 歳で結婚した。その後、ピアノ教室を開き、順調に進んだかにみえたが、3 年後に前夫とのすれ違いから離婚し、実家に戻ることになった。帰省後は飲食店等で働き、2 年ほど経過したころで当時商店を営んでいた男性と出会い、32 歳で再婚。その後、38 歳で待望の男の子に恵まれたが、3 歳のときに不慮の事故で亡くした。息子が亡くなってから、気力がなくなり、部屋に引きこもるようになった。67 歳のときに胃がんのため、胃全摘出術。

当時、うつ傾向により安定剤も服用していた。その後、69歳のときに夫ががんのため亡くなった。

現在の生活状況

【自宅の状況】一戸建て。玄関から居間までの動線は、訪問介護の掃除により最低限、確保されている状況。

【普段の生活】居間にベッドを置いて、そこに寝ていることがほとんどである。

※初回の介入当時、玄関からごみが散乱しており、足の踏み場がない状況で、近所のクリーニングの店主（女性・以下、店主）が料理を作って持っていったり、買い物をして食材を準備したりしていた状況。現在も同様に、店主は協力している。

【その他】本人は、店主を信頼している。散乱しているごみの中で、捨てることができないものはたくさんある。それは、亡くなった息子の遺品である。

現在利用しているサービス

【介護保険】訪問介護を利用中。週4回利用。身体介護と生活援助。

- 清潔保持目的で清拭を週2回
- 環境整備目的で週2回（ポータブルトイレの洗浄、本人の動線確保のための掃除、整理整頓）
- 食事・栄養面の確保目的で週2回（食事の準備、買い物支援）
- 通院介助

福祉用具購入（ポータブルトイレ購入）

【医療】月2回、定期通院している。

【その他】

- 店主からもらったベッドを使用している。店主は毎日、本人の様子を見に来ており、食事の準備を週3回行っている。訪問介護が関与する以外の曜日に食事対応している。

2 アセスメント

❶健康状態	高血圧症、変形性膝関節症、脳血管性認知症。 ３年前の胃がんに伴う摘出術以降、医療機関を受診していなかった。痛い思いをしたことが理由。
❷ADL	食事摂取：見守り。着脱：一部介助。歩行：四つん這いで、居間を移動する程度。入浴：全介助（推定数か月入浴していない。現在は清拭のみ）。排泄：ポータブルトイレの移乗は可能。尿パッドにほぼ毎日失禁している。聴力：両耳の聞こえがかなり悪くなっている。
❸IADL	掃除・洗濯・調理・買い物：全介助。
❹認知	日時の見当識障害、実行機能障害、記憶障害あり。生年月日、想起の記憶力が低下。
❺コミュニケーション能力	聞こえがかなり悪いため、短い言葉の問いかけでかろうじて伝わる状況。
❻社会との関わり	店主とのかかわりのみ。そのほか近所付き合いはしていない。
❼排尿・排便	ポータブルトイレの移乗は可能。尿パッドにほぼ毎日失禁している。よって、尿臭もあり。
❽じょく瘡・皮膚の問題	かろうじて、清拭により皮膚状態は良好である。
❾口腔衛生	天然歯は数本程度。義歯は装着していない。本人なりに洗浄しているが、口腔衛生は不明。
❿食事摂取	箸を使い摂取している。食事動作は可能なものの、柔らかいものに時間をかけながら食べている。
⓫行動・心理症状	介護への抵抗が、週に２回程度あり。清拭時や尿パッド交換時にみられる。
⓬介護力	独居。店主の協力がある。
⓭居住環境	持ち家、一戸建て。築 40 年程度で、老朽化している。
⓮特別な状況	散乱しているごみの中に、亡くなった息子の三輪車、ミニスキー、おもちゃなどがあり、捨てられない。

3 当初ケアプラン

第1表

居宅サービス計画書（1）

作成年月日　〇〇年〇〇月〇〇日

（初回）・紹介・継続　　（認定済）・申請中

利用者名　I　殿　　生年月日　〇〇年〇〇月〇〇日　　住所　〇〇市〇〇町

居宅サービス計画作成者氏名　〇〇　〇〇

居宅介護支援事業者・事業所名及び所在地　〇〇市〇〇町

居宅サービス計画作成（変更）日　〇〇年 〇〇月 〇〇日　　初回居宅サービス計画作成日　〇〇年 〇〇月 〇〇日

認定日　〇〇年〇〇月〇〇日　　認定の有効期間　〇〇年 〇〇月〇〇日 ～ 〇〇年〇〇月〇〇日

要介護状態区分	要介護 1 ・ 要介護 2 ・ （要介護 3） ・ 要介護 4 ・ 要介護 5
利用者及び家族の生活に対する意向	本人：家に 1 人でいるけど、〇〇さん（店主）が来てくれるから、本当は何の不自由もない。 部屋を片づけてくれるのはいいけど、大切なものがあるから、あまり触ってほしくない。 店主：I さんとは、30 数年の付き合い。本人のつらさも苦しさも私はわかる。でも、明るく生きてほしいから、満足に感じる生活をしてもらいたい。これからも私のできることはしていきたい。
介護認定審査会の意見及びサービスの種類の指定	
総合的な援助の方針	1 人暮らしで、日中も自宅で過ごすことがほとんどです。30 数年付き合いのある店主の協力を得て、本人の望む暮らしをともに考えながら、在宅生活の支援をしていきます。 また、可能な限り本人の健康と清潔を保ちながら、生活のリズムの確立ができるよう、関係者、関係機関と支援します。
生活援助中心型の算定理由	1. 一人暮らし　2. 家族等が障害、疾病等　3. その他（　　）

本人の主観的意向をわかりやすく書いている点はよいです。しかし、発言の背景から、想いを言語化することがポイントです。

本事例からは、多様な社会資源の関与が実際に存在し、かつ求めるニーズにこたえるための視野の拡大で新たな開発も必要です。

主治医、キーパーソンの連絡先を入れる必要があります。共有する公文書だからこそ、必要事項を入れなければなりません。

第2表

居宅サービス計画書（2）

利用者名　　Ｉ　殿　　　　　　作成年月日　〇〇年　〇〇月　〇〇日

生活全般の解決すべき課題（ニーズ）	援助目標				援助内容					
	長期目標	（期間）	短期目標	（期間）	サービス内容	※1	サービス種別	※2	頻度	期間
食事の準備をしてくれる店主には、お礼を言いたい。でも負担にならないようにしたい。	店主がこれからも役割を続けられる環境整備と、食生活が確保される。	〇〇.5.1～〇〇.7.31（3ヵ月）	役割分担が確立されて、食生活が安定する。	〇〇.5.1～〇〇.7.31（3ヵ月）	・食事の準備（買い物、調理）		店主		週5回	〇〇.5.1～〇〇.7.31（3ヵ月）
						〇	訪問介護		週2回	〇〇.5.1～〇〇.7.31（3ヵ月）
トイレまでの移動ができなくなり、間に合わないことが多くなっているので、改善したい。	失禁の回数が少なくなる。	〇〇.5.1～〇〇.7.31（3ヵ月）	排泄動作が習慣化される。	〇〇.5.1～〇〇.7.31（3ヵ月）	・排泄後の洗浄		店主		週5回	〇〇.5.1～〇〇.7.31（3ヵ月）
						〇	訪問介護		週2回	〇〇.5.1～〇〇.7.31（3ヵ月）
					・ポータブルトイレの使用	〇	福祉用具購入		随時	〇〇.5.1～〇〇.7.31（3ヵ月）
ごみが散乱しており、ごみに遮られて移動する範囲が限られている。	移動する範囲が整理整頓されて、汚れないようになっている。	〇〇.5.1～〇〇.7.31（3ヵ月）	移動する範囲が整理整頓されている。	〇〇.5.1～〇〇.7.31（3ヵ月）	・掃除（トイレ、床拭き、掃除機がけ、整理整頓）による環境・衛生の改善	〇	訪問介護		週2回	〇〇.5.1～〇〇.7.31（3ヵ月）
いつからなのかわからないが、お風呂に入っていない。 でも面倒だ。	清拭から入浴に切り替わり、保清の環境が広がる。	〇〇.5.1～〇〇.7.31（3ヵ月）	清潔保持の習慣化で入浴の意欲が出る。	〇〇.5.1～〇〇.7.31（3ヵ月）	・清拭を実施し、保清を定期的にする	〇	訪問介護		週2回	〇〇.5.1～〇〇.7.31（3ヵ月）

※1 「保険給付の対象となるかどうかの区分」について、保険給付対象内サービスについては〇印を付す。
※2 「当該サービス提供を行う事業所」について記入する。

食事の確保のみならず、病状に即した栄養管理と口腔機能が欠かせないことから、専門的指導を受けなければなりません。

介護保険の「自立支援」の視点を見逃さなければ、必然的にリハビリテーションを提案できます。

亡き家族への思いを活用します。

生命維持、急場をしのぐ意味では、妥当なプランニングに感じられますが、プラスに転じる思考過程の切り口になっていません。

4 課題整理総括表・評価表

課題整理総括表

利用者名　I　殿

作成日　〇〇年〇〇月〇〇日

自立した日常生活の阻害要因（心身の状態、環境等）			
	①脳血管性認知症（判断能力）	②栄養不足と食の楽しみ（歯の欠損）	③異臭による苦情
	④両下肢筋力低下（両変形性膝関節症含む）	⑤身体の衛生（尿失禁）	⑥住環境（ごみ屋敷）

利用者及び家族の生活に対する意向	
	本人：〇〇さん（店主）が来てくれて、本当に助かる。店主の負担にならないようにしたい。 店主：Iさんとは、30数年の付き合い。本人のつらさも苦しさも私はわかる。でも、明るく生きてほしいから、満足に感じる生活をしてもらいたい。これからも私のできることはしていきたい。それができることで私も生きがいに感じる。

（太字は○印）

状況の事実※1		現在※2	要因※3	改善/維持の可能性※4	備考（状況・支援内容等）
移動	室内移動	自立　見守り　**一部介助**　全介助	①⑥	**改善**　維持　悪化	・屋内は四つん這いで移動。屋外は、車いすレベル。
	屋外移動	自立　見守り　**一部介助**　全介助	④	**改善**　維持　悪化	
食事	食事内容	支障なし　**支障あり**	②	**改善**　維持　悪化	・咀嚼機能の低下により、食の楽しみが味わえない状況。
	食事摂取	自立　**見守り**　一部介助　全介助	②	**改善**　維持　悪化	
	調理	自立　見守り　一部介助　**全介助**	①④	改善　**維持**　悪化	
排泄	排尿・排便	支障なし　**支障あり**	④⑤	改善　**維持**　悪化	・下肢筋力の低下と膝関節症により移乗移動に時間がかかり、トイレでの排泄動作が困難な状況。
	排泄動作	自立　見守り　**一部介助**　全介助	④⑤	改善　**維持**　悪化	
口腔	口腔衛生	支障なし　**支障あり**	②	**改善**　維持　悪化	・天然歯が数本残っているが、咀嚼機能の低下がある。そのため、食の楽しみが味わえない。
	口腔ケア	自立　見守り　**一部介助**　全介助	②	**改善**　維持　悪化	
服薬		**自立**　見守り　一部介助　全介助		改善　**維持**　悪化	・服薬カレンダーを活用。
入浴		自立　見守り　一部介助　**全介助**	④⑤	**改善**　維持　悪化	・両下肢機能の低下による。
更衣		自立　見守り　**一部介助**　全介助	④⑤	改善　**維持**　悪化	・おおむねできる。
掃除		自立　見守り　一部介助　**全介助**	①③④	改善　**維持**　悪化	
洗濯		自立　見守り　一部介助　**全介助**	①④⑤	改善　**維持**　悪化	・両下肢機能の低下による。
整理・物品の管理		自立　見守り　一部介助　**全介助**	①③④⑥	**改善**　維持　悪化	
金銭管理		自立　見守り　**一部介助**　全介助	①④	改善　**維持**　悪化	・計算や細かいお金を出すことができない。
買物		自立　見守り　一部介助　**全介助**	①④	改善　**維持**　悪化	
コミュニケーション能力		支障なし　**支障あり**	①	**改善**　維持　悪化	・両耳難聴と中核症状による。
認知		支障なし　**支障あり**	①	改善　**維持**　悪化	
社会との関わり		支障なし　**支障あり**	①④⑤	**改善**　維持　悪化	
褥瘡・皮膚の問題		**支障なし**　支障あり		改善　**維持**　悪化	
行動・心理症状（BPSD）		支障なし　**支障あり**	①	**改善**　維持　悪化	・パッド交換時に腹部にあたると拒否する。
介護力（家族関係含む）		支障なし　**支障あり**	①～⑥	**改善**　維持　悪化	・キーパーソンは店主。そのほかはいない。
居住環境		支障なし　**支障あり**	⑤	**改善**　維持　悪化	・玄関から居間にかけてごみが散乱。
				改善　維持　悪化	

見通し※5	生活全般の解決すべき課題（ニーズ）【案】	※6
これまでの店主の協力をいただきながら、新たに病状管理と口腔機能の改善を実施することで、栄養状態が改善傾向に向かい、同時に食の楽しみを体感し、日常生活に向けた意欲の広がりに結びつくと判断する。	食事の準備をしてくれる店主には、お礼を言いたい。でも負担にならないようにしたい。	1
本人の生活歴を通した背景（息子の死）と疾患（認知症、下肢機能の低下）から生活環境に悪影響（ごみの散乱）をおよぼした経緯があることから、大切な遺品への配慮、残存能力への力づけ、成功体験を通した自助努力の促進を行うことで、生きがいの実感からQOLの向上が見込める。	トイレまでの移動ができなくなり、間に合わないことが多くなっているので、改善したい。	2
	ごみが散乱しており、ごみに遮られて移動する範囲が限られている。	3
保清環境が整うことで、全身状態の把握と皮膚疾患の予防、温熱、血流促進筋肉・間接のリセットにつながり、心身機能の向上促進を果たすことができる。	いつからなのかわからないが、お風呂に入っていない。でも面倒だ。	4
成年後見制度を利用することで、契約締結や金銭管理が徹底される。また本人の自尊心が安定し、残存能力助長し、選択の範囲を広げていく可能性もある。	契約時の話や書類が、なんとなくわかるようでわからない。 細かいお金も勘定するのが面倒だ。 札束を出せばおつりがくるから楽だ。	5

有効な社会資源の見落としや課題分析に至るプロセスの背景が、この課題整理総括表で一目瞭然に整理でき、真のニーズに合致しているかどうかも読み取れます。また、本人と環境の相互作用によって、ポジティブスパイラルに発展させていくツールとしても、可視化できるデータになり得ます。

※1 本書式は総括表でありアセスメントツールではないため、必ず別に詳細な情報収集・分析を行うこと。なお「状況の事実」の各項目は課題分析標準項目に準拠しているが、必要に応じて追加して差し支えない。
※2 介護支援専門員が収集した客観的事実を記載する。選択肢に○印を記入。
※3 現在の状況が「自立」あるいは「支障なし」以外である場合に、そのような状況をもたらしている要因を、様式上部の「要因」欄から選択し、該当する番号（丸数字）を記入する（複数の番号を記入可）。
※4 今回の認定有効期間における状況の改善／維持／悪化の可能性について、介護支援専門員の判断として選択肢に○印を記入する。
※5 「要因」および「改善／維持の可能性」を踏まえ、要因を解決するための援助内容と、それが提供されることによって見込まれる事後の状況（目標）を記載する。
※6 本計画期間における優先順位を数字で記入。ただし、解決が必要だが本計画期間に取り上げることが困難な課題には「－」印を記入。

評　価　表

利用者名　　　｜　殿　　　　　　　　　　作成年月日　○○年　○○月　○○日

短期目標	（期間）	援助内容			結果 ※2	コメント（効果が認められたもの / 見直しを要するもの）
		サービス内容	サービス種別	※1		
役割分担が確立されて、食生活が安定する。	○○.5.1～○○.7.31（3ヵ月）	・食事の準備（買い物、調理）		店主	×	店主はバランスを考えているものの配膳した料理を食べ残す。また硬いものを食べると痛みを伴うため、柔らかい食事の準備をしている。
			訪問介護	○○訪問介護事業所	×	訪問介護員もバランスを考え提供しているものの食べ残しがあるため、食べたいものと柔らかいものを準備している。
排泄動作が習慣化される。	○○.5.1～○○.7.31（3ヵ月）	・排泄後の洗浄		店主	△	ポータブルトイレの洗浄を行う際にベッドシーツや衣類から尿臭がしていることからついでに交換している。
			訪問介護	○○訪問介護事業所	△	同上
		・ポータブルトイレの使用	福祉用具購入	○○ケアサービス	△	サイズや高さ、ひじ掛け共に本人の体形や動作から適性のため、引き継き、使用を継続する。
移動する範囲が整理整頓されている。	○○.5.1～○○.7.31（3ヵ月）	・掃除（トイレ、床拭き、掃除機がけ、整理整頓）による環境・衛生面の改善。	訪問介護	○○訪問介護事業所	×	訪問介護の提供では許容範囲を超えているため、清掃業者など、ほかの手段にも考えていかなければ、解決できない状況である。
清潔保持の習慣化で入浴の意欲が出る。	○○.5.1～○○.7.31（3ヵ月）	・清拭を実施し、保清を定期的にする。	訪問介護	○○訪問介護事業所	×	清潔目的で、清拭を行うことができたものの、介護への抵抗は見られる。その理由は、腹部の縫合跡を清拭する際に抵抗することが時々あり、抵抗時にはその時点で清拭が終了することがある。

※1「当該サービスを行う事業所」について記入する。　※2　短期目標の実現度合いを５段階で記入する（◎：短期目標は予想を上回って達せられた、○：短期目標は達せられた（再度アセスメントして新たに短期目標を設定する）、△：短期目標は達成可能だが期間延長を要する、×１：短期目標の達成は困難であり見直しを要する、×２：短期目標だけでなく長期目標の達成も困難であり見直しを要する）

5 多職種連携の視点からの修正ケアプラン

第1表

居宅サービス計画書(1)

作成年月日　〇〇年〇〇月〇〇日

(初回)・紹介・継続　(認定済)・申請中

利用者名　I　殿　生年月日　〇〇年〇〇月〇〇日　住所　〇〇市〇〇町

居宅サービス計画作成者氏名　〇〇　〇〇

居宅介護支援事業者・事業所名及び所在地　〇〇市〇〇町

居宅サービス計画作成(変更)日　〇〇年 〇〇月 〇〇日　初回居宅サービス計画作成日　〇〇年 〇〇月 〇〇日

認定日　〇〇年〇〇月〇〇日　認定の有効期間　〇〇年 〇〇月〇〇日 ～ 〇〇年〇〇月〇〇日

要介護状態区分	要介護1 ・ 要介護2 ・ (要介護3) ・ 要介護4 ・ 要介護5
利用者及び家族の生活に対する意向	本人：~~家に1人でいるけど、~~〇〇さん(店主)が来てくれる~~から、本当は何の不自由もない。~~て、本当に助かる。店主の負担にならないようにしたい。部屋を片づけてくれるのはいいけど、大切なもの(亡くなった息子の遺品)があるから、あまり触ってほしくない。 店主：Iさんとは、30数年の付き合い。本人のつらさも苦しさも私はわかる。でも、明るく生きてほしいから、満足に感じる生活をしてもらいたい。これからも私のできることはしていきたい。それができることで私も生きがいに感じる。
介護認定審査会の意見及びサービスの種類の指定	
総合的な援助の方針	1人暮らしで、日中も自宅で過ごすことがほとんどです。30数年付き合いのある店主の協力を得て、本人の望む暮らしをともに~~考えながら、~~かなえるために活動の範囲を広げる取り組みで、在宅生活の支援をしていきます。 また、~~可能な限り~~本人の健康面~~と清潔~~、衛生面の課題が~~を保ちながら~~、解消され、生活のリズム~~の~~を広げることが~~確立が~~できるよう、関係者、関係機関とチームで協働しながら、支援します。 【主治医】　〇〇クリニック　〇〇〇-〇〇〇-〇〇〇〇 【緊急時連絡先】　〇〇　〇〇〇(店主)　〇〇〇-〇〇〇〇
生活援助中心型の算定理由	1. 一人暮らし　2. 家族等が障害、疾病等　3. その他（　　）

本人の発言からみえる背景を言語化し、共感することによって、店主に対する想いが明らかに見えてきます。

第2表

居宅サービス計画書（2）

利用者名　Ｉ　殿　　　　作成年月日　〇〇年　〇〇月　〇〇日

生活全般の解決すべき課題（ニーズ）	援助目標 長期目標	（期間）	短期目標	（期間）	援助内容 サービス内容	※1	サービス種別	※2	頻度	期間
食事の準備をしてくれる店主には、お礼を言いたい。でも負担にならないようにしたい。	店主がこれからも役割を続けられる環境整備。栄養面が~~が確保される。~~改善に向かう。食事を味わい楽しむことができる。	〇〇.5.1～〇〇.7.31（3ヵ月）	役割分担が確立されて、食生活~~が安定する。~~の管理と栄養状態が確保される。	〇〇.5.1～〇〇.7.31（3ヵ月）	・食事の準備（買い物、調理）		店主		~~週5回~~ 週3回	〇〇.5.1～〇〇.7.31（3ヵ月）
						〇	訪問介護		週2回	〃
					・食事提供と摂取量の把握	〇	通所リハビリテーション		週2回	〃
					・病状管理（高血圧症、分食、カロリー、塩分制限）に関する指導をいただく		主治医		月2回	〃
					・義歯の装着等により噛み合わせの調整をしていただく		歯科医師		適時	〃
トイレまでの移動ができなくなり、間に合わないことが多くなっているので、改善したい。	失禁の回数が少なくなる。	〇〇.5.1～〇〇.7.31（3ヵ月）	排泄動作が習慣化される。	〇〇.5.1～〇〇.7.31（3ヵ月）	・排泄後の洗浄		店主		週2回	〃
							訪問介護		週2回	〃
					・ポータブルトイレの使用	〇	福祉用具購入		随時	〃
					・リハビリテーションの実施（排泄移乗動作の訓練）	〇	通所リハビリテーション		週2回	〃
ごみが散乱しており、ごみに遮られて移動する範囲が限られている。	~~移動する範囲が整理整頓されて汚れないようになっている。~~大切な息子の遺品が飾られる。本人にとって生活しやすい環境になる。	〇〇.5.1～〇〇.7.31（3ヵ月）	~~移動する範囲が整理整頓されている。~~大切なものが仕分けされて、散乱しているごみがなくなる。	〇〇.5.1～〇〇.7.31（3ヵ月）	・掃除（トイレ、床拭き、掃除機がけ、整理整頓）による環境・衛生の改善	〇	訪問介護		週2回	〃
					・散乱しているごみの回収		清掃業者		1回	〃
いつからなのかわからないが、お風呂に入っていない。でも面倒だ。	清拭から入浴に切り替わり、保清の環境が広がる。	〇〇.5.1～〇〇.7.31（3ヵ月）	清潔保持の習慣化で入浴の意欲が出る。	〇〇.5.1～〇〇.7.31（3ヵ月）	・清拭を実施し、保清を定期的にする。と全身状態の観察をする	〇	訪問介護		週2回	〃
					・温熱、血流促進、筋肉・関節の休息を活かした入浴ケア	〇	通所リハビリテーション		週2回	〃
契約時の話や書類が、なんとなくわかるようでわからない。細かいお金も勘定するのが面倒だ。札束を出せばおつりがくるから楽。	成年後見制度の受任者が確定する。（契約、金銭管理のできない部分が解消される）	〇〇.5.1～〇〇.7.31（3ヵ月）	市町村申し立てが完結する。	〇〇.5.1～〇〇.7.31（3ヵ月）	・市町村申し立てによる成年後見制度の手続き（四親等内の親族が見当たらない）※2月下旬から申し立ての準備継続中。		地域包括支援センター		随時	〃

認知症による中核症状が明らかであるからこそ、本人の訴えを見落とさず、計画書に反映させなければなりません。

※1 「保険給付の対象となるかどうかの区分」について、保険給付対象内サービスについては〇印を付す。
※2 「当該サービス提供を行う事業所」について記入する。

6 まとめ

● 当初ケアプランにおける多職種連携の課題・ポイント

この事例では主治医や地域包括支援センターが関与しているにもかかわらず、ケアプランに位置づけられていないため、関係者相互の役割が共有しづらくなっている。また、長期目標・短期目標の書き方が抽象的に記載され、どの段階･レベルまで達成すればよいのかわかりづらい内容である。

ケアプランには介護保険サービスやキーパーソンのみならず、本人を支える全ての関係機関等を示すとよい。例えば、ヒト（人脈・関係者）・コト（制度・法律・規則）・モノ（建物・機関・アイテム）を項目別に整理して既存の社会資源を可視化することも１つの方法である。

● モニタリングにおける多職種連携のポイント

モニタリングとは､継続的なアセスメントを含めてケアプランの実施状況を把握することであり､その手段は定期的に行う(少なくとも１月に１回､利用者の居宅を訪問し､利用者に面接をすること)方法と必要に応じて行う方法があり、次の内容に留意しながら多職種連携を行う。

まず１つ目は、利用対象者の状態像とサービス内容が一致しているか検証し、必要に応じて修正する。２つ目は利用対象者の状態像と心身の変化に対するリスク管理である。最後の３つ目はケアプランに位置づけた各サービスの効果に対する評価である。

以上の内容に留意し、介護支援専門員の定期的なモニタリングはもちろんのこと、専門職が行っているモニタリングも共有して有効に活用することが重要となる。

● 課題整理総括表・評価表により明らかになった多職種連携の課題

ごみが散乱している住環境は、訪問介護の掃除により本人の移動する空間は確保されているが根本的原因解決には至っていない。また散乱しているごみの中に亡くなった息子の遺品もあることから、仮に関係者の立場から散乱している物がごみに見えたとしてもＩさんの大切な遺品として受けとめることが大事である。

次に店主や訪問介護が提供する食事についてである。適宜、バランスを考えた対応を行っているが、食べ残しによって栄養面の確保に苦慮していた。この時点で介護支援専門員は、主治医をはじめ、歯科医師、歯科衛生士、栄養管理士等の関与を検討し、つなぐ取り組みをすればよかったと判断する。

最後に清拭時や尿パッド交換時における「介護への抵抗」である。問題となる行動や言動がみられる背景には、さまざまな原因があることを前提に検証する必要がある。Ｉさんは３年前に胃がんによる胃摘出術を行い、当時痛い思いをしており、その記憶が腹部縫合跡の清拭時や尿パッドの交換時の抵抗に影響していると捉えることができる。そのことからも関係者は当時の嫌な思いを傾聴し、共感する必要があり、さらにＩさんの思いを共有し、信頼関係の形成に結びつけることが必要である。

● 多職種連携によるケアプランの見直しポイント

栄養面と食事摂取の課題については、主治医・歯科医師の関与によって指導内容が明らかになるので、Iさん、店主はもちろんのこと、必要に応じて、その他関係者にも情報が提供される環境を確保する。ただし、留意すべきことは個人情報の利用同意が前提となることである。次にIさんを取り巻く関係機関は、ケアプランに位置づけたほうが良い。ケアプランは、関与する関係者·目標·役割・進捗状況を共有し、お互いに共通認識できるシートであることも押さえておく。

● まとめ（多職種連携の視点から）

一般的なケアマネジメントでは、介護保険サービスを中心としたケアプラン傾向になる。しかしアセスメントののち課題整理総括表を活用することでケアマネジャーの思考過程が明らかになる。

本事例の当初ケアプランは福祉サービスに特化し、援助目標もわかりづらい内容になっており、根本的課題解決に至らない対処的な援助内容になっていた。しかし、見直しにより、介護保険サービス以外の支援方法やそれに伴う関係者の役割機能が明らかとなった。

そもそもケアマネジャーが捉えなければいけない社会資源の活用とは、社会全般の解決すべき課題（ニーズ）を十分に満たして目標を達成していくために利用・動員される施設・設備、資金・物品、諸制度、技能、知識、人・集団などを必要に応じて利用者につなぐことである。つまり、介護保険サービスの枠組みを超えて、家族やキーパーソンはもちろんのこと、その他本人のニーズ充足に必要な資源をパッケージにしていかなければならないのである。しかしながら、様々な事情で社会資源の活用に苦慮し、結果として支援の壁になることもある。ケアマネジャー自身の成長のためには、事業所の先輩や上司に相談することはもちろんだが、アウトリーチで地域を確かめ、身近に存在しているヒト（人脈・関係者）・コト（制度・法律・規則）・モノ（建物・機関・アイテム）を地道に把握することが必要である。

10 状態に応じた多様なサービスの活用に関する事例

1 事例の概要

氏名：Jさん

年齢：77 歳

性別：女性

要介護度：要介護２

障害高齢者の日常生活自立度：B1

認知症である高齢者の日常生活自立度：Ⅱa

家族構成：本人、夫、長男、次男

長男、次男とも別に生計を立てている。

夫は数か月前に長男に会社を任せ、現役を退いている。

長男は家業である材木店を引き継ぎ経営している。家族とともに近隣に住んでいる。長男がキーパーソンとなり、本人とその夫の世話をしている。長男の妻は子どもが受験を控えていること、また妻の両親も介護が必要な状態だということで、そちらにかかりきりである。長男は毎日のように総菜を買ってきたり､掃除をして本人と夫を支えている。次男は会社員で、1か月に1度は自宅に来て相談に応じることはあるが、長男にすべてを任せている状態である。次男の家族も自宅を訪問することほとんどない。

ジェノグラム

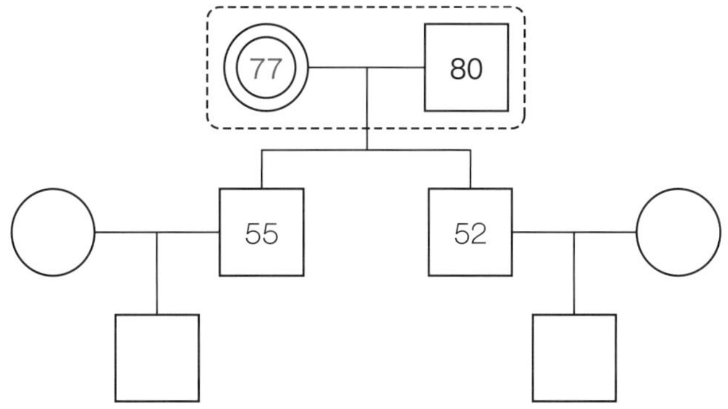

相談経路

平成 28 年 6 月、長男より､「母親が 1 か月ほど前から歩行困難な状況になった。夜、ベッドからトイレまでの移動に夫が付き添っているが、3 回から 4 回ほど起こされることがあるため、夫も疲れきっている。何か活用できるサービスがないか伺いたい」との連絡が入る。本人は、1 か月ほど前から体調が思わしくなく、内科に受診したところ、軽い認知症であると診断された。内服薬の処方を受けているが、状態に変化はみられない。身体が思うように動かず、居室の中は這って移動している。その他、動く際には、夫の付き添いが必要である。昼間は１階の居間で、夜間は２階の寝室で過ごしている。

夫は心疾患の持病があり、両下肢の浮腫が目立ってきた。このままの状態が続くと夫のほうが倒れてしまうのではないかとの不安と、長男自身も仕事があるため、常時付き添っていることができない。本人の状態を改善させること、夫の代わりとなるサポートがないか相談にのってほしいとの申し出があった。

生活歴

Ｏ県にて出生、Ｃ市にて就職し、材木店を営んでいた夫と結婚し、男の子２児の母親となる。材木店が忙しいときには家業の手伝いをして働くこともあったが、主に育児や家事をこなしながら過ごすことが多かった。活動的で社交的な性格なため友人も多く、町内会の旅行やダンスサークルにも積極的に参加していた。

長男は、大学卒業後から家業を手伝い、次男は大学卒業後同市の会社に勤めて生活している。結婚を機にそれぞれ別の生計で生活している。長男家族は行き来があるが、次男家族とは、季節の行事以外に交流がない。次男だけ１か月に１回程度顔を見せることがあっても、すぐ帰ってしまうことが多いため、本人や夫の世話は長男が担っている。

３年ほど前、うつ状態と診断を受けたことがあり、６か月ほど寝たり起きたりの生活を送っていた経緯がある。しかし、そのときは直接的な支援が必要な身体状況ではなく、食事は近所からお惣菜を買ってきて食べたり、掃除も長男が来たときにやっていたこともあり、何とか生活することができた。徐々に身体状況も改善され、夫婦２人で買い物に出かけたり、旅行に行くことができるまで回復していた。

しかし、１か月前から朝も１人で起き上がれない状態が続き、内科医を受診したところ軽度の認知症であるとの診断を受ける。内服薬の服用を継続しているものの身体状況も改善しないことから、夫、長男はこのまま家族だけで支援していくことに限界を感じている。

現在の生活状況

日中は１階で、夜間は２階の寝室で過ごしている。ほぼ寝ている状態のことが多く、家族から少し起きてみてはどうかと言われ、座ってはみるが、長時間の座位保持は困難である。トイレまでの移動や通院の際には夫が付き添い、つかまりながらではあるが足を運ぶことはできる。食事は長男が総菜や弁当を差し入れたり、夫が近隣のスーパーに行き、すぐ食べられるものを購入している。本人は、みんなに迷惑をかけていることに対して、「申し訳ない」「もう少し足が動くようになれば自分のことは自分でできるのに」と話している。口数も少なく顔色も思わしくない、笑顔もみられず表情も硬い。いつも下向き加減で落ち込んでいるように見受けられる。

寝室にあるベッドは、布団も柔らかく手すりもないことから、通常でも起き上がりが難しい状態であることを確認したため、起居動作にはベッド柵の設置が必要であること、寝室からトイレまでの距離があるため、ポータブルトイレの活用、または夜間も居間で過ごすことができないか提案した。本人がポータブルトイレは使いたくないと話されたため、しばらく居間にソファベッドと簡易式の手すりを準備して過ごし、隣に夫が寝て様子をみることにした。夫は2階からの移動がなくなった分だけでも非常に楽になったと話されていた。夫は、自身の体調も思わしくないことから、他の人の協力やサービスも受けながら2人での生活を継続していきたいとの意向であった。

現在利用しているサービス

訪問介護は月曜日から木曜日、週2回1時間、生活援助として調理、買い物の支援を行っている。週1回の訪問看護では精神状態の確認、清拭、自宅内でのリハビリテーションとして歩行訓練を行っている。

夫の健康状態を保持するため、定期的に休養を取り入れることも必要である。夫の通院時期に合わせ1か月に3日程度のショートステイを活用している。

2 アセスメント

❶健康状態	認知症と診断を受けているが、内服薬を継続しても心身機能の改善はみられない。 服薬管理は夫がしており、飲み忘れはない。 現在は徐々に歩行能力の低下や認知機能の低下がみられる。寝たり起きたりを繰り返しているため、両上下肢、体幹の筋力低下が著しい。
❷ADL	筋力の低下に伴う活動制限が著しい。 転倒の不安があり、居間では這って移動し、それ以外に移動する際は、夫の支えを受けながら移動している。 排泄：尿便意はあるが、移動に時間を要し失禁することもある。 壁を支えに、つかまりながらズボンの上げ下げを行っている。日によって後始末もできず、夫の支援を受けることがある。 食事：準備をすると1人で食べるが、食べこぼしも多い。食欲がないこともある。お惣菜ばかりなので、さっぱりしたものが食べたいと話している。 入浴：1週間に1回程度夫の介助により、シャワー浴を行っている。頭を洗うことやタオルを渡すと、見える部分は自分でやろうとする。体調が思わしくなく、1週間以上入浴できないこともある。

❸IADL	家事全般：夫や長男が総菜を購入し食べていたが、現在は、ヘルパーに食べたいものを依頼して作ってもらうこともある。 金銭管理・服薬管理：夫が行っている。 通院：夫の運転で通院している。状態の説明などもすべて夫が受け答えしている。
❹認知	自分の思っていることが伝えられないことがある。申し訳ないなどの言葉はよく出てくるが、複雑な内容の質問に対して答えられないことが多い。定期的に訪問するヘルパーや看護師の名前と顔は理解し、名前を呼んで話しかけることもある。
❺コミュニケーション能力	人が話していることはよく聞いて、簡単な内容は理解している様子だが、自分の思っていることが伝えられないことが多い。自分が食べたいものなど、以前よりは要求することもできるようになった。
❻社会との関わり	長男が毎日、1か月に1回程度次男が自宅を訪問している。町内の仲間はここ数年で亡くなっている人も多く、訪ねてくる人はない。病院以外に外出する機会はないが、日常的にはヘルパーや看護師の訪問、ショートステイの活用により、他者とかかわる機会を設けている。
❼排尿・排便	便意、尿意はあるが、移動が間に合わないため失禁することもあり、尿取りパッドを使用している。排泄後のズボンの上げ下げが不十分。日によって動作にムラがある。
❽じょく瘡・皮膚の問題	問題なし。
❾口腔衛生	問題なし。
❿食事摂取	自力摂取可能。右手で箸は使えているが食べこぼしは多い。さっぱりしたものを好み、ヘルパーに作ってほしいと調理を依頼している。
⓫行動・心理症状	現在の心身状況、今後の生活に対して不安を抱いている。夫や長男に依存している様子も伺える。簡単な内容の会話は理解できているようであるが、返答に窮することや、すぐ言葉が出てこないこともある。
⓬介護力	夫と2人暮らし。主介護者は夫ではあるが、持病を抱えているため、依存的な本人に対して、継続的な介護ができるか不安に思っている。現在は長男がキーパーソンとなり、本人、夫を支えているが、仕事もあるため介護保険サービスを利用して他の人の協力も得たいと考えている。 次男もできることは協力したいと話しているが、遠慮気味で長男の決定に従う意向である。

⑬居住環境	寝室は２階であったが、現在は居間でソファベッドを利用して寝ている。廊下、トイレには手すりがあり、移動の際にはそれにつかまり、夫の支援も受けて移動している。
⑭特別な状況	家族は夫の通院、治療の際にはショートステイ利用を希望している。

3 当初ケアプラン

第1表

居宅サービス計画書（1）

作成年月日　○○年○○月○○日

初回・紹介・継続　　認定済・申請中

利用者名　J　殿　　生年月日　○○年○○月○○日　　住所　○○市○○町

居宅サービス計画作成者氏名　○○　○○

居宅介護支援事業者・事業所名及び所在地　○○居宅介護支援事業所

居宅サービス計画作成（変更）日　○○年 ○○月 ○○日　　初回居宅サービス計画作成日　○○年 ○○月 ○○日

認定日　○○年○○月○○日　　認定の有効期間　○○年 ○○月○○日　～　○○年○○月○○日

要介護状態区分	要介護１　・　要介護２　・　要介護３　・　要介護４　・　要介護５
利用者及び家族の生活に対する意向	（本人・家族の要望） 本人　夫や息子たちに迷惑をかけたくない。自分のことは自分でできるように、前の状態に戻りたい。 夫　２人で生活していきたい。妻の病気がよくなり歩けるようになって、前のように２人で出かけられるようになりたい。 長男　母には以前の状態に戻ってほしい。できるだけ協力はするが、仕事もあるので、自分のことは自分でできるまでになってほしい。 現状が続くと父のことも心配なので、サービスを活用しながら２人で生活が続けられるようにしてほしい。
介護認定審査会の意見及びサービスの種類の指定	
総合的な援助の方針	日々の体調の変化と向き合いながら、できる限り自分で活動できるよう、リハビリや運動を定期的に取り入れていきましょう。 意欲的に活動できるよう、病気の管理や食事の準備など専門家の協力を得ながら、健康状態に近づけていきましょう。 ご家族の生活や健康も守れるよう、定期的に休息の時間をつくり、サービスを取り入れつつ穏やかに生活できるようにしていきましょう。 緊急連絡先　○○内科　○○先生　○○○－○○○－○○○○ ○○　○○（夫）　○○○－○○○－○○○○ ○○　○○（長男）　○○○－○○○－○○○○
生活援助中心型の算定理由	1．一人暮らし　2．家族等が障害、疾病等　3．その他（同居家族も疾患を抱え、支援が必要な状態にあるため　）

家族への介護負担軽減のため、代替サービスや本人の身体機能向上の視点を検討しましょう。

第2表

居宅サービス計画書（2）

利用者名　　Ｊ　殿　　　　　　作成年月日　〇〇年　〇〇月　〇〇日

生活全般の解決すべき課題（ニーズ）	援助目標				援助内容					
	長期目標	（期間）	短期目標	（期間）	サービス内容	※1	サービス種別	※2	頻度	期間
1人で自宅内の移動ができる	手すりを使って歩行できる	〇〇.7.15～ 〇〇.1.31 （6ヵ月半）	起居動作、立ち上がり、立位保持ができる	〇〇.7.15～ 〇〇.9.30 （2ヵ月半）	・体調の確認 ・バイタルチェック ・ベッド上での起き上がり、座位保持の訓練を行う ・つかまり立ち、立位保持のリハビリを行う ・家族からも、本人が自ら取り組めるような機会と声かけをする ・自主訓練のメニューを行う	○	訪問看護 家族（夫） 本人	〇〇訪問看護ステーション	週1回	〇〇.7.15～ 〇〇.9.30 （2ヵ月半）
			（介助のもと）居室内の歩行ができる	〇〇.7.15～ 〇〇.9.30 （2ヵ月半）	・体調の確認 ・バイタルチェック ・介護者の付き添いのもと、歩行訓練を行う ・家族とともに自主訓練メニューを行う →手すり、杖を活用し、1人でゆっくり歩行する練習を行う	○	訪問看護 家族（夫） 本人	〇〇訪問看護ステーション 夫 本人	週1回	〇〇.7.15～ 〇〇.9.30 （2ヵ月半）
			居室の環境を整えて導線を確保する	〇〇.7.15～ 〇〇.7.31 （半月）	・本人の活動状況に合わせ、移動の際に支障がないようソファベッドの位置、棚の位置などを変更する ・日中、夜間と居間で生活するための環境整備をする		訪問看護 家族 介護支援専門員	〇〇訪問看護ステーション 夫・長男 〇〇居宅介護支援事業所	適宜	〇〇.7.15～ 〇〇.7.31 （半月）
気分よく自宅で過ごしたい	活動する意欲がもてる	〇〇.7.15～ 〇〇.1.31 （6ヵ月半）	症状が改善される	〇〇.7.15～ 〇〇.9.30 （2ヵ月半）	・体調管理 ・バイタルチェック ・服薬管理 ・健康相談 ・かかりつけ医への報告、相談。本人の状態に合わせ専門医への受診へつなげる	○	訪問看護 介護支援専門員 かかりつけ医 家族（夫・長男）	〇〇訪問看護ステーション 〇〇居宅介護支援事業所 〇〇内科 夫・長男	適宜	〇〇.7.15～ 〇〇.9.30 （2ヵ月半）
食べる意欲がわき、体力の向上を図る	バランスのとれた食事ができる	〇〇.7.15～ 〇〇.1.31 （6ヵ月半）	食事がおいしく食べられる	〇〇.7.15～ 〇〇.9.30 （2ヵ月半）	・食事内容の確認 ・好みの食材や食べたいものを聞く ・旬の食材の情報を提供する ・自宅にある食材を確認し、近隣のスーパーへ買い物に行く ・調理を行う ・調理の際に味見をしてもらい、本人の好みに近づける	○	訪問看護 訪問介護 家族（夫・長男）	〇〇訪問看護ステーション 〇〇訪問介護事業所 夫・長男	週1回 週2回	〇〇.7.15～ 〇〇.9.30 （2ヵ月半）
介護者が不在のときにも、安心して生活できる環境をつくる	介護者の健康状態を保つ	〇〇.7.15～ 〇〇.1.31 （6ヵ月半）	介護者が安心して通院できる	〇〇.7.15～ 〇〇.9.30 （2ヵ月半）	・介護者の受診の機会や十分な治療の時間を確保する 【ショートステイ】 ・全身状態の確認 ・服薬管理と服薬介助 ・移動の介助 （転倒しないようにする） ・排泄の介助 ・食事の提供 ・入浴の介助	○	介護職員 リハビリスタッフ 看護職員 栄養士	〇〇老人保健施設	隔週	〇〇.7.15～ 〇〇.9.30 （2ヵ月半）

専門家による身体機能の評価を受け、本人の心身状況を確認しながら生活動作の獲得を目指すリハビリを実施します。

医学的な管理のもと、本人の心身状況を確認しながら実施します。

内服薬を服用しても状態に変化がみられないことを考えると、既往もあることから専門医への受診も視野に入れ支援内容を考えていく必要があります。

リハビリの継続を意識します。

※1「保険給付の対象となるかどうかの区分」について、保険給付対象内サービスについては○印を付す。
※2「当該サービス提供を行う事業所」について記入する。

4 課題整理総括表・評価表

課題整理総括表

利用者名　J　殿

作成日　○○年○○月○○日

自立した日常生活の阻害要因（心身の状態、環境等）	①認知症	②夫の健康状態の悪化	③直接的な介護者が夫のみ
	④身体機能の低下	⑤判断力の低下	⑥住環境が整っていない

利用者及び家族の生活に対する意向	以前のように歩けるようになって自宅で夫と暮らしたい。

（太字は選択肢に○印が付いているもの）

状況の事実※1		現在※2	要因※3	改善/維持の可能性※4	備考（状況・支援内容等）
移動	室内移動	自立　見守り　**一部介助**　全介助	①②③④	**改善**　維持　悪化	手すりを使い、夫の介助を受けて自宅内の移動は可能。屋外は全介助を受けている。本人の介護を行い、夫は身体的な負担を感じている。
	屋外移動	自立　見守り　**一部介助**　全介助	①②③④	**改善**　維持　悪化	
食事	食事内容	支障なし　**支障あり**	①③④⑥	**改善**　維持　悪化	夫や長男がスーパーでお惣菜を購入してきて食事をとっている。本人は自分の好みのものを食べたいと話し、訪問介護の支援を希望している。
	食事摂取	自立　**見守り**　一部介助　全介助		**改善**　維持　悪化	
	調理	自立　見守り　一部介助　**全介助**	①②③④⑥	**改善**　維持　悪化	
排泄	排尿・排便	支障なし　**支障あり**	①②③④	**改善**　維持　悪化	尿、便意はある。トイレまでは手すりを使用し、夫介助のもと移動。寝室が2階で移動に時間がかかり、失禁してしまうこともある。夜間の排泄介助を行い、夫の身体的な疲労が著しい。
	排泄動作	自立　**見守り**　一部介助　全介助	①②③④	**改善**　維持　悪化	
口腔	口腔衛生	**支障なし**　支障あり		改善　**維持**　悪化	歯磨きは準備すると自分でできる。
	口腔ケア	自立　**見守り**　一部介助　全介助		**改善**　維持　悪化	
服薬		自立　見守り　**一部介助**　全介助	①⑤	**改善**　維持　悪化	薬の準備は夫が毎回行っている。
入浴		自立　見守り　**一部介助**　全介助	①④	**改善**　維持　悪化	自宅浴室で夫の介助にてシャワー浴にて入浴をしている。本人の体調により1週間以上入浴できないこともある。入浴した際は、自分でできる洗髪などは行おうとする。
更衣		自立　**見守り**　一部介助　全介助	④	**改善**　維持　悪化	夫の介助を受けることもある。
掃除		自立　見守り　一部介助　**全介助**	①④	改善　**維持**　悪化	掃除は夫が行っているが、軽く掃除機をかける程度のため、居室内は汚れている。
洗濯		自立　見守り　一部介助　**全介助**	①④	**改善**　維持　悪化	洗濯はすべて夫が行っている。
整理・物品の管理		自立　見守り　**一部介助**　全介助	①④	**改善**　維持　悪化	
金銭管理		自立　見守り　一部介助　**全介助**	①⑤	改善　**維持**　悪化	お金の管理は夫がしている。
買物		自立　見守り　一部介助　**全介助**	①④⑤	改善　**維持**　悪化	買い物は、夫と長男が行っている。
コミュニケーション能力		支障なし　**支障あり**	①⑤	**改善**　維持　悪化	本人は、うつむき加減で表情も暗い印象を受ける。簡単な質問に対しては単語で答えることができるが、少し複雑な質問に対しては、適切な返答ができないため、夫が代わりに答えることが多い。疲労感を感じ、思うように身体が動かない。以前とは異なり、物忘れが多くなった。何をするのもおっくうであると話している。
認知		支障なし　**支障あり**	①⑤	**改善**　維持　悪化	
社会との関わり		支障なし　**支障あり**	①④⑤	**改善**　維持　悪化	
褥瘡・皮膚の問題		**支障なし**　支障あり		改善　**維持**　悪化	
行動・心理症状（BPSD）		**支障なし**　支障あり		改善　**維持**　悪化	認知症に対する内服薬を処されているが、継続的に飲んでいても症状が改善されていない。以前は近隣との交流もあり、社交的であったが、現在は通院以外は外出していない。 長男は、毎日本人宅を訪問し本人の状況を確認している。夫と協力して、本人の支援をしたいと言っている。次男は1か月に1回程度は様子をみにくることはあるが、介護にはかかわっていない。
介護力（家族関係含む）		支障なし　**支障あり**	②③	**改善**　維持　悪化	
居住環境		支障なし　**支障あり**	①④⑥	**改善**　維持　悪化	
				改善　維持　悪化	2階に寝室があり、夜間トイレまでの移動に支障がある。

見通し※5	生活全般の解決すべき課題（ニーズ）【案】	※6
1. 下肢筋力の低下がみられるため、医学的な管理のもと生活リハビリを実施していきましょう。	自宅内の手すりや杖を利用しながら、1人で屋内移動できるようになりたい。 **専門的な見地から身体機能評価を行い、生活に必要な動作の獲得を目指していきましょう。**	1
2. 継続的に内服薬を服用しても、心身状況の変化がみられないことから、家族の理解を得ながら主治医と相談し、専門医への受診を進める。	病気の悪化を防ぎ、日中も起きて生活できるようになりたい。 **既往歴や本人の自宅での状況を詳細に説明し、判断を仰ぎます。**	2
3. 買い物や食事の準備ができないため、長男や夫が購入してきた総菜を食べている。バランスのよい食事摂取ができないため、訪問介護を利用し、本人の好みのものを作ってもらえるように支援する。	バランスの良い食事がとれ、食べることが楽しみになる。	3
4. 夫の介護負担が大きくなり、身体状況が悪化している。夫は定期的な通院、入院が必要なこともあるため、夫が不在になるときにも、本人の心身機能が維持され、安心して過ごすことができる場所を確保するとともに、夫の介護負担が軽減されるような環境整備や訪問介護サービスの導入が必要となる。	介護者がいないときにも、移動や食事の不安なく過ごしたい。 **夫は、持病はあるものの、本人と一緒に継続的に生活したいという意向があります。本人にとって精神的支えとなっても、身体的な負担は軽減できるよう配慮する必要があります。**	4
5. 主となる介護者が夫しかおらず、病気も抱えているため、長男やその家族の協力も必要である。本人の身体状況、夫婦との関係もふまえ、協力者を増やしていくことができるよう調整する必要がある。	家族の協力を得ながら、夫との生活を継続していきたい。	5

※1　本書式は総括表でありアセスメントツールではないため、必ず別に詳細な情報収集・分析を行うこと。　なお「状況の事実」の各項目は課題分析標準項目に準拠しているが、必要に応じて追加して差し支えない。

※2　介護支援専門員が収集した客観的事実を記載する。選択肢に○印を記入。

※3　現在の状況が「自立」あるいは「支障なし」以外である場合に、そのような状況をもたらしている要因を、様式上部の「要因」欄から選択し、該当する番号（丸数字）を記入する（複数の番号を記入可）。

※4　今回の認定有効期間における状況の改善／維持／悪化の可能性について、介護支援専門員の判断として選択肢に○印を記入する。

※5　「要因」および「改善／維持の可能性」を踏まえ、要因を解決するための援助内容と、それが提供されることによって見込まれる事後の状況（目標）を記載する。

※6　本計画期間における優先順位を数字で記入。ただし、解決が必要だが本計画期間に取り上げることが困難な課題には「－」印を記入。

評　価　表

利用者名　　　J　殿　　　　　　　　　　　　　　　　　　　　作成年月日　○○年　○○月　○○日

短期目標	（期間）	援助内容			結果※2	コメント（効果が認められたもの／見直しを要するもの）
		サービス内容	サービス種別	※1		
起居動作、立ち上がり、つかまり立ちができる	○○.7.15～○○.9.30（2ヵ月半）	・リハビリの専門職による評価を受ける ・体調の確認 ・バイタルチェック ・ベッドからの起き上がり、座位保持の訓練を行う ・つかまり立ち、立位保持のリハビリを行う ・家族からも、本人が自ら取り組めるような機会と声かけをする ・自主訓練のメニューを行う	訪問看護 家族 本人	○○訪問介護ステーション 夫 本人	△	日によって体調の変化はあるものの、ベッド上での起き上がり、座位保持は、30分程度であれば可能となってきている。立ち上がりはいすのひじ掛けにつかまることで可能ではあるが、ふらつく場面もみられるため、動作の開始時には見守りや介助は必要である。自主訓練のメニューは夫に声をかけられてから実施している。体調が思わしくない場合には無理に勧めていないが、リハビリを開始した当初よりは、意欲的に身体を動かしているようである。
（介助のもと）居室内の移動ができる	○○.7.15～○○.9.30（2ヵ月半）	・リハビリの専門職による評価を受ける ・体調の確認 ・バイタルチェック ・介護者の付き添いのもと歩行訓練を行う ・家族とともに自主訓練メニューを行う →手すり、杖を活用し、1人でゆっくり歩行する練習を行う	訪問看護 家族 本人	○○訪問看護ステーション 夫 本人	△	体調をみながらではあるが、居室内の移動や屋外へ外出したいという意欲が出てきた。以前は、問いかけに対して反応が鈍かったが、近頃は看護師と雑談をしながら援助を受けることが多くなった。返答も多く会話がスムーズに行える場面が増えた。 動作に際しては夫の支えが必要な場面もあり、自立といったところまでには時間を要する。
居室の環境を整えて導線を確保する	○○.7.15～○○.9.30（2ヵ月半）	・本人の活動状況に合わせ、移動の際に支障がないようソファベッドの位置、棚の位置などを変更する ・日中、夜間と居間で生活するための環境整備をする	訪問看護 家族 ケアマネジャー	長男・夫 ○○居宅介護支援事業所	○	1階にソファベッドを移動し、トイレまでの導線を最短距離で確保した。またタンスの位置なども変え、居間への入口を変更したことで、1階部分が使用しやすくなった。 本人が支えとする場所は残しつつ、空間を確保したことで、トイレや風呂場などの移動が容易になり、介助量も軽減することができた。
症状が改善される	○○.7.15～○○.9.30（2ヵ月半）	・体調管理 ・バイタルチェック ・服薬管理 ・健康相談 ・かかりつけ医への報告、相談。本人の状態に合わせ専門医への受診へつなげる	訪問看護 介護支援専門員 かかりつけ医 家族	○○訪問看護ステーション ○○居宅介護支援事業所	○	内服薬を継続してみたものの、症状の変化がみられないこと、以前の既往歴も鑑みてかかりつけ医に状態報告したところ、P科へ紹介→受診。うつ病との診断。内服薬の処方を受け、経過観察中。少しずつ笑顔がみられるようになり、動きも活発になってきている。今後も継続して状態の観察、医師への状態報告を行う。
食事がおいしく食べられる	○○.7.15～○○.9.30（2ヵ月半）	・食事内容の確認 ・好みの食材や食べたいものを聞く ・旬の食材の情報を提供する ・自宅にある食材を確認し、近隣のスーパーへ買い物に行く ・調理を行う ・調理の際に味見をしてもらい、本人の好みに近づける	訪問看護 訪問介護 家族			訪問看護師に食事内容を報告し、栄養状態を確認してもらっている。週2回の買い物と調理を依頼することで、本人の好みのものを取り入れた食事ができている。食べることへの意欲もわき、都度本人から食材や味つけなどの要望ができるようになった。 ヘルパーが来ない日には、本人と相談しながら食事内容を考え、家族が買い物をしている。
介護者が安心して通院できる	○○.7.15～○○.9.30（2ヵ月半）	・介護者の受診の機会や十分な治療の時間を確保する 【ショートステイ】 ・全身状態の確認 ・服薬管理と服薬介助 ・移動の介助 （転倒しないようにする） ・排泄の介助 ・食事の提供 ・入浴の介助	介護支援専門員 介護職員 リハビリスタッフ 看護職員 栄養士	○○居宅介護支援事業所 ○○老人保健施設		ショートステイを利用する際には、介護支援専門員から細やかな情報提供を行い日常生活のリズムを保つことができるようにサービス事業所へ配慮してもらうこと、医学的な見地に基づき、内服薬の管理、全身状態を確認している。 夫は体調や通院状況を確認しながら、今後もショートステイの利用を希望している。本人はできるだけ自宅で過ごしたいと希望しており、施設では寂しそうな様子を見せることもあるという。リハビリを行うことや食事をしっかりとることで、夫との生活が継続できるということを理解してもらいながら、継続的に支援していきたい。

本人の状態を細やかに医師へ報告します。連携を図りながら進めることができるようかかりつけ医との良好な関係を保つ必要があります。

本人の心身状況に応じた対応を提案しながら対応します。専門職の協力を得てリハビリのチェックや栄養改善を図り、身体機能の低下を防ぐことができるようにしています。

※1 「当該サービスを行う事業所」について記入する。　※2 短期目標の実現度合いを5段階で記入する（◎：短期目標は予想を上回って達せられた、○：短期目標は達せられた（再度アセスメントして新たに短期目標を設定する）、△：短期目標は達成可能だが期間延長を要する、×1：短期目標の達成は困難であり見直しを要する、×2：短期目標だけでなく長期目標の達成も困難であり見直しを要する）

5 多職種連携の視点からの修正ケアプラン

第1表

居宅サービス計画書（1）

作成年月日　〇〇年〇〇月〇〇日

（初回）・紹介・継続　　（認定済）・申請中

利用者名　J　殿　　生年月日　〇〇年〇〇月〇〇日　　住所　〇〇市〇〇町

居宅サービス計画作成者氏名　〇〇　〇〇

居宅介護支援事業者・事業所名及び所在地　〇〇居宅介護支援事業所

居宅サービス計画作成（変更）日　〇〇年 〇〇月 〇〇日　　初回居宅サービス計画作成日　〇〇年 〇〇月 〇〇日

認定日　〇〇年〇〇月〇〇日　　認定の有効期間　〇〇年 〇〇月〇〇日 ～ 〇〇年〇〇月〇〇日

要介護状態区分	要介護１・（要介護２）・要介護３・要介護４・要介護５
利用者及び家族の生活に対する意向	（本人・家族の要望） 本人　夫や息子たちに迷惑をかけたくない。自分のことは自分でできるようになり、前の状態に戻りたい。 夫　２人で生活していきたい。妻の病気がよくなり歩けるようになって、前のように２人で出かけられるようになりたい。 長男　母には以前の状態に戻ってほしい。できるだけ協力はするが、仕事もあるので、自分のことは自分でできるまでになってほしい。 現状が続くと父のことも心配なので、サービスを活用しながら２人で生活が続けられるようにしてほしい。
介護認定審査会の意見及びサービスの種類の指定	
総合的な援助の方針	日々の体調の変化と向き合いながら、できる限り自分で活動できるよう、リハビリや運動を定期的に取り入れていきましょう。 意欲的に活動できるよう、病気の管理や食事の準備など専門家の協力を得ながら、健康状態に近づけていきましょう。 ~~ご家族の生活や健康も守れるよう、定期的に休息の時間をつくり、サービスを取り入れつつ穏やかに生活できるようにしていきましょう。~~ ご家族が不在となるときにはショートステイなどを利用し、安心して生活できる環境を整えるとともに、身体機能の維持向上にも努めていきましょう。 緊急連絡先　〇〇内科　〇〇先生　〇〇〇－〇〇〇－〇〇〇〇 〇〇　〇〇（夫）　〇〇〇－〇〇〇－〇〇〇〇 〇〇　〇〇（長男）　〇〇〇－〇〇〇－〇〇〇〇
生活援助中心型の算定理由	1.　一人暮らし　　2.　家族等が障害、疾病等　　（3.）その他（同居家族も疾患を抱え、支援が必要な状態にあるため夫も心疾患を患い、思うように家事動作ができないこともある。）

第2表

居宅サービス計画書（2）

利用者名　　Ｊ　殿

作成年月日　〇〇年　〇〇月　〇〇日

生活全般の解決すべき課題（ニーズ）	援助目標				援助内容					
	長期目標	（期間）	短期目標	（期間）	サービス内容	※1	サービス種別	※2	頻度	期間
1人で自宅内の移動ができる	手すりを使って歩行できる	〇〇.7.15～ 〇〇.1.31 (6ヵ月半)	起居動作、立ち上がり、~~立位保持、~~つかまり立ちができる	〇〇.7.15～ 〇〇.9.30 (2ヵ月半)	・リハビリの専門職による評価を受ける ・体調の確認 ・バイタルチェック ・ベッド上での起き上がり、座位保持の訓練を行う ・つかまり立ち、立位保持のリハビリを行う ・家族からも、本人が自ら取り組めるような機会と声かけをする ・自主訓練のメニューを行う	○	訪問看護 家族（夫） 本人	〇〇訪問看護ステーション 夫 本人	週1回	〇〇.7.15～ 〇〇.9.30 (2ヵ月半)
			（介助のもと）居室内の歩行ができる	〇〇.7.15～ 〇〇.9.30 (2ヵ月半)	・リハビリの専門職による評価を受ける ・体調の確認 ・バイタルチェック ・介護者の付き添いのもと歩行訓練を行う ・家族とともに自主訓練メニューを行う →手すり、杖を活用し、1人でゆっくり歩行する練習を行う	○	訪問看護 家族（夫） 本人	〇〇訪問看護ステーション 夫 本人	週1回	〇〇.7.15～ 〇〇.9.30 (2ヵ月半)
			居室の環境を整えて導線を確保する	〇〇.7.15～ 〇〇.7.31 (半月)	・本人の活動状況に合わせ、移動の際に支障がないようソファベッドの位置、棚の位置などを変更する ・日中、夜間と居間で生活するための環境整備をする		訪問看護 家族 介護支援専門員	〇〇訪問看護ステーション 夫 〇〇居宅介護支援事業所 夫・長男	適宜	〇〇.7.15～ 〇〇.7.31 (半月)
~~気分よく自宅で過ごしたい~~ 病気の悪化を防ぎ、日中も起きて生活できるようになりたい	活動する意欲がもてる	〇〇.7.15～ 〇〇.1.31 (6ヵ月半)	症状が改善される	〇〇.7.15～ 〇〇.9.30 (2ヵ月半)	・体調管理 ・バイタルチェック ・服薬管理 ・健康相談 ・かかりつけ医への報告、相談。本人の状態に合わせ専門医への受診へつなげる	○	訪問看護 介護支援専門員 かかりつけ医 家族（夫・長男）	〇〇訪問看護ステーション 〇〇居宅介護支援事業所 〇〇内科 夫・長男	適宜	〇〇.7.15～ 〇〇.9.30 (2ヵ月半)
食べる意欲がわき、体力の向上を図る	バランスのとれた食事ができる。	〇〇.7.15～ 〇〇.1.31 (6ヵ月半)	食事がおいしく食べられる	〇〇.7.15～ 〇〇.9.30 (2ヵ月半)	・食事内容の確認 ・好みの食材や食べたいものを聞く ・旬の食材の情報を提供する ・自宅にある食材を確認し、近隣のスーパーへ買い物に行く ・調理を行う ・調理の際に味見をしてもらい、本人の好みに近づける	○	訪問看護 訪問介護 家族（夫・長男）	〇〇訪問看護ステーション 〇〇訪問介護事業所 夫・長男		
介護者が不在のときにも、~~安心して生活できる環境をつくる~~ 移動や食事の不安なく過ごしたい	~~介護者の健康状態を保つ~~ 移動動作が安定する。	〇〇.7.15～ 〇〇.1.31 (6ヵ月半)	~~介護者が安心して通院できる~~ 3食しっかり食事をとり、体力をつける	〇〇.7.15～ 〇〇.9.30 (2ヵ月半)	・介護者の受診の機会や十分な治療の時間を確保する 【ショートステイ】 ・全身状態の確認 ・服薬管理と服薬介助 ・移動の介助 ※施設内の手すり、杖を利用しながら介助にて移動。転倒しないようにする配慮すること ※自宅内で行っていた生活リハビリを継続する ・排泄の介助 ・食事の提供 ・入浴の介助	○	介護職員 リハビリスタッフ 看護職員 栄養士 介護支援専門員	〇〇老人保健施設	隔週	〇〇.7.15～ 〇〇.9.30 (2ヵ月半)

※1 「保険給付の対象となるかどうかの区分」について、保険給付対象内サービスについては○印を付す。
※2 「当該サービス提供を行う事業所」について記入する。

看護師は医師の指示のもと対応し、本人の身体状況や変化の詳細をかかりつけ医に報告します。専門医への受診が必要かどうかの判断を仰ぎます。

日常生活の様子や身体状況に関する情報提供を行い、本人が自宅で行っていることは（リハビリなど）、継続していくことができるようにします。

6 まとめ

● 当初ケアプランにおける多職種連携の課題・ポイント

本人、夫とも自宅での生活を望んでいるが、症状の改善がみられない本人、心疾患を抱えている夫が継続的に生活することができるか不安を感じていた。家族の力だけでは対応できないと判断した長男から相談依頼があり、支援を開始している。1か月前までは心身状況に問題がなく過ごしていた本人に対して、まず身体機能の改善を目指した対応が必要であると考えられる。医療との連携を密にし、全身状態の管理やリハビリを取り入れ支援を開始していくこと、また、介護者である夫が適切な治療の機会を設けられるような支援も行っていく必要があると考えられる。

● モニタリングにおける多職種連携のポイント

疾患に起因する心身機能の低下がみられる。意欲の低下など日常の不活発化、身体機能の低下が改善されるよう、リハビリ専門職の評価を受け、生活様式に応じた継続的なリハビリを実施、その効果の測定を行う必要がある。また、意欲的に活動するためには、バランスのとれた食事摂取も必要である。バランスのとれた食事摂取、好みのもの食べることができる環境を整えるため、ヘルパーへ買い物や調理を依頼している。家族の介護負担の軽減や、本人の活動意欲へとつながっているか、訪問看護や介護支援専門員が訪問した際に状態変化を確認していく必要がある。また、本人の状況を医師に細やかに報告することで、内服薬の調整や専門医への受診の必要性を確認していくことも重要であると考えられる。

● 課題整理総括表・評価表により明らかになった多職種連携の課題

1か月前と比較して、本人の心身状況の変化が著しいことから、状態観察しつつ主治医からの指示を仰ぎ、治療およびリハビリを実施していくが必要がある。また、主介護者である夫の病状にも配慮しながら、日常生活が維持できるようなサービスを活用していくことにより、本人の心身機能が維持・改善できるような実践が必要であることが理解できる。

医療、介護のサービス機関、特にショートステイでは、本人の状態に応じて日常の延長線上での支援を行うことができるよう、情報共有・連携を密にし、自宅へ帰る際にもサービス機関や家族へ丁寧な状態報告が必要となる。

● 多職種連携によるケアプランの見直しポイント

・本人の心身機能の低下の原因を明確にし、適切な医療サポートが受けられるように、家族や訪問看護から医師への報告を密にしていく。
・ショートステイ利用時には、本人の心身の負担が軽減されるよう、また、活動は日常の延長となるよう、介護・リハビリ・栄養士など職員間の連携を密にし、支援していく必要がある。
・生活リハビリの実施にあたっては、リハビリ専門職の適切な評価とプログラムにもとづき、本人の意欲につながるよう、また継続的に取り組んでいくことができるよう、家族も巻き込んだ働きかけが必要となる。

● まとめ（多職種連携の視点から）

本人の急激な状態悪化や主介護者の病状の悪化に伴い、「夫と２人暮らしを継続する」生活に支障が出ていた。身体を動かす意欲も失われ、日常の不活発さがみられることから、訪問看護における医学的な管理のもとリハビリを実施し、身体機能の低下を防ぐことに努めた。サービスを活用することで他とのかかわり合いの機会をもち、夫が病気治療に専念する時間を設け、介護者が不在の際にも本人の心身機能を維持することができるよう、ショートステイを利用している。ショートステイを利用する際は、自宅での環境により近づけるよう施設にも協力を得ながら環境の整備に努め、リハビリや栄養状態の改善など本人の心身機能の向上を図った。

一定期間、継続的に内服治療を進めてきたが、病状の回復（意欲や動作能力の向上）がみられなかったことから、主治医と相談しながら専門医を受診し、うつ病の診断を受けた。その後は専門医の処方による内服治療と医学的管理のもとリハビリを続けることにより、徐々に言動や行動も意欲的になっている。

主治医との情報の共有と連携を密にすること、また、サービス事業所との協力体制を整備することで、最悪の状態の回避と状態の改善がみられ、さらに本人の希望する夫との生活を維持する結果となった。

監修

公益社団法人青森県介護支援専門員協会

編集

木村 隆次　（公益社団法人青森県介護支援専門員協会 副会長、一般社団法人青森県薬剤師会 会長）
工藤 英明　（青森県立保健大学健康学部社会福祉学科）

執筆者および執筆分担（執筆順）

齊藤 勝　（公益社団法人青森県介護支援専門員協会 会長、公益社団法人青森県医師会 会長）……はじめに
木村 隆次　（再掲）……第１章１、第２章５
工藤 英明　（再掲）……第１章２
齋藤 慶吾　（株式会社アクトリー、青森地域介護支援専門員連絡協議会 副会長）……第２章１、第３章９
川口 徹　（青森県立保健大学健康科学部理学療法学科）……第２章２、第３章３・６
小川 あゆみ（八戸学院大学短期大学部幼児保育学科）……第２章３、第３章８・10
福岡 裕美子（青森県立保健大学健康科学部看護学科）……第２章４
鳴海 孝彦　（青森県社会福祉協議会）……第２章６
齋藤 長徳　（青森県立保健大学健康科学部栄養学科）……第２章７
清水 亮　（青森県立保健大学健康科学部栄養学科）……第２章７
石田 菜穂子（青森県歯科衛生士会 会長）……第２章８
佐々木 央　（青森市地域包括支援センターみちのく）……第３章１
土岐 浩一郎（公益社団法人青森県介護支援専門員協会 副会長、愛成居宅介護支援事業所）……第３章２
木谷 牧子　（公益社団法人青森県介護支援専門員協会 常任理事、あかね居宅介護支援センター）……第３章４
豊田 佳緒里（居宅介護支援事業所えがお）……第３章５
山内 良治　（大鰐温泉介護センターあぜりあ）……第３章７

監修元紹介

公益社団法人青森県介護支援専門員協会

介護支援専門員が高齢者に対し、適切かつ公平・公正にケアマネジメントを提供し、住み慣れた地域で安心して生活することに資するべく、専門性と資質の向上に向けた研修を実施している。介護支援専門員の法定研修を行うなど、専門的な制度理解と適切なケアマネジメントが実践されるよう、社会的責務を全うしている。

また、在宅医療・介護連携の推進を目的とした公益的活動に対し、関係諸機関との連携を通じて、積極的に取り組んでいる。

事務所所在地

〒030-0801 青森県青森市新町２丁目8-21 青森県医師会館内
公益社団法人青森県介護支援専門員協会事務局
TEL 017-721-3731　FAX 017-721-3732
メール info@acma2015.or.jp

ケアマネジメントにおける多職種連携実践事例集

2018年11月 1 日 発行
2020年 8 月31日 初版第二刷発行

監　修……………………公益社団法人青森県介護支援専門員協会
編　集……………………木村 隆次・工藤 英明
発行者……………………荘村 明彦
発行所……………………中央法規出版株式会社
〒110-0016　東京都台東区台東3-29-1　中央法規ビル
営　　業　TEL 03-3834-5817　FAX 03-3837-8037
取次・書店担当　TEL 03-3834-5815　FAX 03-3837-8035
https://www.chuohoki.co.jp/
装幀・本文デザイン……株式会社ジャパンマテリアル
印刷・製本………………新津印刷株式会社

定価はカバーに表示してあります。
ISBN978-4-8058-5755-7

本書の内容に関するご質問については、下記URLから「お問い合わせフォーム」にご入力いただきますようお願いいたします。
https://www.chuohoki.co.jp/contact/